统计学

statistics statistics

statistics statistics

张仁寿 主编

中国统计出版社
China Statistics Press

图书在版编目(CIP)数据

统计学 / 张仁寿主编. —— 北京 : 中国统计出版社, 2018.5

ISBN 978－7－5037－8438－5

Ⅰ. ①统… Ⅱ. ①张… Ⅲ. ①统计学－高等学校－教材 Ⅳ. ①C8

中国版本图书馆 CIP 数据核字(2018)第 006779 号

统计学

作　　者/张仁寿
责任编辑/梁　超
封面设计/李　静
出版发行/中国统计出版社
通信地址/北京市丰台区西三环南路甲 6 号　邮政编码/100073
电　　话/邮购(010)63376909　书店(010)68783171
网　　址/http://www.zgtjcbs.com
印　　刷/河北鑫兆源印刷有限公司
经　　销/新华书店
开　　本/710×1000mm　1/16
字　　数/323 千字
印　　张/19.25
版　　别/2018 年 5 月第 1 版
版　　次/2018 年 5 月第 1 次印刷
定　　价/48.00 元

前 言

在互联网思维、互联网经济、移动互联、电子商务等新兴产业纷纷走上历史舞台的大背景下，大数据(Big Data)时代来临了。大数据时代，统计理论与方法得到前所未有的高度重视，是机遇，更是挑战。尤其是，传统的统计基本方法和数理统计方法将在金融、证券、保险、投资、理财、电子商务、社会管理、科技、医学、生物、生态等领域，得到更为广泛应用。

然而，大数据分析离不开统计学的基本理论和方法。可以说，统计学是大数据分析的基础或基石。这是因为大数据技术中，数据采集、数据处理和数据挖掘都离不开统计学的分类 (Classification)、估计(Estimation)、预测(Prediction)、相关性分组或关联规则(Affinity grouping or association rules)、聚类(Clustering)、描述(Description)、复杂数据类型挖掘(Text, Web ，图形图像，视频，音频等)等基本方法。更重要的是大数据分析所依赖的分析方法:假设检验、显著性检验、差异分析、相关分析、T 检验、方差分析、卡方分析、偏相关分析、距离分析、回归分析、简单回归分析、多元回归分析、逐步回归、回归预测与残差分析、logistic 回归分析、曲线估计、因子分析、聚类分析、主成分分析、因子分析、快速聚类法与聚类法、判别分析、对应分析、多元对应分析(最优尺度分析)等等,都是统计分析方法(诚然,具体的大数据处理方法确实还有很多,在此不一一列举)。

统计学是一门测度、收集、整理、显示和分析统计数据的科学,其目的是探索数据内在的数量规律性,因而也可称统计学为“数据的科学”。为适应普通高校应用统计学教学需要,使广大学生掌握统计思想、理论背景、方法思路和发展前景,提高统计分析能力和解决社会经济的实际问题的能力,组织编写了本教材。为了应对大数据处理及分析的需要,本教材体系编写中,首先是注重实用性,对基本理论方法介绍尽量做到深入浅出,贴近社会生活;其次是内容创新,与其他教材相比,增加了“非参数检验”等内容。这是因为,一方面,非参数检验方法不要求数据的计量尺度局限于数值型数据,对样本数据的总体概率分布也不需要事先设定特定的形式。需要指出的是,在许多参数检验和非参数检验方法都适用的场合下,非参数检验和参数检验方法有着差不多的表现。当数据是非数值类型时,这时候只有非参数检验方法能够适用。由于对数据类型和样本总体概率分布的要求比较宽松,非参数检验方法通常比参数检验更能被广泛地运用。另一方面,大数据中多数属于非数值类型数据。对非数值类型海量数据进行分析检验,只有通过非参数检验方法分析才能获取很多智能的、深入的、有价值的信息,才能获得有巨大价值的产品和服务,或深刻的洞见,最终形成变革或创新之动力。此外,在调查方法中增加了网络调查(如问卷星、微信平台、移动互联网 APP)等信息;在数据处理部分增加了直接插入排序、希尔排序和堆排序等方法。再次,精心制作了配套使用的电子课件,便于教学。

全书共 15 章,第 1 章导论,主要从应用的角度介绍统计方法的基本思想、统计学的基本概念,包括统计总体、样本、参数、统计量、变量等。第 2 章描述统计——表格图形法,主要内容包括:资料的收集、数据的加工处理、数据的展示、数据分布特征的概括与分析。第 3 章描述统计——数值方法,主要讨论数据分布特征的数值方法、特征及其应用场合，同时也讨论了异常值的检测，两变量间关系的度量等内容。第4章概率基础，主要介绍推断统计学的理论基础，包括随机事件及其概率、概率的性质与运算法则、随机变量及其分布等内容。第5章抽样理论和参数估计，重点对抽样理论和参数估计方法进行介绍。第6章假设检验，主要介绍利用样本数据，对两个对立命题进行分析的方法。第7章两总体均值推断，主要讨论两总体均值之差的区间估计和假设检验以及两总体比例之差的区间估计和假设检验。第8章总体方差的统计推断，主要讨论两个总体均值之差和两总体方差比的区间估计问题。第9章 分类数据的统计检验，这一章讨论的统计方法主要用于分类数据的分析，即列联分析或列联表分析。第10章方差分析，主要介绍英国统计学家费希尔爵士创立的方差分析方法（Analysis of Variance, ANOVA）。第11章非参数检验，主要介绍一些非参数检验方法。这一类方法可以应用到之前参数检验方法不能适用的一些场合。第12章相关与回归分析，相关与回归分析是指数值型自变量和数值型因变量之间关系的分析。相关与回归是处理变量之间关系的一种统计方法。第13章统计指数，主要介绍统计指数的基本概念与分类，统计指数的编制原理，以及统计指数在实际工作中的几种应用。第14章时间序列分析，是一种动态数据处理的统计方法。该方法基于随机过程理论和数理统计学方法，研究随机数据序列所遵从的统计规律，解决实际问题。第15章统计综合评价，主要阐述综合评价的理论和方法。

参加本书编写的有张仁寿教授（第1、9章），夏明会教授（第2章），杨林副教授（第3章），邹文理副教授（第4、14章），马键副教授（第5、6、10章），黄小军副教授（第7、8章），张兴发讲师（第11章），范娜讲师（第12章），钟云燕副教授（第13、15章）。由张仁寿教授担任本书的主编，马键、钟云燕担任本书的副主编，负责全书的规划设计、总撰和定稿工作。中央党校研究生况达同学参加了第1、2、3、9部分章节初稿的资料搜集和撰写。广州大学经济与统计学院研究生李栋同学参加了本书PPT制作，并协助对书稿文字内容进行校对工作。

本书写作过程中得到广州大学校领导的关心和大力支持；得到广州大学教材出版资金的资助。在此表示感谢！本书的顺利出版，还得到中国统计出版社领导和编辑部门的大力支持，在此一一致谢！本书的编写过程中参考了大量国内外同行近年来最新出版的相关教材及科研成果，在此一并致谢！

本教材适用于普通高校统计学专业本科生、经济和管理类各专业本科生教学。也适合于普通高校研究生教学参考书。

限于水平和经验，在教材的编写和编辑过程中缺点和错误在所难免，恳请同行专家和广大读者批评指教。

2018年5月

目 录

第一章　导　　论

统计学为统计活动提供数量研究和认识社会经济规律的科学方法。统计学的核心内容是数据的测度、搜集、整理、归纳、分析的原理和方法。本章主要介绍统计方法的基本思想、统计学的基本概念，包括统计总体、样本、参数、统计量、变量等。

1.1　统计和统计学

1.1.1　走近统计学

统计学是一门测度、收集、整理、显示和分析统计数据的科学，其目的是探索数据内在的数量规律性。正是因为统计学总是在和数据打交道，因而也可称统计学为“数据的科学”。

什么是统计测度，目前学界没有一个统一的定义。国内学者李金昌[①](2015)指出，国内文献资料带有测度这个词汇的文献不少，但专门针对统计测度(或测度)内涵的讨论几乎没有。一些对社会经济现象进行分析测度的文献，例如收入分配公平性测度、技术效率测度、人力资本测度、产业关联测度等等，所做的测度都是再测度，均不对测度本身进行讨论。李金昌查阅国外文献资料(关键词：Measurement)，发现也同样存在这样的问题，只能收集到一些比较零散的表述。如 Ludwik Finkelstein(1975)认为，在我们对事物或现象进行描述时，测度可以被定义为对现实世界中某一现象的个体属性或特征进行量化的过程。Battista Rossi(2007)认为，用以表示测度结果的，是数字或者数字符号。Ludwik Finkelstein(2014)指出，在自然科学技术中，测度的重要性不可否认，它是科学调查和发现必不可少的工具，它可将宇宙中的复杂现象用精确、简洁和普遍的数学语言来描述。根据现有的研究成果，李金昌认为统计测度就是用一定的符号和数字，用一定的形式和载体，对所研究的现象或事物的特征进行量化反映，表现为可

---

① 李金昌.统计测度：统计学迈向数据科学的基础[J].统计研究，2015(8)：1－7.

用于统计分析的数据的过程。

统计测度方法有直接测度和间接测度两大类。其中，直接测度包括计数测度、测量测度和实验测度；间接测度包括定义测度和模型测度。也有学者认为，定义测度既可能是直接测度、也可能是间接测度。计数测度是一种通过观测计数来获得数据的方法，最为简单，一般用于自然测度或时间测度；测量测度是一种根据物理或化学规制对现象进行测量、测算来获得数据的方法，一般用于物理测度或化学测度；实验测度是一种按照科学实验原理，通过观察实验对象在既定条件下的反应来获得数据的方法，一般与测量测度相结合，用于获取科学研究数据；定义测度也可以称之为指标测度，是一种通过探究现象的本质特征和活动规律，归纳出表现其数量特征的范畴，给出统计指标定义（包括内容、口径、计算方法和表现形式等）来获取数据的方法，最常用于价值测度，也用于其他形式的测度。可以说，定义测度方法应用最为广泛，但也最为困难。模型测度是一种根据现象与现象之间的内在联系关系、或者现象自身的发展变化规律，通过建立一定的方程模型来获取数据的方法。

在日常工作和生活中，到处都有统计数据。例如，组织外出旅游活动时负责人要统计一下参加旅游的人数；球类比赛时解说员总要统计竞赛双方的进攻次数和成功率；企业管理人员要掌握生产销售情况和利润额；人们可以通过报刊和电视等获得 GDP（国内生产总值）、CPI（消费者价格指数）和经济增长率等数据；等等。日常工作和生活中的这些数字就是人们所关心的统计数据。

怎样理解统计学是数据的科学呢？下面先看看统计学英文的名词，再举几个例子。

统计学的英文是“Statistics”。它通常有两个含义：当它以单数名词出现时，表示一门学科的名称——“统计学”；当它以复数名词出现时，表示“统计数据”或“统计资料”。“Statistics”一词的英文解释至少可以说明两件事情：

第一，由于统计数据在英文中是以复数形式出现的，表明统计数据不是指个别的单个数字，而是指同类的较多数据。因为单个数字如果不和其他数据进行比较，是不能说明问题的。例如，某个学生在某门课程的考试中得了 85 分，如果仅凭这一个数字，我们很难对这位学生的知识和能力水平作出判断和评价。因为这个 85 分可能是班上的最高分，可能是中等水平的分数，也可能是较低的分数。如果还知道这次考试的平均分数，就可以对这位学生的成绩是高于还是低于平均分数，以及是高多少或者低多少作出评价了。在生产和生活实际问题中，通常可以收集到较多的数据，进而利用统计方法对数据进行加工整理，从而发现数据中的内在联系及数量规律。因此，对数据的科学性分析成为我们下结论、作出决策的重要依据。

第二，作为单数的统计学和作为复数的统计数据在英文中使用同一名词，显示出二者之间的密切关系。统计学是由收集、整理、显示和分析统计数据的方法组成的，这些方来源于对统计数据的研究，目的也在于对统计数据的研究。离开了统计数据，统计方法乃至于统计学就失去了其存在的意义。这正如俗话所说"巧妇难为无米之炊"。这里的"妇"就是掌握统计方法的统计学家或统计工作者，"米"就是统计数据，"炊"就是统计研究或统计工作的目的，即探索数据内在的数量规律性。显然，没有统计数据或没有较好的统计数据，即使很科学的统计方法或很高明的统计学家也难有所作为。

那么，什么是数据内在的数量规律性呢？下面用几个简单的例子来说明。

例 1.1　统计数据会说话：活捉廖耀湘。辽沈战役期间，东北野战军以雷霆之势攻克锦州后，迅速挥师北上与赶来增援的廖耀湘兵团在辽西碰面，一时间双方形成了混战局面。按照林彪的一贯要求，所属各纵队及师团每天都必须上报当日的战况和缴获情况。在一天深夜，值班参谋正宣读某师上报的数据，林彪猛然叫停，问道："刚才念的在胡家窝棚那场战斗的缴获，你们听到了吗？"林彪见无人出声，便连问了三句：为什么那里缴获的短枪与长枪的比例比其他战斗高？为什么那里缴获和击毁的小车与大车的比例比其他战斗高？为什么在那里俘虏和击毙的军官与士兵的比例比其他战斗高？人们还没来得及思索和回答，林彪就指着地图上的那个点说："我断定，敌人的指挥所就在这里！"果不其然，廖耀湘这条"大鱼"在胡家窝棚附近被逮个正着。

例 1.2　一个家庭新生婴儿的性别可能是男的，也可能是女的。在过去没有实行计划生育时，有的家庭几个孩子都是男孩，也有的都是女孩。从表面上看，新生婴儿的性别比例似乎没什么规律可循。但如果对新生婴儿的性别进行大量观察，即观察成千上万个或者更多时，就会发现性别比例还是有规律的，即婴儿总数中男孩要多于女孩，大致为每生育 100 个女孩，就有 105 个左右的男孩。这个 105 ：100 的比例就是新生婴儿男女性别的数量规律性，古今中外都大致相同，它是人类社会长期遗传与发展的结果。因为人类社会要延续、要发展，就要保持男女人数的大致相同。那么有人会问，新生儿男多于女，不是性别不平衡了吗？是的，新生儿时男多于女会出现不平衡，但男孩的死亡率高于女孩，到了中青年时，男女人数就大致相同了。进人中老年后，男性的死亡率仍然高于女性，导致男性的平均预期寿命比女性短，长寿的男性要少于女性。从一个国家看，如果没有人为的 B 超检查和堕胎等干扰，其规律是婴幼儿时男性略多于女性，中青年时男女人数大致相同，老年时女性又略多于男性。这样既保证人类在中青年结婚生育时性别的大致平衡，又使得在人口总数上男女也大体相当，有利于人类社会的进化和发展。对人类性别比例的研究是统计学的起源之一，也是统计方法探索的最早的数量规律之一。

例 1.3 我们都做过掷硬币和掷骰子的游戏，都知道随机地掷一次硬币或骰子不可能事先确定出现正面还是反面或某个点数，也就是说个别游戏或试验中充满了不确定性或偶然性。机会游戏或赌博正是利用了这种不确定性和偶然性才能够吸引人。但当我们进行大量观察，即不断做重复试验时，就会发现掷一枚均匀硬币出现正面和反面的比率会大体相同，即 0.5∶0.5。试验的次数越多，出现正面和反面的可能性就越接近 1/2 这一稳定的数值。同样，在掷一枚均匀骰子时，出现 1 至 6 点中任一点数的可能性也都接近 1/6。这里的 1/2 和 1/6 就是掷硬币和掷骰子出现某一特定结果的概率，也就是我们探索的数量规律性。

例 1.4 在进行农作物试验时，如果其他试验条件相对固定，我们会发现某种粮食作物的产量会随某种施肥量的增加而增加。当开始增加施肥量时，产量增加较快。以后增加同样的施肥量，粮食产量的增加量逐渐减少。当施肥量增加到一定数值量，产量不再增加。这时如果再增加肥料，产量反而会减少。这一施肥量与粮食产量的数量关系就是我们要探索的规律性。当我们从大量试验数据中用统计方法探索到施肥量与粮食产量之间的数量关系时，就可以考虑肥料的费用并选择最佳的施肥效果了。探索事物之间的数量因果关系是统计学的核心任务。

例 1.5 与例 1.4 相似但有不同的是商品广告费用与销售额的关系。一般而言，随着广告费用的增加，商品的知名度和销售额会相应增加。对于不同的商品，投入相同的广告费用带来的销售额显然是不尽相同的。即使是同一种商品，投入的第一个 50 万元广告费、第二个 50 万元广告费和第三个 50 万元广告费等所带来的销售增量也是不同的。统计方法就是要从广告费与销售额的数据中找出其内在的数量规律，从而确定最佳广告策略。

例 1.6 天津汽车制造厂与丰田公司合资生产的威驰（Vios）汽车安装的是 8A 型发动机，排量为 1.342L，公司声称其手动挡汽车每百公里油耗（等速情况下）不超过 5L。要检验购买的车辆是否达到了说明书上的节油标准，就需要计算在高速路上匀速行驶的平均油耗。假定你的汽车平均每百公里油耗为 5.5 L，那么你的汽车是属于质量达标汽车中恰巧由于运气不好碰上的个例呢，还是该批产品本身就不合格呢？统计方法可以作出检验并给予回答。

例 1.7 某企业开发出一种新的化妆品，在正式投产之前，需要根据市场需求情况制定其价格和销售策略等。该企业委托某市场调查公司在全市 200 万户家庭中抽取 1000 户家庭作为样本，免费赠送给这 1000 户家庭试用，然后了解该化妆品的销售前景。如何科学地从该市200万户家庭中抽出1000户家庭进行调查,并由这1000户家庭反馈的市场信息科学地推断出全市200万户家庭对该化妆品的购买意愿这一数量规律,是统计工作者的任务。

1.1.2 统计方法的基本思想

为什么统计方法能够通过对数据的大量观察和处理,进而研究和探索出其内在的数量规律性呢?这是由客观事物本身的特点和统计方法的特性共同决定的。从客观事物方面来说,根据辩证法的基本原理,任何客观事物都是必然性与偶然性的对立统一。同样,任何一个数据也都是必然性与偶然性共同作用的结果,是二者作用的对立统一。必然性反映了事物本质的特征和联系,是比较稳定的,因而它决定了事物的内在本质是有规律可循的。偶然性反映了该事物每个表现形式的差异。如果客观事物只有必然性一个方面的特征,事物的表现形式就会比较简单,就可以比较容易把握它的规律性。正是由于偶然性的存在,造成了事物的表现形式与必然性和规律性发生偏移,从而形成了表面形式的千姿百态,形成数据表现形式的千差万别。这样,必然性的数量规律性就被掩盖在表面的差异之中了。前面举出的7个例子,本身都存在必然性的数量规律,但就每个新生儿的性别、每次掷硬币的结果、每次施肥带来的增产、每次广告增加的销售额、每辆汽车的百公里耗油量、每个家庭对化妆品的购买意愿都是不同的,是有差异的,其表现形式也是充满偶然性的。但每个例子本身都是有规律可循的,应用统计方法就可以从偶然性中探索到内在的、本质的数量规律。从统计方法来看,统计学提供了一系列的方法,专门用来收集数据、整理数据、显示数据的特征,进而分析和探索(或推断)出事物总体的数量规律性。当然,如果事物本身的规律比较简单,所用的统计方法也就相对容易;如果事物本身的规律错综复杂,所用的统计方法也就相对复杂。以上的7个例子中,前三个例子比较简单,用描述统计的方法就可以解决问题。而后面4个例子就需要应用比较复杂的推断统计方法,如后面章节中的抽样与抽样分布、假设检验和相关与回归分析等。至于选择什么统计方法,取决于有什么类型的数据以及要解决什么问题。

1.1.3 统计学的基本概念

1. 总体

总体(Population)是人们研究的所有基本单位(通常是人、物体、交易或事件)的总和。例如,总体可以包括:①中国的全部人口;②广州市的选民总人数;③华为智能手机的所有客户数;④广汽丰田一年的所有汽车产量;⑤201×年春运期间铁路销售的总的车票数量;⑥华为公司在201×年的销售额;⑦201×年中国发生的总的群体事件次数等。其中,①至③这三个总体是人的总和;④和⑤这两个总体是物体的总和；⑥这一总体是交易的总和；⑦这一总体是事件的总和。同时也可以看出，每一个总和都包括了研究总体的所有单位。

2. 样本

样本(Sample)是总体的一部分单位。例如，一家上市公司正在接受审计调查，审计人员没有必要对该公司年度内的所有 55400 张发票全部审查，只需随机抽查 100 张发票的样本即可，审计人员通过这 100 张样本发票计算的差错率就可对全部 55400 张发票的差错率进行推断。样本也可以理解中从总体中抽取的部分单位。

3. 参数

参数(Parameter)是用来描述总体特征的概括性数字度量，它是研究者想要了解的总体的某种特征值。研究者所关心的参数通常有总体平均数、总体标准差、总体比例等。在统计中，总体参数通常用希腊字母表示。比如，总体平均数用 μ (Mu)表示，总体标准差用 σ (Sigma)表示，总体比例用 π (Pi)表示，等等。由于总体数据通常是不知道的，所以参数是一个未知的常数。比如，我们不知道某一地区所有人口的平均年龄；不知道一个城市所有家庭的收入的差异；不知道一批产品的合格率，等等。正因为如此，所以才进行抽样，根据样本计算出某些值去估计总体参数。

4. 统计量

统计量(Statistic)是用来描述样本特征的概括性数字度量。它是根据样本数据计算出来的一个量，由于抽样是随机的，因此统计量是样本的函数。研究者所关心的统计量主要有样本平均数、样本标准差、样本比例等。样本统计量通常用英文字母来表示。比如，样本平均数用 $\bar{x}$ (读作 x －bar)表示，样本标准差用 s 表示，样本比例用 p 表示，等等。由于样本是已经抽出来的，所以统计量总是知道的。抽样的目的就是要根据样本统计量去估计总体参数。比如，用样本平均数($\bar{x}$)去估计总体平均数(μ)，用样本标准差(s)去估计总体标准差(σ)，用样本比例(p)去估计总体比例(π)，等等。除了样本均值、样本比例、样本方差这类统计量，还有一些是为统计分析的需要而构造出来的统计量，比如用于统计检验的 Z 统计量、t 统计量、χ^2 统计量、F 统计量，等等，它们的含义将在后面相关的章节中再作介绍。

5. 变量

在研究总体时，重点关注的是总体单位具有哪些重要的特征或属性，我们把这些特征称为变量(Variable)。变量是总体中个体单位所具有的特征或特性。“变量”的名称是针对总体中每一基本单位的属性都存在着差异而言的。例如，被调查的每位失业者的年龄、性别和收入等都不能事先确定，并且存在着差异。

(1)分类变量

分类变量(Categorical Variable，也称**分类数据**)是说明事物类别的一个名称，其取值是分类数据。如"性别"就是一个分类变量，其变量值为"男"或"女"；"行业"也是一个分类变量，其变量值可以为"金融服务业""旅游业""汽车制造业"等。

(2)顺序变量

顺序变量(Rank Variable，也称**顺序数据**)是说明事物有序类别的一个名称，其取值是顺序数据。如"产品等级"就是一个顺序变量，其变量值可以为"一等品""二等品""三等品""次品"等；"受教育程度"也是一个顺序变量，依据由学历的从低到高，其变量值可以为"小学""初中""高中""大学"等；一个人对某种事物的看法也可以看作是一个顺序变量，其变量值可以为"同意""保持中立""反对"等。

(3)数值型变量

数值型变量(Metric Variable，也称**数值型数据**)是说明事物数字特征的一个名称，其取值是数值型数据。如"产品产量""商品销售额""零件尺寸""年龄""时间"等都是数值型变量，这些变量可以取不同的数值。数值型变量根据其取值的不同，又可以分为离散型变量和连续型变量。离散型变量(Discrete Variable)是只能取可数值的变量，它只能取有限个值，而且其取值都以整位数断开，可以一一列举，如"企业数""产品数量"等就是离散型变量。连续型变量(Continuous Variable)是可以在一个或多个区间中取任何值的变量，它的取值是连续不断的，不能一一列举，如"重量""温度""零件尺寸的误差"等都是连续型变量。对社会和经济问题的研究中，当离散型变量的取值很多时，也可以将离散型变量当作连续型变量来处理。变量这一概念以后经常要用到，但多数情况下所说的变量主要是指数值型变量，大多数统计方法所处理的也都是数值型变量。当然，也可以从其他角度对变量进行分类，比如随机变量和非随机变量、经验变量(Empirical Variable)和理论变量(Theoretical Variable)等。经验变量所描述的是周围环境中可以观察到的事物。理论变量则是由统计学家用数学方法所构造出来的一些变量，比如后面的有些章节中将要用到的 Z 统计量、t 统计量、χ^2 统计量、F 统计量等都是理论变量。

1.1.4 描述统计

描述统计(Descriptive Statistics)研究的是数据收集、处理、汇总、图表描述、概括与分析等统计方法。图 1.1 的框图清楚地表明描述统计是对数据进行处理的第一阶段，即用直观的图形、汇总的表格和概括性的数字(如平均数)表示数据的分布、形状等特征，并为进一步的统计推断提供根据。

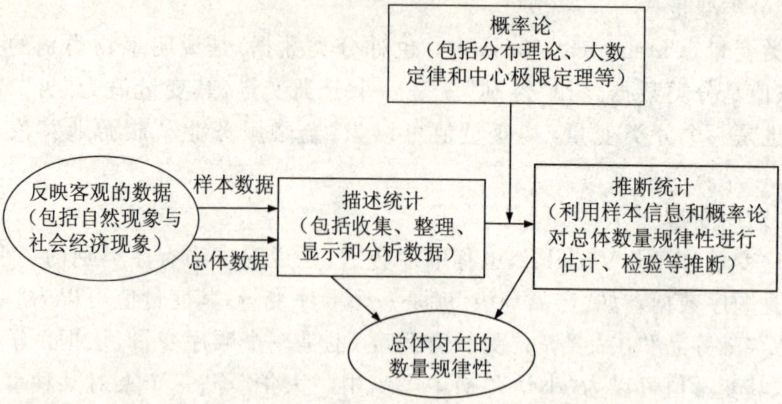

图 1.1 统计学探索客观现象数量规律性过程的框图

1.1.5 推断统计

推断统计（Inferential Statistics）是研究如何利用样本数据来推断总体特征的统计方法。比如，要了解一个地区的人口特征不可能对每个人的特征一一进行测量；对产品的质量进行检验，如果是破坏性的检验，也不可能对每个产品进行测量。这就需要抽取部分个体即样本进行测量，然后根据获得的样本数据对所研究的总体特征进行推断，这就是推断统计要解决的问题。

1.2 统计学在商务和经济中的应用

1.2.1 统计方法应用概述

统计方法是适用于所有学科领域的通用数据分析方法，只要有数据的地方就会用到统计方法。随着人们对定量研究的日益重视，统计方法已被应用到自然科学和社会科学的众多领域。统计学也已发展成为由若干分支学科组成的学科体系。可以说，几乎所有的研究领域都要用到统计方法，统计学成为学术研究中最重要的工具。政府部门、学术研究领域、日常生活中、公司或企业的生产经营管理中都要用到统计。下面将给出统计在社会经济领域中的一些应用示例。

1.2.2 统计学在企业发展中的应用

为企业制定发展战略，发展战略是一个企业的长远发展方向。制定发展战略，一方面需要及时了解和把握整个宏观经济的状况及发展变化趋势，了解市场的变化；另一方面，还要对企业进行合理的市场定位，把握企业自身的优势和劣势。所有这些，都离不开统计。需要统计提供可靠的数据，利用统计方法对数据进行科学的分析和预测等。

1.2.3 统计学在产品质量管理中的地位

质量是企业的生命，是企业持续发展的基础。在一些知名的跨国公司，6σ准则已成为一种重要的管理理念。统计学成为控制误差，高精度工业制造的最核心的工具。质量控制已成为统计学在生产领域中的一项重要应用，各种统计质量控制图被广泛应用于监测生产过程。

1.2.4 统计学是市场研究最重要的工具

企业要在激烈的市场竞争中取得优势，首先必须了解市场，要了解市场，则需要进行广泛的市场调查，取得所需的信息，并对这些信息进行科学的分析，以便作为生产和营销的依据，这些都需要统计的支持。目前，随着市场分工的细化，基于专业的统计分析为手段的商业数据调查公司、企业咨询公司应运而生。

1.2.5 统计学是经济分析与经济预测的核心工具

企业要对未来的市场状况进行预测，经济学家也常常对宏观经济或某一方面进行预测。他们在进行预测时要使用各种统计信息和统计方法。第二次世界大战以后经济学的最大突破便是产生了以SNA体系为基础的国民经济核算方法即我们所经常听到的GDP(国内生产总值)和以概率论与数理统计为基础的计量经济学。国民经济核算与计量经济学的诞生标志着经济学由描述性定性分析学科迈入了精确性定量分析学科。同时统计学应用于企业的生产管理产生了企业经营统计学。常见的是，企业要对自己产品的市场潜力作出预测，以便及时调整生产计划，这就需要利用市场调查取得数据，并对数据进行统计分析。经济学家在预测通货膨胀时，要利用有关生产价格指数、失业率、生产能力等统计数据，然后利用统计模型进行预测。

1.3 数据与数据的来源

所有统计数据追踪其初始来源，都是来自调查或实验。但是，对于使用者来讲，统计数据主要来自两种渠道：一个是数据的间接来源即数据是由别人通过调查或实验的方式搜集的，使用者只是找到它们并加以使用，对此我们称为数据的间接来源。另一个是通过自己的调查或实验活动，直接获得第一手数据，对此我们称为数据的直接来源。本节将对获取数据的这两种渠道分别加以详细的介绍。

1.3.1 数据的间接来源

如果与研究内容有关的原信息已经存在，我们只是对原信息重新加工、整理，使之成为我们可以进行分析研究的材料，那么把它们称为间接来源的数据。从搜集的范围看，这些数据可以取自系统外部，也可以取自系统内部。数据取自系统外部的主要渠道有：统计部门和各级政府部门公布的有关资料，如定期发布的统计公报，定期出版的各类统计年鉴；各类经济信息中心、信息咨询机构、专业调查机构、各行业协会和联合会提供的市场信息和行业发展的数据情报；各类专业期刊、报纸、书籍所提供的文献资料；各种会议，如博览会、展销会、交易会及专业性、学术性研讨会上交流的有关资料；从互联网或图书馆查阅到的相关资料，等等。取自系统内部的资料，如果就经济活动而言，则主要包括业务资料，如与业务经营活动有关的各种单据、统计台账记录；经营活动过程中的各种统计报表；各种财务、会计核算和分析资料等。

相对而言，这种二手资料的搜集比较容易，采集数据的成本低，并且能很快得到。二手资料的作用也非常广泛，除了分析所要研究的问题，这些资料还可以提供研究问题的背景，帮助研究者更好地定义问题，检验和回答某些疑问和假设，寻找研究问题的思路和途径。因此，搜集二手资料是研究者首先考虑并采用的，为方便学生学习和使用间接数据，本教材对一些重要的参考数据的来源和途径作详细介绍：

1. 统计年鉴

(1)《中国统计年鉴》，由国家统计局编写、中国统计出版社出版，是一部全面反映我国国民经济与社会发展情况的资料性书籍，每年 9 月份左右出版。正文收录了上年全国和各省、自治区和直辖市经济与社会各方面大量的统计数据，以及历史主要年份和近 20 年的全国统计数据。内容分为 27 个篇章，即：①综合；②人口；③国民经济核算；④就业和工资；⑤价格；⑥人民生活；⑦财政；⑧资源和环境；⑨能源；⑩固定资产投资；⑪对外经济贸易；⑫农业；⑬工业；⑭建筑业；⑮房地产；⑯批发和零售业；⑰住宿、餐饮业和旅游；⑱运输、邮电和软件业；⑲金融业；⑳科学技术；㉑教育；㉒卫生和社会服务；㉓文化和体育；㉔公共管理、社会保障和社会组织；㉕城市、农村和区域发展；㉖香港特别行政区主要社会经济指标；㉗澳门特别行政区主要社会经济指标；同时附录两个篇章：台湾省主要社会经济指标；国际主要社会经济指标。

(2)《国际统计年鉴》，由国家统计局编写、中国统计出版社出版，是一部综合性的国际经济、社会统计资料年刊。为中英文对照，收录了世界 200 多个国家和地区的统计资料，对其中的 40 多个主要国家和地区的经济和社会发展状况和世界知名公司的基本情况作了更为详细的介绍。内容分为 17 个部分：①中国在世界的地位；②自然资源和环境；③国民经济核算；④人口；⑤就业人员和劳动报酬；⑥投资环境；⑦能源；⑧财政和金融；⑨价格指数；⑩居民收支和贫困；⑪农业；⑫工业和建筑业；⑬运输和通讯；⑭对外贸易和旅游；⑮国际收支和外债；⑯教育、科技、文化和卫生；⑰经济社会综合评价指标。

(3)地方统计年鉴，由各省、自治区和直辖市以及经济特区的统计局编写，中国统计出版社出版，比较详细地反映各省、自治区和直辖市以及经济特区的社会、经济和科技等发展变化的情况，如《广东统计年鉴》《广州统计年鉴》等。

(4)《中国县(市)社会经济统计年鉴》由国家统计局调查总队编写，中国统计出版社出版，主要内容包括区域分析统计图，各县(市)经济主要指标，分区域社会发展基本情况，按主要经济指标分组的社会经济基本情况。

(5)《中国金融年鉴》，由中国金融协会编写，记述金融发展的基本情况，提供有关金融统计的资料，包括货币供应量、银行概述、特定存款机构的资产负债表。

(6)《中国人口统计年鉴》，由中国统计出版社出版，是人口状况资料性年刊，书中收集了全国各省、自治区和直辖市大量的人口数据以及世界各国的人口数据。

(7)《中国统计摘要》，由中国统计出版社出版，收录了反映我国经济、社会发展的主要统计数据，一般比统计年鉴早若干月出版。

2. 有关期刊

上述各种年鉴所提供的资料较为详细、全面、系统，但时效性较差，反映我国经济社会动态的数据可由以下一些刊物获取。

(1)《中国经济数据分析》，由中国信息中心经济预测部主办。该期刊提供当季(或月)我国的 GDP 增长率，各月工业生产指数，企业效益指标，固定资产投资、外贸出口和市场销售的规模与速度指标，居民消费水平等数据。

(2)《经济预测分析》，由国家信息中心主办，提供有关国民经济运行状况的资料。

(3)《中国经济景气月报》，由国家统计局信息景气中心主办，内容包括各主要经济指标的月度数据和各类经济景气指标。

3. 有关网站

在计算机与网络技术飞速发展的今天，互联网成为获取统计数据的重要途径。目前可获取反映中国经济社会状况的统计数据的网站主要有：

(1)国家统计局官方网站，http://www.stats.gov.cn，由国家统计局主办。主要内容有统计公报、统计数据、统计分析、统计法规、统计管理和数据直报等。在该网站也可搜寻有关统计年鉴的数据资料。

(2)国研网，http://www.drcnct.com.cn，由国务院发展研究中心主管、国务院发展研究中心信息中心主办、北京国研网信息有限公司承办。提供的主要信息有宏观经济、区域经济、金融市场、行业经济及企业经济的相关数据资料。

(3)中国经济信息网，http://www.cei.gov.cn，由国家信息中心主办。从该网站可搜寻我国经济发展及各地区经济发展的数据资料。

4. 数据库

数据库建设是国家经济信息化建设的一项重要的基础性工作，由有关公司组织开发，向社会提供有偿服务。目前，主要的经济统计数据库有：

(1)国家统计数据库，http://219.235.129.58/welcome.do，由国家统计局开发。包括国民经济核算、人口、就业、固定资产投资、能源、价格指数、人民生活、环境保护、农业、工业、建筑业、运输邮电、国内贸易、科技、文化体育卫生等国民经济和社会发展方面有关的月度、季度和年度主要统计数据，每月月底更新一次。

(2)中经网统计数据库，http://db.cei.gov.cn，由中国经济信息网开发。内容涵盖宏观经济、行业经济、区域经济以及世界经济等各个领域，是一个面向社会各界用户提供全面、权威、及时、准确的经济类统计数据信息的基础资料库。

(3)中宏数据库，http://www.macrochina.com.cn/macro_data/，由国家发展改革委员会所属的中国宏观经济学会、中宏基金、中国宏观经济信息网、中宏经济研究中心联合研发。中宏数据库是一个巨型的经济数据库，包括19类大库，74类中库，具体可参见其网站介绍。其中，统计数据库由宏观、金融、地区、行业、国际5个大类，15个子栏目组成，以时间序列和图表方式为用户提供最快、最新、最全的经济数据。

(4)中国统计数据应用支持系统与中国统计年鉴服务系统，http://edu.acmr.cn，由北京华通人商用信息有限公司研发。中国统计数据应用支持系统是专门针对金融机构的需求研制的数据查询和分析系统，涵盖宏观、区域、行业、企业、财经等领域的经济运行状态、结构变化、发展趋势、政策效应等数据信息；中国统计年鉴服务系统目前囊括了中国统计出版社自1981年起出版的400余本国家、省市及行业年鉴。

1.3.2 数据的直接来源

虽然二手数据具有搜集方便、数据采集快、采集成本低等优点，但对一个特定的研究问题而言，二手资料的主要弱点是相关性不够，所以仅仅靠二手资料还不能回答研究所提出的问题，这时就要通过调查的方法和实验的方法直接获得一手资料。我们把通过调查方法获得的数据称为调查数据，把通过实验方法得到的数据称为实验数据。

调查通常是针对某一社会现象而言的。例如，经济学家通过搜集经济现象的数据来分析经济形势、某种经济现象的发展趋势、经济现象之间的相互联系和影响。社会学家通过搜集有关人文的数据以了解人类行为。管理学家通过搜集生产、经营活动的有关数据分析生产过程的协调性和效率。调查数据通常取自有限总体，即总体所包含的个体单位是有限的。如果调查针对总体中的所有个体单位进行，就把这种调查称为普查。普查数据具有信息全面、完整的特点，对普查数据的全面分析和深入挖掘是统计分析的重要内容。但是，当总体较大时，进行普查将是一项代价很大的工程，由于普查涉及的范围广，接受调查的单位多，所以耗时、费力。

1.3.3 数据搜集的基本方法

样本单位确定之后，对这些单位实施调查，即从样本单位那里得到所需要的数据，可以采用不同的方法。搜集数据的基本方法有以下几种。

1. 自填式

自填式指在没有调查员协助的情况下由被调查者自己填写。完成调查问卷把问卷递送给被调查者的方法有很多，如调查员分发，通过邮寄方式，通过网络方式，或把问卷刊登在媒体上，等等。由于被调查者在填答问卷时调查员一般不在现场，对于问卷中的疑问无人解答，所以这种方法要求调查问卷结构严谨，有清楚的说明，让被调查者一看就知道如何完成问卷。与其他调查方式相比，自填式问卷应有制作详细、形象友好的说明，必要时可在问卷上提供调查人员的联系电话，以便被调查者遇到疑问时与调查员联络。自填式方法通常要求被调查者具有一定的文化素养，可以读懂问卷，能正确理解调查问卷中的问题并进行回答。与其他搜集数据的方式相比，调查组织都对自填式方法的管理相对容易。只要把问卷正确地送达被调查者手中即可。自填式的调查成本也是最低的，增大样本量对调查费用的影响很小，所以可以进行大范围的调查。这种方式也有利于被调查者，他们可以选择方便的时间填答问卷，可以参考有关记录而不必依靠记忆进行回答。由于填写问卷时调查员不在场，因而自填式方法也可以在一定程度上减少被调查者回答敏感性问题的压力。

自填式方法的弱点也是明显的。首先，问卷的回收率比较低，因为被调查者往往不够重视，在完成问卷方面没有压力，所以把问卷放弃不答。同时，由于不重视，被调查者也容易把问卷丢失和遗忘。所以采用自填式方法时，通常需要做很多跟踪回访工作以取得较高的回收率。其次，自填式方法不适合结构复杂的问卷，因为许多被调查者不会去认真阅读填写问卷的指南，如果问卷中出现跳答、转答这样的问题，被调查者往往出现回答错误，而如果问卷中不使用跳答、转答这样的技术手段，研究人员可能就无法搜集到最合适的所需信息。因此，自填式方法对调查的内容会有所局限。此外，自填式方法的调查周期通常都比较长，调查人员也需要对问卷的递送和回收方法进行仔细的研究和选择最后，对于在数据搜集过程中出现的问题，一般难以及时采取调改措施。

2. 面访式

面访式是指现场调查中调查员与被调查者面对面，调查员提问，被调查者回答这种调查方式。面访式的主要优点是，由于是面对面的交流，调查人员可以激励被调查者的参与意识，对不愿意参与的被访者进行说服工作，由此提高调查的回答率。调查员可以在现场解释问卷，回答被调查者的问题，同时，对被调查者的回答进行鉴别和澄清，提高调查数据的质量，并且可以对识字率低的群体实施调查。由于调查问卷是由经过培训的调查员所控制的，所以在问卷设计中可以采用更多的技术手段，使得调查问题的组合更为科学、合理。而且，在面访调查中，还可以借助其他调查工具（图片、照片、卡片、实物等）丰富调查内容。面访式的数据搜集方法还有一个优点，即它能对数据搜集所花费的时间进行调节。如果数据搜集进展太慢，需要加快速度，就可以雇用更多的调查员，而这在使用自填式方法时是不可能的。

面访式方法的弱点主要有：首先，调查的成本比较高。因为要有调查员的培训费用、调查员的工资、面访调查中送给被调查者的小礼品和调查员的交通费用等，而且调查费用与样本量关系十分密切，所以，在大样本调查中，研究人员面临着调查成本的巨大压力。其次，面访这种搜集数据的方式对调查过程的质量控制有一定难度，调查的数据质量与调查员的工作态度、责任心有直接关系，当大量调查员参与调查时，如何保证高质量的现场操作就是一个很重要的问题。此外，对于敏感性问题，除非对调查员进行角色筛选，对调查员的访谈技巧进行专门的技术培训，否则在面对面条件下，被调查者通常不会像自填式方法下那样放松，也不愿意回答。

3. 电话式和CATI系统

电话式是指调查人员通过打电话的方式向被调查者实施调查。电话调查的最大特点是速度快，能够在很短的时间内完成调查。电话调查特别适合样本单位十分分散的情况，由于不需要支付调查员的交通费，数据搜集的成本大大下降。电话调查对调查员也是安全的，他们不必在晚上走访偏僻的居民区，而在面访调查中，这些都是不可避免的。在电话调查中，对访问过程的控制也比较容易，因为调查员的工作地点都在一起，调查中遇到的问题可以得到及时处理和解决，调查督导对访问实施监听也很容易。目前，这方面的技术正在向计算机辅助电话调查(Computer Assisted Telephone Interview，CATI)方向发展。CATI系统把计算机与电话访问连接起来，调查的问卷输入计算机，调查员在计算机屏幕前操作。随机样本的抽选由计算机完成，由计算机进行自动拨号。调查员将调查结果（用鼠标点击选项）输入计算机，设计的程序可以对录入结果进行逻辑审核，从而保证了数据的合理性。可以在调查过程中随时得到即时的调查结果统计。从而发现样本结构、样本分布等有关问题，并及时采取相应措施，使得样本的组成更为合理。对于无人接听，或对方因为忙，目前无法接受调查等特殊情况，CATI 系统可以自动记载下来，并在适当的时候向调查人员做出提示，对这些样本单位进行重新调查。目前在发达国家，使用 CATI 系统已经成为数据搜集的最主要方法。我国电话拥有率增长很快，使用电话调查的方式搜集数据有广阔的发展空间。

电话调查也有一定的局限性。因为电话调查的工具是电话，如果被调查者没有电话，调查将无法实施。所以在电话拥有率不高的地区，电话调查这种方式就受到限制。另外，使用电话进行访问的时间不能太长，人们不愿意通过电话进行冗长的交谈，被访者对这项调查的内容并不感兴趣时就更是如此。同时，电话调查所使用的问卷要简单，如果问卷答案的选项过长、过多，被调查者听了后面，忘了前面，不仅造成调查进度的延缓，被调查者还很容易挂断电话。最后，与面访式相比，电话调查由于不是面对面的交流，在被访者不愿意接受调查时，要说服他们就更为困难。

随着网络的普及，网络调查（如问卷星、微信平台、Q Q、移动互联网 APP[①]）逐渐成为一种趋势，它比电话调查更省时省力。但网络调查的可信度容易受到质疑。限于篇幅，网络调查方法不在此一一介绍。

此外，搜集数据的方法还有观察法，即调查人员通过直接观测的方法获取信息，如利用安置在超市中的录像设备观察顾客挑选商品时的表情；在十字路口通过计数的方法估算车流量等。

1.3.4 数据的质量

统计的整个工作过程就是对数据的加工过程，从原始数据的收集开始，经过整理、显示、样本信息的提取到总体数量规律性的科学推断都有一个减少误差、提高数据质量的问题。也就是说，统计数据的质量控制问题是贯穿于统计研究全过程的重要问题。但在不同的统计工作阶段，统计数据误差的原因是不同的且严重程度也不同。

统计调查阶段是统计研究的第一步，是直接收集统计数据的阶段。因而这一阶段统计数据的质量如何，直接影响到整个统计工作。在这一阶段中，从不同的角度分类，可以分为非抽样误差与抽样误差。

1. 非抽样误差

非抽样误差是由于调查过程中各有关环节工作失误造成的。它包括调查方案中有关规定或解释不明确所导致的填报错误、抄录错误、汇总错误，不完整的抽样框导致的误差，调查中由于被调查者不回答产生的误差等。非抽样误差在普

---

① APP 是英文 Application 的简称，由于华为、iPhone 等智能手机的流行，现在的 APP 多指智能手机的第三方应用程序。

查、抽样调查中都可能发生。显然,从理论上看,这类误差是可以避免的。克服或降低非抽样误差时,一方面要加强统计调查人员的培训,使他们树立很强的责任心和数据质量意识,加强填报和汇总时的检查;另一方面要掌握获取完整抽样框的方法,以及科学抽样的方法与技术。在非抽样误差中还有一种人为干扰造成的误差,即有意瞒报或低报数据,这是需要给予特别注意的。例如,在填报产量产值时,某些领导好大喜功,虚报产值以图升迁;又如,在调查市场物价时,某些负责人为表现自己的工作业绩,无视有关统计的法律法规,强行调低物价指数。这种虚报、低报等瞒报的行为都触犯了《统计法》,统计人员要坚决抵制并予以揭露。

2. 抽样误差

抽样误差是利用样本推断总体时产生的误差。由于样本只是总体的一部分,用样本的信息去推断总体,或多或少总会存在误差,因而抽样误差对任何一个随机样本来讲都是不可避免的。但它又是可以计量的,并且是可以控制的。在坚持随机原则的条件下,一般来讲,样本量越大,抽样误差就越小。确切地说,抽样误差与样本量的平方根呈反比关系。因而在抽样调查中,随机的原则极其重要,其中的原理和抽样方法将后面的章节中作进一步讨论。

概括地讲,非抽样误差特别是其中的系统偏差是可以避免的,但如果不注意,这类偏差造成的结果对调查质量来说又是致命的。美国统计学会于 1995 年专门编写了一本题为《调查误差的主要来源是什么?》的小册子,列出了 10 种容易犯的错误并给出了应采取的措施。加强统计数据质量的管理要体现在统计研究的全过程中,在描述统计和推断统计阶段都要时刻注意统计方法的科学、准确,注意统计方法的前提条件和假设,要根据统计数据的特点和研究的目的选择统计方法,在统计分析时要注意定性分析与定量分析的结合。在后面的章节中,根据不同的方法将从不同的角度强调统计数据的质量问题。

1.4 大数据简介

2015 年 9 月,国务院印发《促进大数据发展行动纲要》,系统部署大数据发展工作。习总书记在 2017 年 12 月 8 日就实施国家大数据战略进行第二次集体学习时强调,大数据发展日新月异,我们应该审时度势,精心谋划,超前布局,力争主动实施国家大数据战略,加快建设数字中国。大数据(Big Data)是一个含义广泛的术语,是指数据集,该数据集通常是万亿或 EB 的大小,需要专门设计的硬件和软件工具进行处理。上一节介绍了统计数据的主要来源有间接来源和直接来源。而大数据通常来源于多个数据库或客户端(Web、App 或者传感器形式等)。这些数据集收集自各种各样的来源:传感器、气候信息、公开的信息,如杂志、报纸、文章。大数据产生的其他例子包括购买交易记录,网络日志,病历,军事监控,视频和图像档案，及大型电子商务。例如，电商大数据来源于的关系型数据库 MySQL 和 Oracle 等数据库，除此之外，Redis 和 MongoDB 这样的 NoSQL 数据库也常用于数据的采集。本节将对大数据做简要介绍。

1.4.1　大数据的含义

对于“大数据”研究机构 Gartner 给出了这样的定义。大数据，指无法在一定时间范围内用常规软件工具进行捕捉、管理和处理的数据集合，是需要新处理模式才能具有更强的决策力、洞察发现力和流程优化能力的海量、高增长率和多样化的信息资产。

“大数据”概念最早由维克托·迈尔·舍恩伯格和肯尼斯·库克耶在编写《大数据时代》中提出，指不用随机分析法（抽样调查）的捷径，而是采用所有数据进行分析处理。

麦肯锡全球研究所给出的定义是：一种规模大到在获取、存储、管理、分析方面大大超出了传统数据库软件工具能力范围的数据集合，具有海量的数据规模、快速的数据流转、多样的数据类型和价值密度低四大特征。

大数据技术，是指从各种各样类型的数据中，快速获得有价值信息的能力。适用于大数据的技术，包括大规模并行处理（MPP）数据库、数据挖掘电网、分布式文件系统、分布式数据库、云计算平台、互联网和可扩展的存储系统。

大数据由巨型数据集组成，这些数据集大小常超出人类在可接受时间下的收集、应用、管理和处理能力。大数据的大小经常改变，一般而言，单一数据集的大小从数太字节（TB）至数十兆亿字节（PB）不等。

大数据必须借由计算机对数据进行统计、比对、解析方能得出客观结果。数据挖掘（Data Mining）是探讨用以解析大数据的方法。数据挖掘作为一门关于数据分析方法与技术的新兴学科，可视为描述统计学的范畴。

1.4.2　大数据的特征与作用

1.特征

文献表明，麦塔集团（META Group，现为高德纳，2001）分析员道格·莱尼（Doug Laney）指出数据增长的挑战和机遇有三个方向：量（Volume，数据大小）、速（Velocity，数据输入输出的速度）与多变（Variety，多样性），合称“3V”或“3Vs”。高德纳与现在大部分大数据产业中的公司，都继续使用 3V 来描述大数据。高德纳于 2012 年修改对大数据的定义：“大数据是大量、高速、多变的信息资产，它需要新型的处理方式去促成更强的决策能力、洞察力与最优化处理。”另外，有机构在 3V 之外定义第 4 个 V：真实性（Veracity）为第四特点。最新的研究成果表明，把大数据的特征拓展为 7 个基本特征：

特征一，数据体量巨大(Volume)。百度资料表明，其新首页导航每天需要提供的数据超过 1.5PB(1PB=1024TB)，这些数据如果打印出来将超过 5 千亿张 A4 纸。有资料证实，到目前为止，人类生产的所有印刷材料的数据量仅为 200PB。

特征二，数据类型多样(Variety)。现在的数据类型不仅是文本形式，更多的是图片、视频、音频、地理位置信息等多类型的数据，个性化数据占绝对多数。

特征三，处理速度快(Velocity)。数据处理遵循“1 秒定律”，可从各种类型的数据中快速获得高价值的信息。

特征四，可变性(Variability)。妨碍了处理和有效地管理数据的过程。以视频为例，一小时的视频，在不间断的监控过程中，可能有用的数据仅仅只有一两秒。

特征五，真实性(Veracity)。数据的质量

特征六，复杂性(Complexity)。数据量巨大，来源多渠道。

特征七，价值(Value)。合理运用大数据，以低成本创造高价值

2.大数据的作用

第一，对大数据的处理分析正成为新一代信息技术融合应用的结点。移动互联网、物联网、社交网络、数字家庭、电子商务等是新一代信息技术的应用形态，这些应用不断产生大数据。云计算为这些海量、多样化的大数据提供存储和运算平台。通过对不同来源数据的管理、处理、分析与优化，将结果反馈到上述应用中，将创造出巨大的经济和社会价值。

第二，大数据是信息产业持续高速增长的新引擎。面向大数据市场的新技术、新产品、新服务、新业态会不断涌现。在硬件与集成设备领域，大数据将对芯片、存储产业产生重要影响，还将催生一体化数据存储处理服务器、内存计算等市场。在软件与服务领域，大数据将引发数据快速处理分析、数据挖掘技术和软件产品的发展。

第三，大数据利用将成为提高核心竞争力的关键因素。各行各业的决策正在从“业务驱动” 转变“数据驱动”。例如，对大数据的分析可以使零售商实时掌握市场动态并迅速做出应对；可以为商家制定更加精准有效的营销策略提供决策支持；可以帮助企业为消费者提供更加及时和个性化的服务；在医疗领域，可提高诊断准确性和药物有效性；在公共事业领域，大数据也开始发挥促进经济发展、维护社会稳定等方面的重要作用。

第四，大数据时代科学研究的方法手段将发生重大改变。例如，抽样调查是社会科学的基本研究方法。但在大数据时代，可通过实时监测、跟踪研究对象在互联网上产生的海量行为数据，进行挖掘分析，揭示出规律性的东西，提出研究结

论和对策。

1.4.3 大数据技术与大数据分析

1.大数据技术

大数据技术是数据采集、数据存取、基础架构、数据处理、统计分析、数据挖掘、模型预测、结果呈现的统称。

(1)数据采集。ETL 工具负责将分布的、异构数据源中的数据如关系数据、平面数据文件等抽取到临时中间层后进行清洗、转换、集成,最后加载到数据仓库或数据集市中,成为联机分析处理、数据挖掘的基础。

(2)数据存取。关系数据库、NOSQL、SQL 等。

(3)基础架构。云存储、分布式文件存储等。

(4)数据处理。自然语言处理(NLP,Natural Language Processing)是研究人与计算机交互的语言问题的一门学科。处理自然语言的关键是要让计算机“理解”自然语言,所以自然语言处理又叫做自然语言理解(NLU,Natural Language Understanding),也称为计算语言学(Computational Linguistics。一方面它是语言信息处理的一个分支,另一方面它是人工智能(AI, Artificial Intelligence)的核心课题之一。

(5)统计分析。假设检验、显著性检验、差异分析、相关分析、T 检验、方差分析、卡方分析、偏相关分析、距离分析、回归分析、简单回归分析、多元回归分析、逐步回归、回归预测与残差分析、岭回归、logistic 回归分析、曲线估计、因子分析、聚类分析、主成分分析、因子分析、快速聚类法与聚类法、判别分析、对应分析、多元对应分析(最优尺度分析)、bootstrap 技术等等。

(6)数据挖掘。分类 (Classification)、估计(Estimation)、预测(Prediction)、相关性分组或关联规则(Affinity grouping or association rules)、聚类(Clustering)、描述和可视化、Description and Visualization)、复杂数据类型挖掘(Text, Web ,图形图像,视频,音频等)。

(7)模型预测。预测模型、机器学习、建模仿真。

(8)结果呈现。云计算、标签云、关系图等。

2. 大数据分析

众所周知,只有通过对大数据分析才能获取很多智能的,深入的,有价值的信息。那么越来越多的应用涉及到大数据,而这些大数据的属性,包括数量,速度,多样性等都是呈现了大数据不断增长的复杂性,所以大数据分析方法在大数据领域就显得尤为重要,可以说是决定最终信息是否有价值的决定性因素。基于此,这里简单介绍大数据分析的基本方法论。

(1)可视化分析。大数据分析的使用者有大数据分析专家,同时还有普通用户,但是他们二者对于大数据分析最基本的要求就是可视化分析,因为可视化分析能够直观的呈现大数据特点,同时能够非常容易被读者所接受,就如同看图说话一样简单明了。

(2)数据挖掘算法。大数据分析的理论核心就是数据挖掘算法,各种数据挖掘的算法基于不同的数据类型和格式才能更加科学的呈现出数据本身具备的特点,也正是因为这些被全世界统计学家所公认的各种统计方法(可以称之为真理)才能深入数据内部,挖掘出公认的价值。另外一个方面也是因为有这些数据挖掘的算法才能更快速的处理大数据,如果一个算法得花上好几年才能得出结论,那大数据的价值也就无从说起了。

(3)预测性分析。大数据分析最终要的应用领域之一就是预测性分析,从大数据中挖掘出特点,通过科学的建立模型,之后便可以通过模型带入新的数据,从而预测未来的数据。

(4)语义引擎。非结构化数据的多元化给数据分析带来新的挑战,我们需要一套工具系统的去分析,提炼数据。语义引擎需要设计到有足够的人工智能足以从数据中主动地提取信息。

(5)数据质量和数据管理。大数据分析离不开数据质量和数据管理,高质量的数据和有效的数据管理,无论是在学术研究还是在商业应用领域,都能够保证分析结果的真实和有价值。

大数据分析的基础就是以上五个方面,当然还有很多很多更加有特点的、更加深入的、更加专业的大数据分析方法。

1.4.4 大数据技术平台及处理步骤

1.大数据技术平台

大数据技术平台应以 Hadoop 平台技术为基础,以并行、分布式架构为主,结合 Spark 计算框架,满足数据存储以及不同计算场景对数据平台服务的要求。平台框架及基本情况如图 1.2。

2.大数据处理步骤

(1)数据采集

大数据的采集是指利用多个数据库来接收发自客户端(Web、App 或者传感器形式等)的数据,并且用户可以通过这些数据库来进行简单的查询和处理工作。

在大数据的采集过程中,其主要特点和挑战是并发数高,因为同时有可能会有成千上万的用户来进行访问和操作,比如火车票售票网站和淘宝,它们并发的

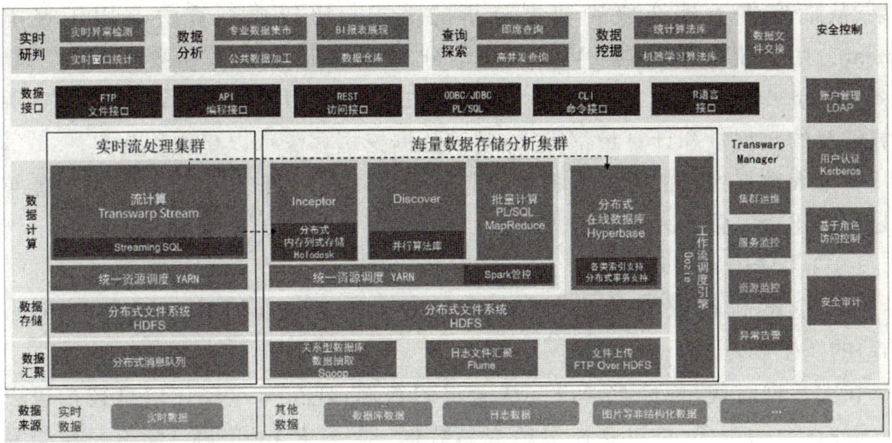

图 1.2 大数据平台框架

访问量在峰值时达到上百万，所以需要在采集端部署大量数据库才能支撑。并且如何在这些数据库之间进行负载均衡和分片的确是需要深入的思考和设计。

(2)数据导入/预处理

虽然采集端本身会有很多数据库，但是如果要对这些海量数据进行有效的分析，还是应该将这些来自前端的数据导入到一个集中的大型分布式数据库，或者分布式存储集群，并且可以在导入基础上做一些简单的清洗和预处理工作。也有一些用户会在导入时使用来自 Twitter 的 Storm 来对数据进行流式计算，来满足部分业务的实时计算需求。

导入与预处理过程的特点和挑战主要是导入的数据量大，每秒钟的导入量经常会达到百兆，甚至千兆级别。

(3)数据统计/分析

统计与分析主要利用分布式数据库，或者分布式计算集群来对存储于其内的海量数据进行普通的分析和分类汇总等，以满足大多数常见的分析需求，在这方面，一些实时性需求会用到 EMC 的 GreenPlum、Oracle 的 Exadata，以及基于 MySQL 的列式存储 Infobright 等，而一些批处理，或者基于半结构化数据的需求可以使用 Hadoop。

统计与分析这部分的主要特点和挑战是分析涉及的数据量大，其对系统资源，特别是 I/O 会有极大的占用。

(4)数据挖掘

与前面统计和分析过程不同的是，数据挖掘一般没有什么预先设定好的主题，主要是在现有数据上面进行基于各种算法的计算，从而起到预测(Predict)的效果，从而实现一些高级别数据分析的需求。比较典型算法有用于聚类的Kmeans、用于统计学习的SVM和用于分类的NaiveBayes，主要使用的工具有Hadoop的Mahout等。该过程的特点和挑战主要是用于挖掘的算法很复杂，并且计算涉及的数据量和计算量都很大，常用数据挖掘算法都以单线程为主。

整个大数据处理的普遍流程至少应该满足以上这四个方面的步骤，才能算得上是一个比较完整的大数据处理。

1.4.5 应该注意的问题

1.关注超高频数据计量经济学[①](Econometrics of Ultra-high Frequency Data)的产生和发展

在大数据时代，各种原来没办法获得的数据，现在通过现代信息技术可以获取，例如在金融市场，可以获得每笔交易数据，即Tick by Tick Data，每次交易的价格、交易量以及交易的时间点，都可以完整地记录下来。这种新型的交易数据，包含很多交易行为和市场微观结构的信息。除金融市场外，超级市场或商店通过信用卡完成的交易，其交易以及交易者的信息，也同样可以获得。对这种实时交易数据进行计量经济学建模及推断，产生了一个新的计量经济学分支——超高频数据计量经济学(Econometrics of Ultra-high Frequency Data)。目前大数据在医疗行业、能源行业、通信行业和零售行业等领域的应用已经非常普及。例如，在加拿大多伦多的一家医院，针对早产婴儿，每秒钟有超过3000次的数据读取。通过这些数据分析，医院能够提前知道哪些早产儿出现问题并且有针对性地采取措施，避免早产婴儿夭折。又如，智能电网现在欧洲已经做到了终端，也就是所谓的智能电表。在德国，为了鼓励利用太阳能，会在家庭安装太阳能，除了卖电给你，当你的太阳能有多余电的时候还可以买回来。通过电网收集每隔五分钟或十分钟收集一次数据，收集来的这些数据可以用来预测客户的用电习惯等，从而推断出在未来2～3个月时间里，整个电网大概需要多少电。有了这个预测后，就可以向发电或者供电企业购买一定数量的电。通过这个预测后，可以降低采购成本。零售企业也监控客户的店内走动情况以及与商品的互动。它们将这些数据与交易记录相结合来展开分析，从而在销售哪些商品、如何摆放货品以及何时调整售价上给出意见，此类方法已经帮助某领先零售企业减少了17%的存货，同时在保持市场份额的前提下，增加了高利润率自有品牌商品的比例。可以预期，随着人工智能和物联网的进步，数据对社会经济发展的重要性和驱动作用将日益显著。因此，有必要对大数据与数据挖掘做些学习和了解。

---

① 洪永森，经济统计学与计量经济学等相关学科的关系及发展前景，厦门大学王亚南研究院。

2.数据不等于信息，不能盲目迷信大数据

经常有人把数据和信息当作同义词来用。其实不然，数据指的是一个原始的数据点（无论是通过数字，文字，图片还是视频等等），信息则直接与内容挂钩，需要有资讯性（Informative）。数据越多，不一定就能代表信息越多，更不能代表信息就会成比例增多。例如：备份。很多人如今已经会定期的对自己的硬盘进行备份。这个没什么好解释的，每次备份都会创造出一组新的数据，但信息并没有增多。

必须指出，也不能盲目迷信大数据，一方面，因为大数据处理结果的误差（Measurement Errors）有时会非常大，不能获得精确测度，严重脱离实际；另一方面，还会产生大量的非结构化的无效数据或数据垃圾。"大数据"在经济发展中的巨大意义并不代表其能取代一切对于社会问题的理性思考，科学发展的逻辑不能被湮没在海量数据中。著名经济学家路德维希·冯·米塞斯曾提醒过："就今日言，有很多人忙碌于资料之无益累积，以致对问题之说明与解决，丧失了其对特殊的经济意义的了解。"这确实是需要警惕的。

3.信息不等于智慧（Insight），要满足三个标准

现在我们去除了数据中所有重复的部分，也整合了内容类似的数据，剩下的全是信息了，这对我们就一定有用吗？不一定，信息要能转化成智慧，至少要满足以下三个标准：

可破译性。这可能是个大数据时代特有的问题，越来越多的企业每天都会生产出大量的数据，却还没想好怎么用，因此，他们就将这些数据暂时非结构化（Unstructured）的存储起来。这些非结构化的数据却不一定可破译。比如说，你记录了某客户在你网站上三次翻页的时间间隔：3 秒，2 秒，17 秒，却忘记标注这三个时间到底代表了什么，这些数据是信息（非重复性），却不可破译，因此不可能成为智慧。

关联性。无关的信息，至多只是噪音。

新颖性。这里的新颖性很多时候无法仅仅根据我们手上的数据和信息进行判断。举个例了，某电了商务公司通过一组数据/信息，分析出丁客户愿意为当大送货的产品多支付 10 块钱，然后又通过另一组完全独立的数据/信息得到了同样的内容，这样的情况下，后者就不具备新颖性。不幸的是，很多时候，我们只有在处理了大量的数据和信息以后，才能判断它们的新颖性。

4.大数据的存储和延迟问题

随着大数据应用的爆发性增长，它已经衍生出了自己独特的架构，而且也直接推动了存储、网络以及计算技术的发展。处理大数据这种特殊的需求是一个新

的挑战。大数据分析应用需求正在影响着数据存储基础设施的发展。

“大数据”应用除了数据规模巨大之外，还意味着拥有庞大的文件数量。因此如何管理文件系统层累积的元数据是一个难题，处理不当的话会影响到系统的扩展能力和性能，而传统的NAS系统就存在这一瓶颈。基于对象的存储架构就不存在这个问题，它可以在一个系统中管理十亿级别的文件数量，而且还不会像传统存储一样遭遇元数据管理的困扰。基于对象的存储系统还具有广域扩展能力，可以在多个不同的地点部署并组成一个跨区域的大型存储基础架构。

有很多“大数据”应用环境需要较高的IOPS性能(IOPS，Input/Output Operations Per Second)，即每秒进行读写(I/O)操作的次数，多用于数据库等场合，衡量随机访问的性能，比如HPC高性能计算。此外，服务器虚拟化的普及也导致了对高IOPS的需求，正如它改变了传统IT环境一样。为了迎接这些挑战，各种模式的固态存储设备应运而生，小到简单的在服务器内部做高速缓存，大到全固态介质的可扩展存储系统等等都在蓬勃发展。

5.大数据的安全和成本问题

有机构预测，未来几年数据泄露事件的增长率也许会达到100%，除非数据在其源头就能够得到安全保障。可以说，在未来，每个财富500强企业都会面临数据攻击，无论他们是否已经做好安全防范。而所有企业，无论规模大小，都需要重新审视今天的安全定义。在财富500强企业中，超过50%将会设置首席信息安全官这一职位。企业需要从新的角度来确保自身以及客户数据，所有数据在创建之初便需要获得安全保障，而并非在数据保存的最后一个环节，仅仅加强后者的安全措施已被证明于事无补。某些特殊行业的应用，比如金融数据、医疗信息以及政府情报等都有自己的安全标准和保密性需求。虽然对于IT管理者来说这些并没有什么不同，而且都是必须遵从的，但是，大数据分析往往需要多类数据相互参考，而在过去并不会有这种数据混合访问的情况，因此大数据应用也催生出一些新的、需要考虑的安全性问题。

“大”，也可能意味着代价不菲。而对于那些正在使用大数据环境的企业来说，成本控制是关键的问题。想控制成本，就意味着我们要让每一台设备都实现更高的“效率”，同时还要减少那些昂贵的部件。目前，象重复数据删除等技术已经进入到主存储市场，而且现在还可以处理更多的数据类型，这都可以为大数据存储应用带来更多的价值，提升存储效率。在数据量不断增长的环境中，通过减少后端存储的消耗，哪怕只是降低几个百分点，都能够获得明显的投资回报。此外，自动精简配置、快照和克隆技术的使用也可以提升存储的效率。

对成本控制影响最大的因素是那些商业化的硬件设备。因此，很多初次进入这一领域的用户以及那些应用规模最大的用户都会定制他们自己的“硬件平台”而不是用现成的商业产品，这一举措可以用来平衡他们在业务扩展过程中的成本控制战略。为了适应这一需求，现在越来越多的存储产品都提供纯软件的形式，可以直接安装在用户已有的、通用的或者现成的硬件设备上。此外，很多存储软件公司还在销售以软件产品为核心的软硬一体化装置，或者与硬件厂商结盟，推出合作型产品。

6.重视大数据的管理和数据生态系统问题

数据管理成为核心竞争力，直接影响财务表现。当“数据资产是企业核心资产”的概念深入人心之后，企业对于数据管理便有了更清晰的界定，将数据管理作为企业核心竞争力，持续发展，战略性规划与运用数据资产，成为企业数据管理的核心。数据资产管理效率与主营业务收入增长率、销售收入增长率显著正相关；此外，对于具有互联网思维的企业而言，数据资产竞争力所占比重为36.8%，数据资产的管理效果将直接影响企业的财务表现。许多大数据应用都会涉及到法规遵从问题，这些法规通常要求数据要保存几年或者几十年。比如医疗信息通常是为了保证患者的生命安全，而财务信息通常要保存7年。而有些使用大数据存储的用户却希望数据能够保存更长的时间，因为任何数据都是历史记录的一部分，而且数据的分析大都是基于时间段进行的。要实现长期的数据保存，就要求存储厂商开发出能够持续进行数据一致性检测的功能以及其他保证长期高可用的特性。同时还要实现数据直接在原位更新的功能需求。

大数据的世界不只是一个单一的、巨大的计算机网络，而是一个由大量活动构件与多元参与者元素所构成的生态系统，终端设备提供商、基础设施提供商、网络服务提供商、网络接入服务提供商、数据服务使能者、数据服务提供商、触点服务、数据服务零售商等等一系列的参与者共同构建的生态系统。而今，这样一套数据生态系统的基本雏形已然形成，接下来的发展将趋向于系统内部角色的细分，也就是市场的细分；系统机制的调整，也就是商业模式的创新；系统结构的调整，也就是竞争环境的调整等等，从而使得数据生态系统复合化程度逐渐增强。

思考与练习

一、思考题

1. 结合教材的第一个案例，谈谈你对统计学的理解。

2. 请解释描述统计与推断统计。

3. 请思考统计学的方法在炒股中有何实际的帮助？

4. 观察近几年中国的GDP增长，结合西方经济学的知识，思考统计学在宏观经济分析与预测中有何重要意义？

5. 你认为统计学在日常生活中有何应用？

二、练习题

6. 请判断下列变量属于何种类型：

(1)身份证编号

(2)民族成分

(3)广州大学城的所有在校人数

(4)大学生对于选秀节目例如“中国好声音”的态度(喜欢、一般、讨厌)

(5)在大学食堂吃饭时的支付方式(现金、一卡通)

7. 广州第16届亚运会期间，某研究部门准备抽取100米田径项目的50名参赛选手的体重推断该项目的所有选手的平均体重。

要求：

(1)描述总体和样本

(2)指出参数和统计量

8. 一项调查表明，大学生在淘宝网和京东商城等网上购物平台的每月平均消费是230元，他们选择网上购物的主要原因是“价格便宜”。

请回答以下问题：

(1)这一研究的总体是什么？

(2)网购的大学生消费群体关心的参数是什么？

(3)“大学生在淘宝网和京东商城等网上购物平台的每月平均消费是230元”是参数还是统计量？

(4)研究者使用的主要是描述统计方法还是推断统计的方法？

9. 获取直接数据的主要途径有哪些？

10. 请思考如何加强和改善统计数据的质量。

第二章 描述统计——表格图形法

描述统计(Descriptive Statistics)是用图形、表格和概括性的数字对数据进行描述的统计方法。即用直观的图形、汇总的表格和概括性的数字(如中位数、标准差等)表示数据的分布、形状等特征,并进一步地统计推断提供数据。描述统计的主要内容包括:资料的收集、数据的加工处理、数据的展示、数据分布特征的概括与分析。本章主要介绍数据的加工处理和数据的展示这两大部分。而数据分布特征的概括与分析在第三章将会进行介绍讲解。

2.1 统计数据的初步处理

数据的预处理(Data Preprocessing)是指在主要的处理以前对数据进行的一些处理。比如,对大部分地球物理面积的观测数据在进行转换或增强处理之前,首先将不规则分布的测网经过插值转换为规则网的处理,以利于计算机的运算。另外,对于一些剖面测量数据,如地震资料预处理有垂直叠加、重排、加道头[①]、编辑、重新取样、多路编辑等。数据的预处理是对数据分类或者分组之前所做的必要处理,内容包括数据的审核、筛选以及排序等。

2.1.1 数据审核

1. 数据审核(Data Auditing)

数据审核是应用各种检查规则来辨别缺少、无效或者不一致的录入,这些会导致数据记录的潜在错误。审核的目的就是要保证调查最后所得数据的完整性、一致性和有效性。

2. 数据审核——原始数据(Raw Data)

(1)完整性审核:

①应调查的单位或个体是否有遗漏。

②所有的调查项目或变量是否填写齐全。

① 加道头(道头修改):就是把通过观测系统定义恢复出的野外炮点、检波点坐标信息一一对应地加到解编出的单炮记录上。

(2)准确性审核：

①数据是否真实反映实际情况，内容是否符合实际。

②数据是否有错误，计算是否正确等。

3. 数据的审核——二手数据(Second Hand Data)

(1)适用性审核：

①弄清楚数据的来源、数据的口径以及有关的背景材料。

②确定数据是否符合自己分析研究的需要。

(2)时效性审核：

尽可能使用最新的数据。

(3)确认是否有必要做进一步的加工整理。

4. 数据审核的目的

(1)数据审核不仅对整理数据有用，而且审核失效发生率不论是对当前调查的质量度量，还是对将来调查的改进都很有用，它能提供调查中有关的数据处理信息。

(2)不论是什么时候，开始一项调查时，总是要对数据做一些假定，数据审核时可以检验这些假定的合理性。

2.1.2 数据筛选

数据筛选(Data Filter)是指当数据中的错误不能予以纠正，或者有些数据不符合调查的要求而又无法弥补时，需要对数据进行筛选。

数据筛选的内容分为两种：一是将某些不符合要求的数据或有明显错误的数据予以剔除；二是将符合某种特定条件的数据筛选出来，而不符合特定条件的数据予以剔除。

数据的筛选可以通过计算机的 Excel 自动完成。下面通过一个简单的例子，来说明 Excel 进行数据筛选的过程。

例 2.1 下面是某学校 6 名学生的考试成绩数据。试找出统计学成绩等于 75 分的学生，数学成绩最高的前 3 名学生，4 门成绩都高于 66 分的学生。

表 2—1 6 名学生的考试成绩数据表

姓名	政治成绩	语文成绩	数学成绩	统计学成绩
张三	78	68	84	75
王翔	67	75	95	91
田雨	79	88	67	54
李四	77	60	86	81
赵颖	65	96	81	75
宋媛	89	72	66	83

解：根据上表的数据，使用 Excel 进行数据筛选，步骤如下：

1. 选择【数据】菜单，并选择【筛选】中的【自动筛选】命令，如图 2—1 所示，表格的第一行就会出现可以下拉的箭头，点击箭头就会出现图 2—2 所示的结果。

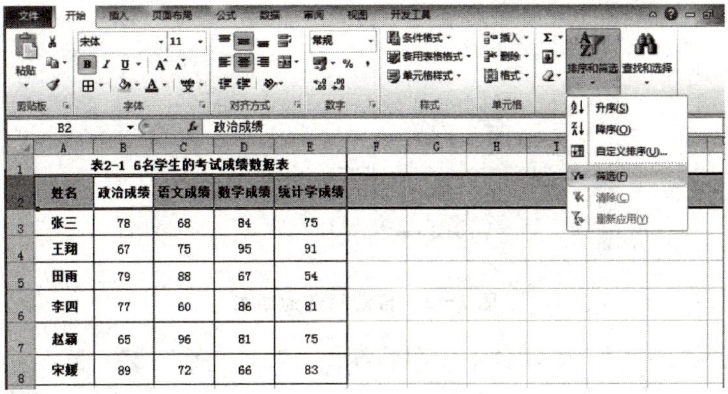

姓名	政治成绩	语文成绩	数学成绩	统计学成绩
张三	78	68	84	75
王翔	67	75	95	91
田雨	79	88	67	54
李四	77	60	86	81
赵颖	65	96	81	75
宋媛	89	72	66	83

图 2—1 Excel 的数据筛选命令

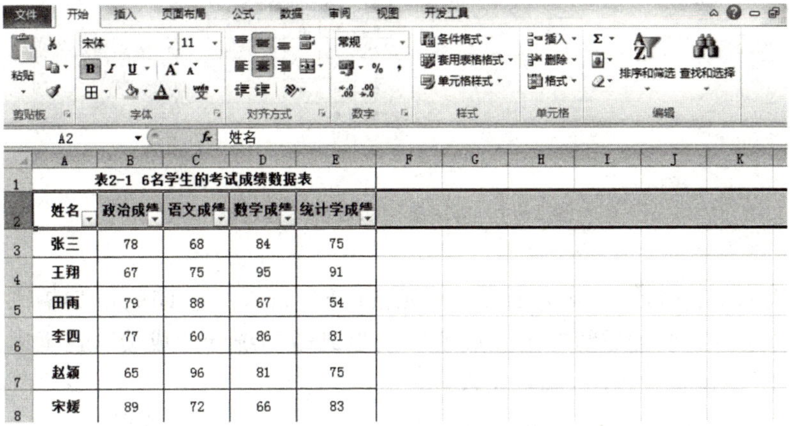

姓名	政治成绩	语文成绩	数学成绩	统计学成绩
张三	78	68	84	75
王翔	67	75	95	91
田雨	79	88	67	54
李四	77	60	86	81
赵颖	65	96	81	75
宋媛	89	72	66	83

图 2—2 自动筛选的过程

2. 在下拉式列表框中选择要筛选出来的数据。题意要求筛选统计学成绩等于 75 分的学生，就在下拉式列表框中选择 75，得出的结果如图 2—3 所示。

要筛选出数学成绩最高的前 3 个学生，可选择下拉式列表框的【前 10 个】，在弹出的对话框中输入 3，得出的结果如图 2—4 所示。

3. 题意要求筛选出 4 门课程成绩都高于 66 分的学生，由于条件比较多，自动筛选无法进行筛选，因此需要【高级筛选】命令。使用高级筛选时，需要建立条件

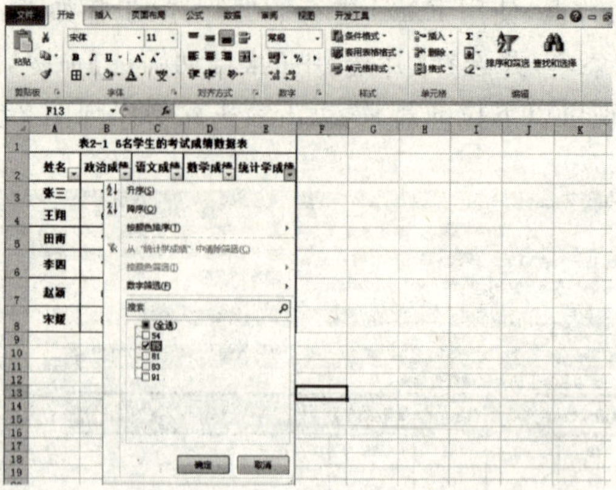

图 2—3　自动筛选的结果

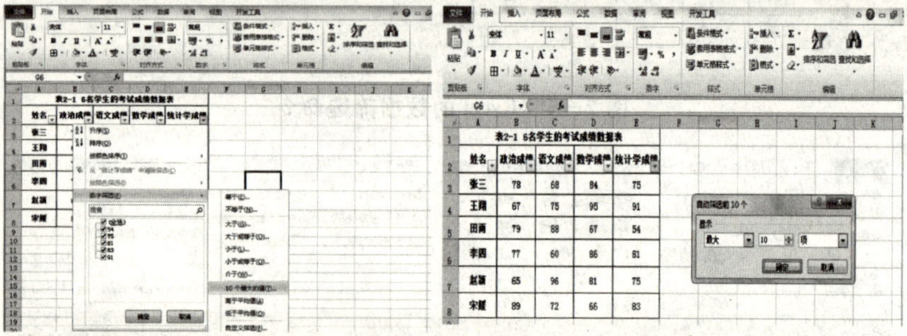

图 2—4　指定条件的自动筛选过程

区域。

过程如下：在数据区域外的任一单元格区域(如本例是 B10：E10)输入被筛选的字符段名称：“政治成绩”“语文成绩”“数学成绩”“统计学成绩”，在紧靠其下方的 B11：E11 单元格中输入筛选条件：>66、>66、>66、>66。

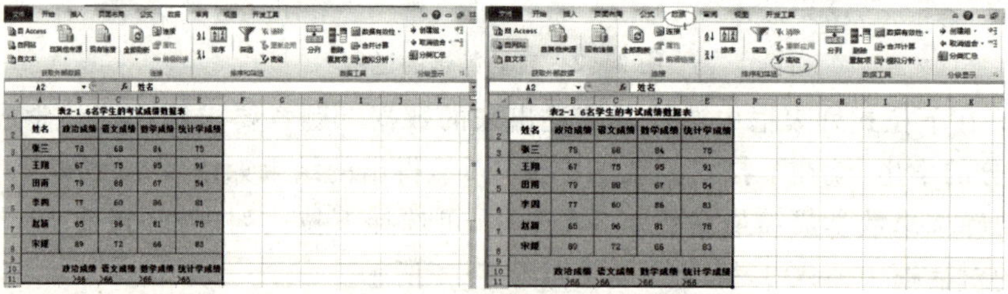

打开【数据】菜单对话框，点击【高级】，选择筛选方式中的“将筛选结果复制到其他位置”单选按钮。将“列表区域”设置为“＄A＄2：＄E＄8”，“条件区域”设置

为“$B$11:$E$11”,“复制到”设置为“$B$13”,单击“确定”按钮,系统会自动将符合条件的记录筛选出来并复制到指定的从B13开始的单元格区域中。

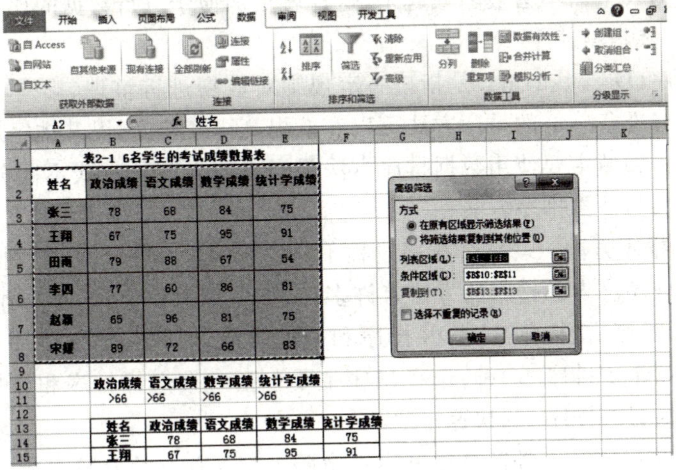

图2—5 多条件的高级筛选过程

单击【确定】后,得出的结果如图2—6所示。

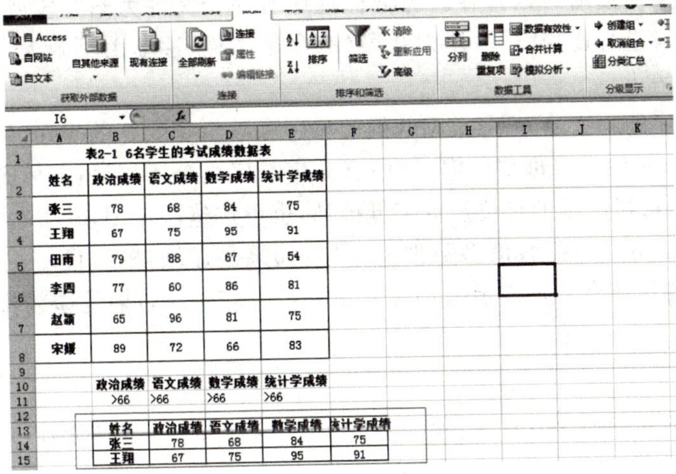

图2—6 高级筛选的结果

由上面的例子可知:Excel中提供了两种数据的筛选操作,即“自动筛选”和“高级筛选”。“自动筛选”一般用于简单的条件筛选,筛选时将不满足条件的数据暂时隐藏起来,只显示符合条件的数据。另外,使用“自动筛选”还可同时对多个字段进行筛选操作,此时各字段间限制的条件只能是“与”的关系。而“高级筛选”

一般用于条件较复杂的筛选操作，其筛选的结果可显示在原数据表格中，不符合条件的记录被隐藏起来；也可以在新的位置显示筛选结果，不符合条件的记录同时保留在数据表中而不会被隐藏起来，这样就更加便于进行数据的比对了。

2.1.3 数据排序

数据排序(Data Sorting)是指按一定规则对数据进行整理、排列，为数据的进一步处理做好准备。好的排序方法可以有效提高排序速度，提升排序效果。

在计算机领域主要使用数据排序方法根据占用内存的方式不同分为两大类：内部排序方法与外部排序方法。

1. 内部排序方法。若整个排序过程不需要访问外存便能完成，则称此类排序问题为内部排序。内部排序的方法有许多种，按所用策略不同，可归纳为五类：插入排序、选择排序、交换排序、归并排序和分配排序。其中，插入排序主要包括直接插入排序和希尔排序①两种；选择排序主要包括直接选择排序和堆排序②；交换排序主要包括冒泡排序③和快速排序④。

2. 外部排序方法。外部排序基本上由两个相互独立的阶段组成。首先，按可用内存大小，将外存上含 n 个记录的文件分成若干长度为 k 的子文件或段(Segment)，依次读入内存并利用有效的内部排序方法对它们进行排序，并将排序后得到的有序子文件重新写入外存。通常称这些有序子文件为归并段或顺串；然后，对这些归并段进行逐趟归并，使归并段(有序子文件)逐渐由小到大，直至得到整个有序文件为止。

数据排序的方法分为：分类型数据的排序和数值型数据的排序。对于分类型数据的排序，如果是字母型数据，排序有升序降序之分，但习惯上用升序；如果是汉字型数据，可按汉字的首位拼音字母排列，也可按笔画排序，其中也有笔画多少的升序降序之分。对于数值型数据的排序，如果是递增排序：设一组数据为 x_1，x_2，…，x_n，递增排序后可表示为：$x_{(1)}<x_{(2)}<\cdots<x_{(n)}$ 如果是递减排序：可表示为：$x_{(1)}>x_{(2)}>\cdots>x_{(n)}$。

---

① 希尔排序法(Shell Sort)是一种计算机学科知识，属于插入类排序，是将整个无序列分割成若干小的子序列分别进行插入排序的方法。

② 堆排序(Heapsort)是指利用堆这种数据结构所设计的一种排序算法。堆是一个近似完全二叉树的结构，并同时满足堆性质：即子结点的键值或索引总是小于(或者大于)它的父结点。

③ 冒泡排序(Bubble Sort)，将被排序的记录数组 R[1..n]垂直排列，每个记录 R[i]看作是重量为 R[i].key 的气泡。根据轻气泡不能在重气泡之下的原则，从下往上扫描数组 R：凡扫描到违反本原则的轻气泡，就使其向上“飘浮”。如此反复进行，直到最后任何两个气泡都是轻者在上，重者在下为止。

④ 快速排序采用了一种分治的策略，通常称其为分治法(Divide-and-Conquer Method)：分治法的基本思想是：将原问题分解为若干个规模更小但结构与原问题相似的子问题。递归地解这些子问题，然后将这些子问题的解组合为原问题的解。

2.1.4　数据透视表

数据透视表是一种交互式的表，可以进行某些计算，如求和与计数等。所进行的计算与数据跟数据透视表中的排列有关。例如，可以水平或者垂直显示字段值，然后计算每一行或列的合计；也可以将字段值作为行号或列标，在每个行列交汇处计算出各自的数量，然后计算小计和总计。之所以称为数据透视表，是因为可以动态地改变它们的版面布置，以便按照不同方式分析数据，也可以重新安排行号、列标和页字段。每一次改变版面布置时，数据透视表会立即按照新的布置重新计算数据。另外，如果原始数据发生更改，则可以更新数据透视表。

数据透视表可以通过 Excel 的【数据】菜单【数据透视表和数据透视图】命令，借助【数据透视表向导】生成。可以根据需要，使"数据透视表"创建在源数据表中或是创建在一个新的"数据透视表"工作表中。数据透视表创建出来后，会在"字段列表"中自动显示出源数据表的各个字段名称；同时，会出现一个二维数据表的空表框架，如图 2—7 所示。

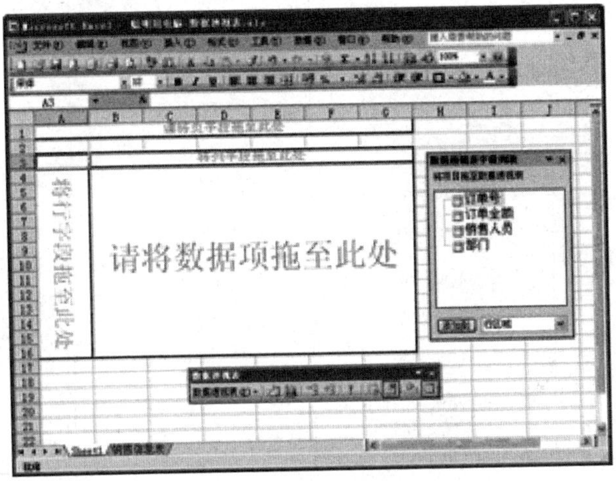

图 2—7　新创建的数据透视表

在数据透视表的空框架中，一共有 4 个不同的区域，分别是"行字段"区、"列字段"区、"数据项"区以及"页字段"区。这 4 个区域都可以包容一个或多个源数据表中的字段信息，但是由于它们的位置不同，所以名称和作用则完全不同。

在数据透视表中，"行字段"区和"列字段"区的作用是分类；"数据项"区的作用是汇总(汇总有"求和""求平均""计数"等多种方式)；"页字段"区的作用则主要是分类筛选。无论是哪个区域，操作都是相同的，都是将字段列表中的"字段名"拖拽至相应的位置即可。

例 2.2　表 2—2 是某个企业的销售订单月表，表中记录了有关订单和销售的

4 个字段,分别是“订单 ID 号码”“订单金额”“销售人员”和销售人“部门”。试建立一个数据透视表。

表 2－2　销售订单月表

订单 ID 号码	订单金额(元)	销售人员	部门
20150401	500.00	Jarry	销售 1 部
20150402	450.00	Jarry	销售 1 部
20150403	250.00	Tom	销售 2 部
20150404	420.00	Mike	销售 1 部
20150405	450.00	Helen	销售 2 部
20150406	250.00	Jarry	销售 1 部
20150407	150.00	Tom	销售 2 部
20150408	950.00	Mike	销售 1 部
20150409	100.00	Helen	销售 2 部
20150410	500.00	Tom	销售 2 部
20150411	258.00	Jarry	销售 1 部
20150412	320.00	Helen	销售 2 部
20150413	700.00	Mike	销售 1 部
20150414	670.00	Tom	销售 2 部
20150415	320.00	Jarry	销售 1 部
20150416	470.00	Helen	销售 2 部
20150417	476.00	Mike	销售 1 部
20150418	482.00	Helen	销售 2 部
20150419	489.00	Tom	销售 2 部
20150420	489.00	Jarry	销售 1 部

解:这就是一个典型的“字段表”,数据表的第一行是“标题行”,下面各行是一条一条的记录。这样的数据表不便于根据“销售人员”或“部门”进行分类型数据查询,可将它利用【数据】菜单【数据透视表和数据透视图】命令,借助【数据透视表向导】在新的“Sheet 表”生成一个数据透视表,如图 2－7 所示。

以“部门”和“销售人员”分类查询订单总额和总订单数(多字段分类多字段汇总),在数据透视表的各个区域中,可以拖拽放置多个字段,这样就可以起到同时查询多个字段的分类汇总效果。由于本例要同时查询“部门”和“销售人员”两个字段的分类,所以可以分别将“部门”和“销售人员”字段都拖拽至“行字段”区域,以实现分类；然后再分别将"订单号"和"订单金额"字段都拖拽至"数据项"区域以实现汇总。这样就可以在一个数据透视表中查询多字段分类和多字段汇总的效果了，如图 2—8 所示。

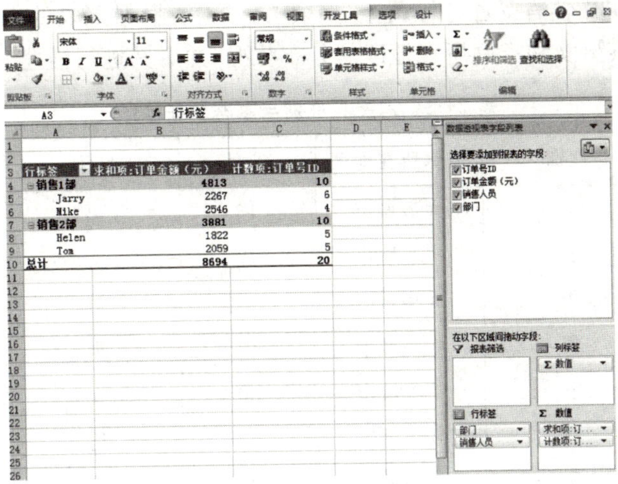

图 2—8 根据需要建立的数据透视表

2.2 统计数据的汇总与展示

统计数据经过初步处理后，可以根据需要进一步分组，确定汇总哪些统计指标，然后进行分析。统计数据的整理与展示，要弄清所面对的数据类型，不同类型的数据，采取不同的处理方式和方法。对分类型数据和顺序型数据主要是作分类整理；对数值型数据则主要是作分组整理。适合于低层次数据的整理和显示方法也适合于高层次的数据；但适合于高层次数据的处理和显示方法并不适合于低层次的数据。

2.2.1 分类型数据的汇总与图示

分类型数据(Categorical Data)是统计数据的一种，指反映事物类别的数据，如人按性别分为男、女两类。分类型数据是离散数据(Discrete Data)。分类属性具有有限个(但可能很多)不同值，值之间无序。比如包括地理位置、工作类别和商品类型等。有很多方法产生分类型数据的概念分层。

1. 频数与频数分布

频数(Frequency)也称"次数"，对总数据按某种标志进行分组，统计出各个组内含个体的个数。我们把各个类别及其相应的频数全部列出来就是"频数分布"或称"次数分布"。

频数分布(Frequency Distribution)是指在分组的基础上，把总体的所有单位按组归并排列，形成总体中各个单位在各组间的分布，又称分布数列。分布数列包括两个要素：总体按其标志所分的组和各组所分布的单位数。

例 2.3 为了研究男女比例与各种城市地区的居住比例，一家市场调查公司对随机抽取的 30 名消费者进行调查，如表 2—3。请根据下表的内容生产一个频数分布表，观察男女和家庭所在地区的分布状况，并对其进行描述。

表 2—3 消费者性别与家庭所在地区

编号	性别	家庭所在地区	编号	性别	家庭所在地区
1	男	大型城市	16	男	中小城市
2	女	中小城市	17	女	大型城市
3	男	大型城市	18	男	中小城市
4	男	中小城市	19	男	乡镇地区
5	女	中小城市	20	女	中小城市
6	女	乡镇地区	21	男	乡镇地区
7	男	中小城市	22	女	大型城市
8	女	乡镇地区	23	女	大型城市
9	男	中小城市	24	男	大型城市
10	女	大型城市	25	女	中小城市
11	女	中小城市	26	男	大型城市
12	男	乡镇地区	27	女	大型城市
13	男	乡镇地区	28	男	中小城市
14	女	中小城市	29	男	中小城市
15	女	中小城市	30	女	大型城市

解：生成频数分布表可以通过 Excel 的几个途径，其中最简单的是通过【数据】中的【数据透视表与数据透视图】对话框来完成。依次将“性别”拖至“列”区域，将“家庭所在地区”拖至“行”区域，将“家庭所在地区”拖至“数据”区域，并选择“计数”。得出的结果如表 2—4 所示。

表2.4 消费者性别与家庭所在地区的频数分布表

计数项:家庭所在地区	性别		
家庭所在地区	男	女	总计
大型城市	4	6	10
乡镇地区	4	2	6
中小城市	7	7	14
总计	15	15	30

此外，也可以通过【工具】中的【数据分析】工具中的【直方图】命令来生成频数分布表；也可以通过 SPSS 软件生成频数分布表。

表 2－4 中的行是“家庭所在地区”变量，列是“性别”变量。这种以列表方式表示两个(或多个)变量或属性共同出现的频率也称为列联(Contingency Table)；二维的列联表也称为交叉表(Cross Tabulations)。

对于定性数据，除了用频数分布表来描述，还可以通过百分比、比率以及比例等统计量进行描述。

2. 百分比、比率与比例

百分比(Percentage)又称百分率、百分数(符号为%)，是一种表达比例，比率或分数数值的方法，表示一个数是另一个数的百分之几的数值。

比率(Ratio)是指样本(或总体)中各不同类别数值之间的比值。

比例(Proportion)是指数量之间的对比关系，或指一种事物在整体中所占的分量，还是技术制图中的一般规定术语，是指图中图形与其实物相应要素的线性尺寸之比。

下面通过一个例子来说明百分比、比率与比例等统计量。

例 2.4 根据例 2.3 的数据，进行部分修改，使用 SPSS 生成频数分布表，如下表所示，请对 SPSS 生成的频数分布表、列联表以及百分比、比率等统计量进行观察与分析。

表 2－5 消费者性别与家庭所在地区

性别	家庭所在地区	性别	家庭所在地区
女	大型	女	中小
男	中小	男	大型
男	大型	男	中小
女	中小	女	乡镇
女	中小	男	中小
男	乡镇	女	乡镇
女	中小	女	大型
男	乡镇	男	大型
女	中小	女	大型
女	大型	女	中小
男	中小	男	大型
男	乡镇	女	大型
女	乡镇	女	中小
女	中小	男	中小
男	中小	女	大型

表 2—6 性别频数分布表

		频率	百分比	有效百分比	累积百分比
有效	男	13	43.3	43.3	43.3
	女	17	56.7	56.7	100.0
	合计	30	100.0	100.0	

表 2—7 家庭所在地区频数分布表

		频率	百分比	有效百分比	累积百分比
有效	大型	10	33.3	33.3	33.3
	乡镇	6	20.0	20.0	53.3
	中小	14	46.7	46.7	100.0
	合计	30	100.0	100.0	

表 2—8 家庭所在地区 * 性别 交叉制表

			单位	性别		合计
				男	女	
家庭所在地区	大型	计数		4	6	10
		家庭所在地区中的	%	40.0	60.0	100.0
		性别中的	%	30.8	35.3	33.3
		总数的	%	13.3	20.0	33.3
	乡镇	计数		3	3	6
		家庭所在地区中的	%	50.0	50.0	100.0
		性别中的	%	23.1	17.6	20.0
		总数的	%	10.0	10.0	20.0
	中小	计数		6	8	14
		家庭所在地区中的	%	42.9	57.1	100.0
		性别中的	%	46.2	47.1	46.7
		总数的	%	20.0	26.7	46.7
	合计	计数		13	17	30
		家庭所在地区中的	%	43.3	56.7	100.0
		性别中的	%	100.0	100.0	100.0
		总数的	%	43.3	56.7	100.0

解:由表 2—6 和表 2—7 的类别可知,类别是按照拼音字母升序排列的。由于不存在缺失值,所以百分比与有效百分比都是完全相同的。男女比例中,男生所

占的百分比是 43.3%，女生则 56.7%。

由表 2—8 可看出，由 30.8%的男生住在大型城镇，23.1%的男生住在乡镇，剩下的 46.2%住在中小型城镇。同样的，在女生中，有 47.1%的住在中小型城镇。这说明了被调查的大部分消费者，主要是住在中小型城镇。

3. 分类型数据的图示

上面介绍了如何用 Excel、SPSS 来绘制频数分布表来反映分类型数据的频数分布。接下来将会介绍如何使用图形来展示频数分布，使数据展现得更加形象与直观。这里主要介绍几种常用的分类型数据的图示方法，包括条形图、饼状图以及环形图等。

(1)条形图

条形图(Bar Chart)是用一个单位长度表示一定的数量，根据数量的多少画成长短不同的直条，然后把这些直条按一定的顺序排列起来。条形图可以横置也可以纵置，纵置时也称为柱形图。条形图可以分为三种形式：简单条形图、复式条形图、堆积条形图。

图 2—9(a)和图 2—9(b)是根据例 2.4 绘制成的关于家庭所在地区与性别的简单条形图。图 2—10 是根据例 2.4 绘制成的关于消费者性别与家庭所在地区的复式条形图。

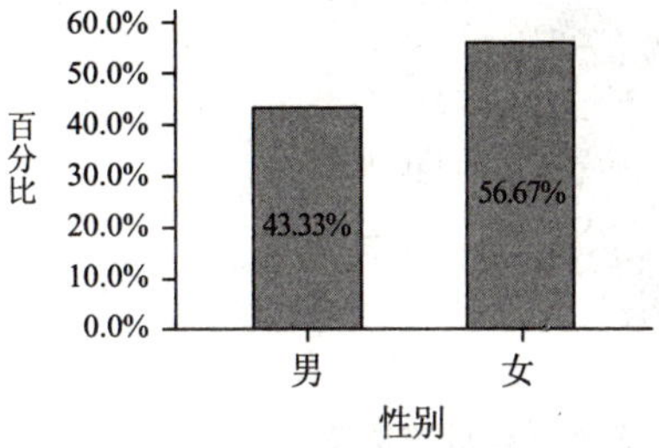

(a) 消费者性别

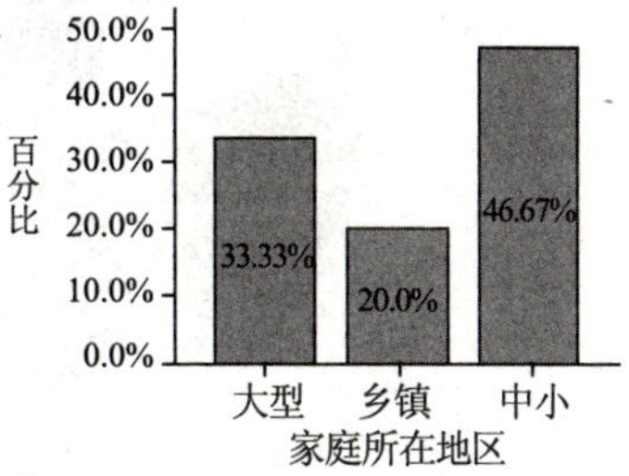

(b) 家庭所在地区

图 2—9 消费者性别与家庭所在地区构成的简单条形图

(2)饼图

饼图(Pie Graph)常用于统计学模块。仅排列在工作表的一列或一行中的数据可以绘制到饼图中。饼图显示一个数据系列(数据系列：在图表中绘制的相关数据点，这些数据源自数据表的行或列。图表中的每个数据系列具有唯一的颜色或图案并且在图表的图例中表示。可以在图表中绘制一个或多个数据系列。饼图只有一个数据系列。)中各项的大小与各项总和的比例。饼图中的数据点(数据点：在图表中绘制的单个值，这些值由条形、柱形、折线、饼图或圆环图的扇面、圆点和其他被称为数据标记的图形表示。相同颜色的数据标记组成一个数据系

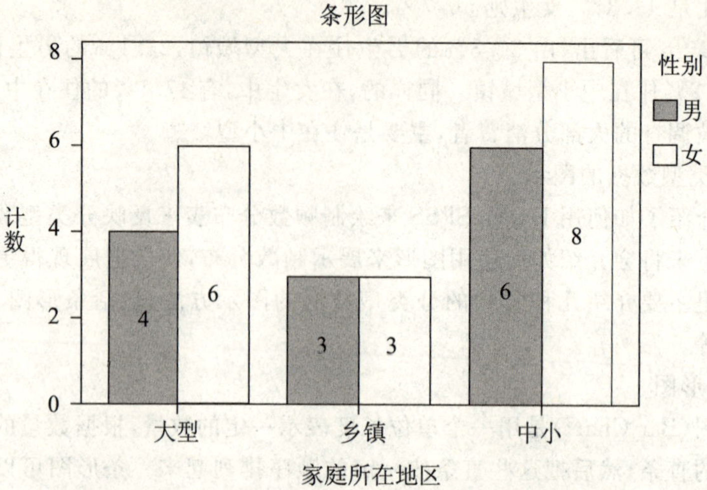

图 2－10　消费者性别与家庭所在地区构成的复式条形图

列。)显示为整个饼图的百分比。

图 2－11 是根据例 2.4 绘制成的关于家庭所在地区的饼图。

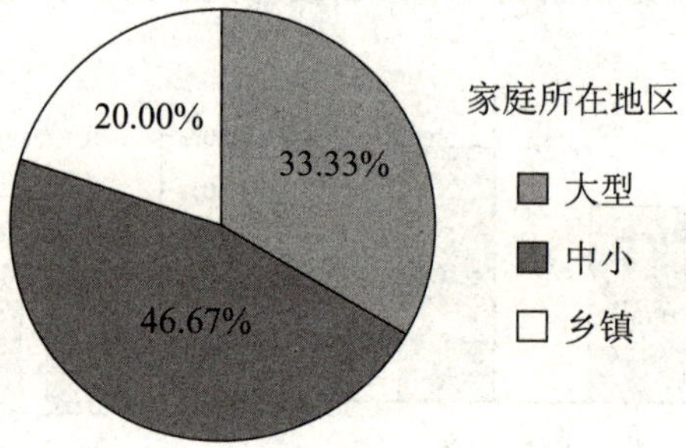

图 2－11　家庭所在地区构成的饼图

(3)环形图

环形图(Circular Diagram)是由两个及两个以上大小不一的饼图叠在一起，挖去中间的部分所构成的图形。主要是在制作 Excel 中区分或表明某种关系。

环形图与饼图相似，但又有区别。环形图中间有一个"空洞"，每个样本用一个环来表示，样本中的每一部分数据用环中的一段来表示，因此环形图可显示多个样本各部分所占的相应比例，从而有利于对构成的比较与研究。

例 2.5　表 2－9 是甲、乙两个班的期末统计学考试成绩，两个班各有 40 个人。请绘制两个班考试成绩的环形图。

表 2—9　甲、乙班期末统计学考试成绩表

考试成绩	人数	
	甲班	乙班
优	3	6
良	6	15
中	18	9
及格	9	8
不及格	4	2

解：根据上表，绘制出环形图，如图 2—12 所示。

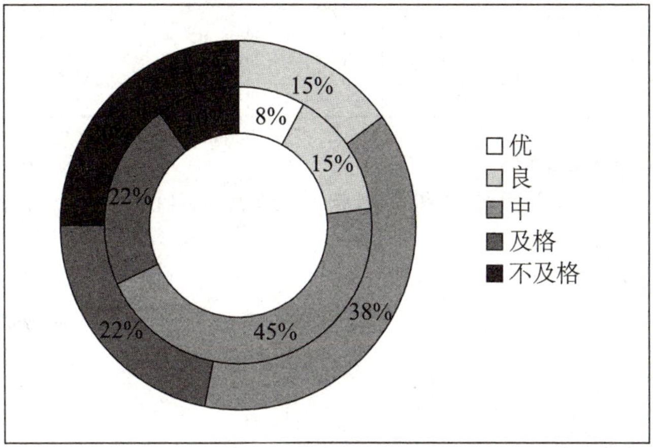

图 2—12　甲、乙班期末统计学考试成绩构成的环形图

2.2.2　顺序型数据的汇总与图示

上小节介绍了分类型数据的频数分布表和图示方法，也同样适用于顺序型数据的汇总与图示。但是有一些并不适用于分类型数据，只是适合于顺序型数据的整理与汇总，比如累积频数和累积频率。

1. 累积频数与累积频率

累积频数（Cumulative Frequency）和累积频率（Cumulative Absolute Requency）是将变量频数分布中各组频数或频率依次累加而得到的各组频数或频率。累积的方法有两种：一是向上累积，即将各组频数或频率由变量值低的组依次向变量值高的组累积，它表明从第一组下限开始到本组上限为止的累积频数或累积频率；二是向下累积，即将各组频数或频率由变量值高的组依次向变量值低的组累积，它表明从最末一组的上限开始到本组下限为止的累积频数或频率。累积频数和累积频率可以简要地、概括地反映总体各单位的分布特征。累积频数和累积频率的计算，如下面的例题所示。

例 2.6　在一项关于珠三角地区某企业员工月工资的调查中，根据月工资进

行分组，绘制成频数分布表，如表 2—10 所示。

表 2—10　珠三角地区某企业员工月工资的频数分布表

按月工资分组(元)	员工(人)	百分比(%)	向上累积		向下累积	
			人数(人)	百分比(%)	人数(人)	百分比(%)
800 以下	50	4.0	50	4.0	1262	100.0
800～900	72	5.7	122	9.7	1212	96.0
900～1000	105	8.3	227	18.0	1140	90.3
1000～1100	487	38.6	714	56.6	1035	82.0
1100～1200	368	29.2	1082	85.8	548	43.4
1200～1300	121	9.6	1203	95.4	180	14.2
1300 以上	59	4.6	1262	100.0	59	4.6
合计	1262	100.0	—	—	—	—

2. 顺序型数据的图示

根据表 2—10 的累积频数和累积频率，绘制成累积频数分布图，如图 2—13(a)(b)所示。

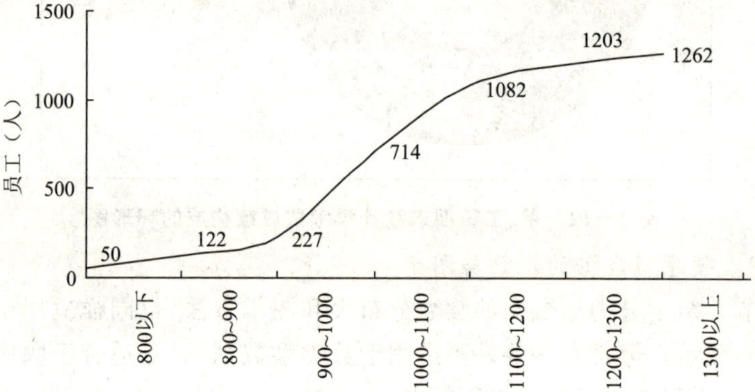

(a)向上累计

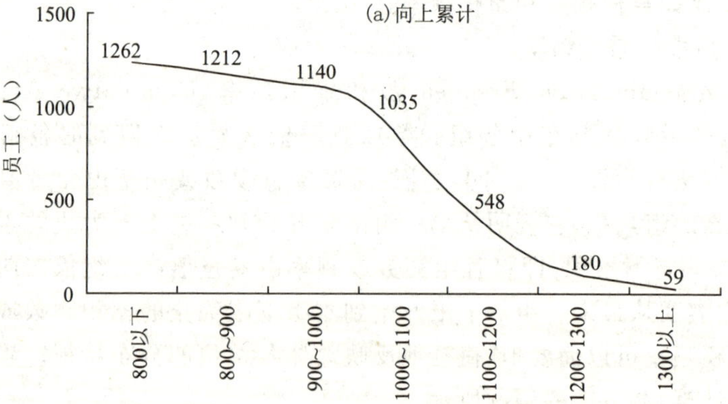

(b)向下累计

图 2—13　某企业员工月工资的累积分布图

2.2.3　数值型数据的汇总与图示

本节中的2.2.1和2.2.2已经介绍了分类型数据和顺序型数据的汇总与图示方法，这些也都适用于数值型数据。但是有一些汇总与图示方法是不适合用于分类型数据和顺序型数据，只是适合于数值型数据。

1. 数据分组

数据分组(Data Grouping)是根据统计研究的需要，将原始数据按照某种标准化分成不同的组别，分组后的数据称为分组数据。数据分组的主要目的是观察数据的分布特征。数据分组后再计算出各组中数据出现的频数，就形成了一张频数分布表。数据分组的方法有单变量值分组和组距分组两种。单变量值分组是把一个变量值作为一组，这种分组通常只适合离散变量，而且在变量值较少的情况使用。在连续变量或变量值较多的情况下，通常采用组距分组。

数据分组原则是指采用组距分组时，需要遵循不重不漏的原则。不重是指一项数据只能分在其中的某一组，不能在其他组中重复出现；不漏是指组别能够穷尽，即在所分的全部组别中每一项数据都能分在其中的某一组，不能遗漏。

数据分组步骤：

(1)确定组数。组数的多少，一般与数据本身的特点及数据的多少有关。由于分组的目的之一是观察数据分布的特征，因此组数的多少应适中。如果组数太少，数据的分布就会过于集中，组数太多，数据分布就会过于分散，这都不便于观察数据分布的特征和规律。一般情况下，一组数据所分的组数在5至15之间。实际应用时，可根据数据的多少和特点及分析要求来确定组数。

(2)确定各组的组距。组距是一个组的上限与下限的差。组距可根据全部数据的最大值和最小值及所分的组数来确定，即组距$=\frac{\text{Max}-\text{Min}}{\text{组数}}$。

(3)根据分组整理成频数分布表。

例2.7　某行业管理局所属40个企业201×年的产品销售收入数据如下：

表2－11　40个企业201×年的产品销售额

单位：万元

152	129	100	92	127
105	114	87	118	135
117	105	107	120	117
97	123	119	112	113
124	116	103	95	104
119	115	103	142	125
108	110	137	136	108
88	115	138	146	126

解:根据上表的数据,最大值为 152,最小值为 87,则组距为 $\frac{152-87}{10}=6.5$。为了计算方便,组距取 10,组数为 8。得出的结果如表 2—12 所示。

表 2—12　40 个企业的产品销售额的频数分布表

销售收入分组	频数(个)	频率(%)
80～90	2	5
90～100	4	10
100～110	9	23
110～120	13	33
120～130	6	15
130～140	4	10
140～150	2	5
150～160	1	3
合　计	40	100

组数、组距、组限都确定好后,将所有变量值归类到各组,并按顺序排列,就得到了各组起点与终点之间距离全相等的数列称为等距数列,各组起点与终点之间距离不全相等的数列称为不等距数列。

等距分组中各组组距都是相等的,一般而言,若总体中变量值分布比较均衡,应采用等距分组,如例 2.7 所示。若总体变量值分布不均衡,且变动范围大,采用不等距分组较好。若变量值中存在极端值,对最大组和最小组可用开口组。

但是等距分组掩盖了各组内的数据分布情况,为反映各组数据的一般水平,我们通常用组中值来描述一组数据的一般水平。

组中值(Class Midpoint)是上下限之间的中点数值,以代表各组标志值的一般水平。组中值并不是各组标志值的平均数,各组标志数的平均数在统计分组后很难计算出来,就常以组中值近似代替。组中值仅存在于组距式分组数列中,单项式分组中不存在组中值。

2. 数值型数据的图示

(1)已分组数据:直方图

直方图(Histogram)又称质量分布图,是一种几何形图表,它是根据从生产过程中收集来的质量数据分布情况,画成以组距为底边、以频数为高度的一系列连接起来的直方型矩形图。在质量管理中,如何预测并监控产品质量状况?如何对质量波动进行分析?直方图就是一目了然地把这些问题图表化处理的工具。它通过对收集到的貌似无序的数据进行处理,来反映产品质量的分布情况,判断和预测产品质量及不合格率。

作直方图的目的是为了研究产品质量的分布状况，据此判断生产过程是否处在正常状态。因此在画出直方图后要进一步对它进行观察和分析。在正常生产条件下，如果所得到的直方图不是标准形状，或者虽是标准形状，但其分布范围不合理，就要分析其原因，采取相应措施。

例 2.8 根据例 2.7 的分组数据，请绘制关于 40 个企业的产品销售额分布的直方图。

解：如图 2－14 所示。

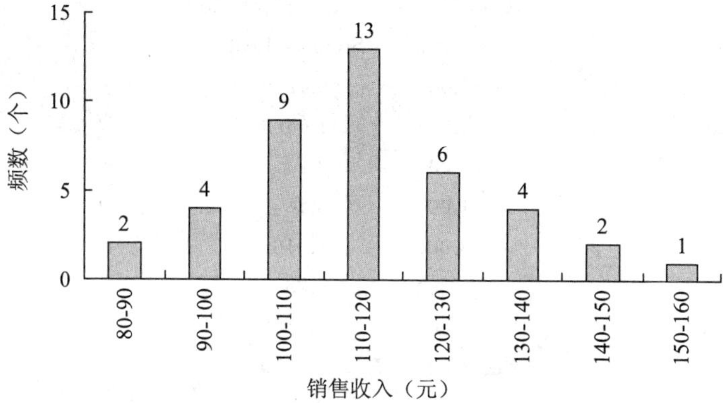

图 2－14 40 个企业的产品销售额分布的直方图

直方图与条形图不同。条形统计图是用一个单位长度表示一定的数量，根据数量的多少画成长短不同的直条，然后把这些直条按一定的顺序排列起来。从条形统计图中很容易看出各种数量的多少。由于分组数据具有连续性，直方图中的各矩形通常是连续排列，而条形图则是分开排列。此外直方图的高度表示各小组内数据个数，而条形图高度表示某项目内的数据个数。

(2)未分组数据：茎叶图

茎叶图(Stem-and-Leaf Diagrams)又称“枝叶图”，由统计学家约翰托奇设计，它的思路是将数组中的数按位数进行比较，将数的大小基本不变或变化不大的位作为一个主干(茎)，将变化大的位的数作为分枝(叶)，列在主干的后面，这样就可以清楚地看到每个主干后面的几个数，每个数具体是多少。

茎叶图是一个与直方图相类似的特殊工具，但又与直方图不同，茎叶图保留原始资料的资讯，直方图则失去原始资料的资讯。将茎叶图茎和叶逆时针方向旋转 90 度，实际上就是一个直方图，可以从中统计出次数，计算出各数据段的频率或百分比。从而可以看出分布是否与正态分布或单峰偏态分布逼近。

用茎叶图表示数据有两个优点：一是从统计图上没有原始数据信息的损失，

所有数据信息都可以从茎叶图中得到；二是茎叶图中的数据可以随时记录，随时添加，方便记录与表示。

例 2.9 现在有 30 个数据：

41 52 6 19 92 10 40 55 60 75 22 15 31 61 9

70 91 65 69 16 94 85 89 79 57 46 1 24 71 5

请绘制其茎叶图。

解：由于 Excel 没有绘制茎叶图的功能，所以图 2－15 的茎叶图是通过 SPSS 进行绘制的。

VAR00001 Stem－and－leaf Plot

Frequency	Stem & Leaf
4.00	0.1569
4.00	1.0569
2.00	2.24
1.00	3.1
3.00	4.016
3.00	5.257
4.00	6.0159
4.00	7.0159
2.00	8.59
3.00	9.124

Stem width： 10

Each leaf： 1case(s)

图 2－15 数据分布的茎叶图

图 2－15 中的第一列的数据是频数，第二列是茎，第三列是叶。下面标出了 1 个极端值 124、茎的宽度 10、每片叶代表一个数据。

(3)时间序列数据：线图

时间序列数据可作季度数据、月度数据等细分，其中很有代表性的季度时间序列模型就是因为其数据具有四季一样变化规律，虽然变化周期不尽相同，但是整体的变化趋势都是按照周期变化的。在不同时间点上收集到的数据，这类数据反映了某一事物、现象等随时间的变化状态或程度。如某国国内生产总值从 2009 年到 2014 年的变化就是时间序列数据。

时间序列数据，可以绘制成线图，线图（Line Plot）主要用于反映现象随着时间的变化而变化。

例 2.10 已知 2005～2014 年某国的国内生产总值数据见表 2－13，请绘制国内生产总值的线图。

表 2—13 2005～2014 年某国的国内生产总值

单位:亿元

年份	国内生产总值	第一产业	第二产业	第三产业
2005	58478	11993	28538	17947
2006	67884	13844	33613	20428
2007	74462	14211	37223	23029
2008	78345	14552	38619	25174
2009	82067	14471	40558	27038
2010	89468	14628	44935	29905
2011	97314	15411	48750	33153
2012	105172	16117	52980	36075
2013	117390	16928	61274	39188
2014	136875	20768	72387	43721

解:根据表 2—13 的数据,使用 Excel 绘制线图,如图 2—16 所示。

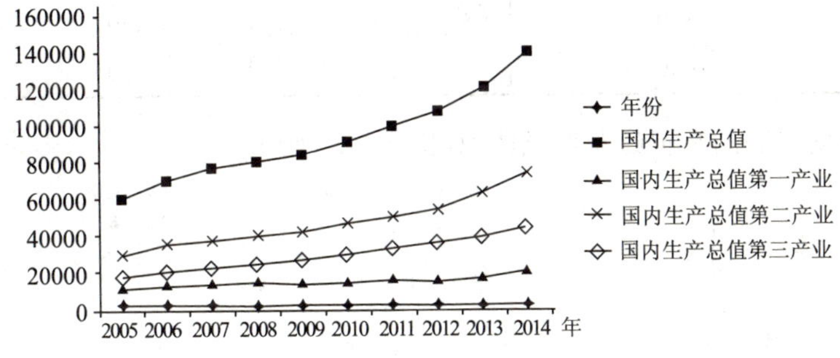

图 2—16 国内生产总值分布的线图

2.3 多变量数据的汇总与展示

§2.2 中介绍了分类型数据、顺序型数据和数值型数据的一些整理与图示方法,其描述的都是针对单个变量数据。当处理的数据中有两个或者两个以上的变量时,就要采用多变量的图示方法。常见的有散点图、雷达图和气泡图等。

2.3.1 二维数据的整理与图示

散点图(Scatter Diagram)表示因变量 y 随自变量 x 而变化的大致趋势,据此可以选择合适的函数对数据点进行拟合。在回归分析中，数据点在直角坐标系平面上的分布图。散点图将序列显示为一组点，值由点在图表中的位置表示，类别由图表中的不同标记表示，散点图通常用于比较跨类别的聚合数据。散点图分为二维散点图与三维散点图。而二维数据的整理比较有代表性的是二维散点图，因此本小节主要研究二维散点图。

二维散点图是用二维坐标展示两个变量之间关系的一种图形。它用纵轴代表变量 y，用横轴代表变量 x，每组数据（x_i，y_i）在坐标系上用一个点来表示，n 组数据在坐标系上形成的 n 个点成为散点，由坐标及其散点形成的二维数据图称为二维散点图。

二维散点图的图示如图 2－17。

例 2.11　稻谷的产量与气温和水分有一定的关系，表 2－14 是关于稻谷的产量与气温、降雨量的数据表。请绘制稻谷的产量与气温的散点图，并分析其关系。

表 2－14　稻谷的产量与气温、降雨量的数据

稻谷的产量（kg/hm²）	气温（℃）	降雨量（mm）
2250	5	24
3450	7	40
4600	10	50
5700	14	70
5850	16	120
7600	19	90

解：根据上表的数据绘制散点图，如图 2－17 所示。

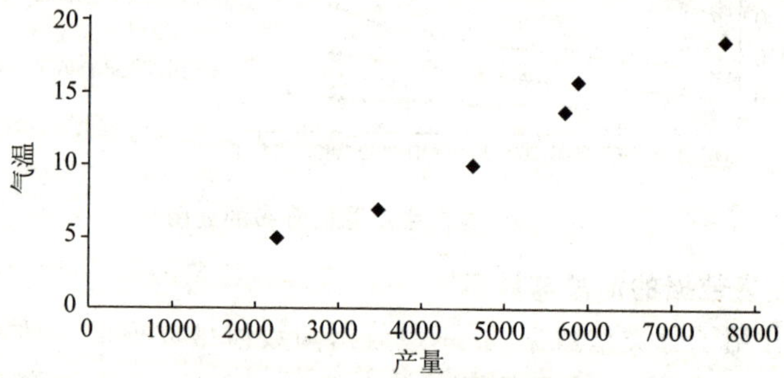

图 2－17　稻谷的产量与气温的散点图

从散点图可以看出，稻谷的产量与气温之间具有存在明显的线性关系，随着气温越高，稻谷的产量也越多。

2.3.2 多维数据的整理与图示

多维数据的整理与图示，比较有代表性的是三维散点图、雷达图以及气泡图等。其中三维散点图和气泡图是针对三个变量数据，雷达图是针对多个变量数据。

1. 三维散点图

三维散点图是用三维坐标展示两个变量之间关系的一种图形。它用纵轴代表变量 y，用横轴代表变量 x，用竖轴表示变量 z 每组数据(x_i, y_i, z_i)在坐标系上用一个点来表示，n 组数据在坐标系上形成的 n 个点成为散点，由坐标及其散点形成的三维数据图称为三维散点图。

例 2.12 根据例 2.11 的数据，请绘制稻谷的产量与气温、水分之间的散点图。

解：因为 Excel 里面没有三维的散点图，所以通过 SPSS 进行绘制三维散点图，如图 2—18 所示。

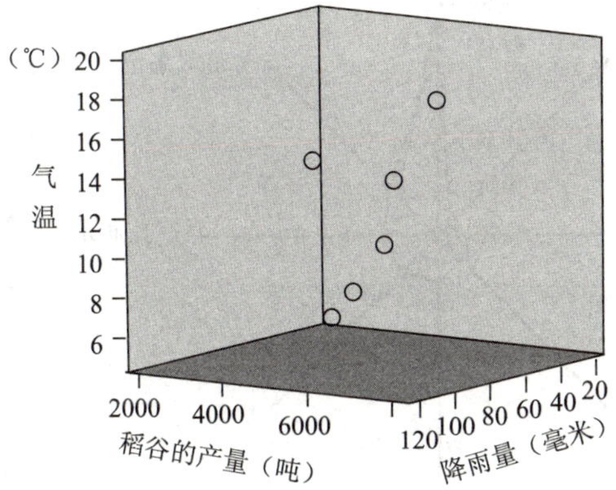

图 2—18 稻谷的产量与气温、水分的散点图

由图 2—18 可知，随着气温、降雨量的增加，稻谷的产量也会随着增加，但是到一定的程度上，产量有所下降。

2. 雷达图

雷达图(Radar Chart)又称为蜘蛛网图，是显示多个变量的常用图示方法，是财务分析报表的一种，即将一个公司的各项财务分析所得的数字或比率，就其比较重要的项目集中划在一个圆形的报表上，来表现一个公司各项财务比率的情况，使用者能一目了然的了解公司各项财务指标的变动情形及其好坏趋向。

例 2.13 表 2—15 是某地区 2014 年城镇居民与农村居民的人均消费支出数据，请绘制人均消费支出的雷达图。

表 2－15　城镇居民与农村居民的人均消费支出

单位:百元

项　目	城镇居民	农村居民
食品	45.59	37.12
家庭设备用品及服务	12.13	14.35
交通通信	8.36	11.08
居住	15.87	10.74
衣着	5.67	9.79
医疗保健	5.96	7.31
教育文化娱乐服务	4.20	6.30
杂项商品与服务	2.21	3.30

解:根据上表的数据,通过 Excel 可以绘制其雷达图,如图 2－19 所示。

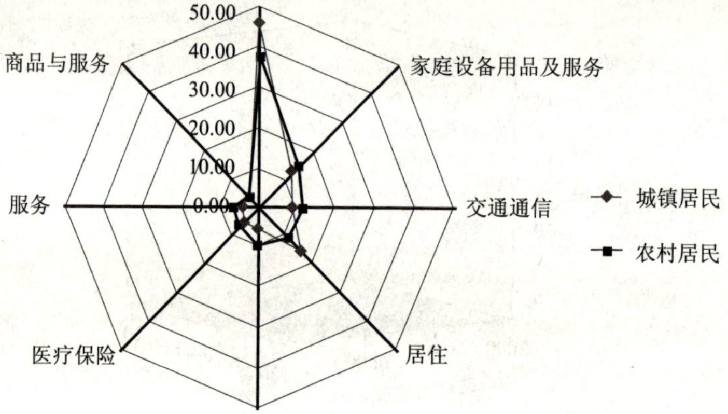

图 2－19　城镇居民与农村居民人均消费支出的雷达图

3. 气泡图

气泡图(Bubble Chart)通常用于展示三个变量之间的关系。排列在工作表的列中的数据(第一列中列出 x 值,在相邻列中列出相应的 y 值和气泡大小的值)可以绘制在气泡图中。气泡图具有下列图表子类型:气泡图和三维气泡图。气泡图与散点图相似,不同之处在于,气泡图允许在图表中额外加入一个表示大小的变量。实际上,这就像以二维方式绘制包含三个变量的图表一样。气泡由大小不同的标记(指示相对重要程度)表示。

例 2.14　根据例 2.11 的数据,请绘制稻谷的产量与气温、水分之间的气泡图。

解:根据上表的数据,通过 Excel 可以绘制其气泡图,如图 2－20 所示。

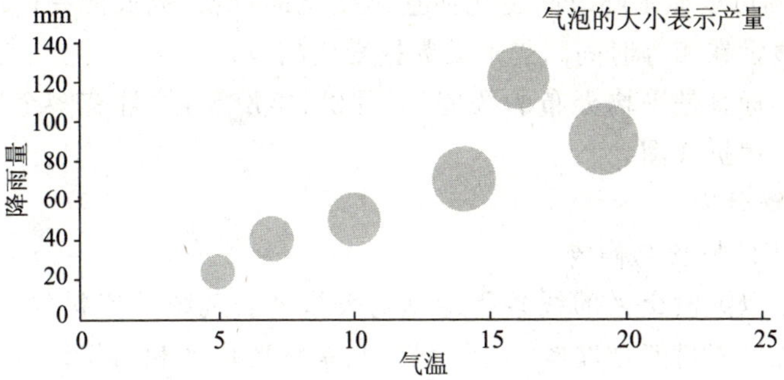

图 2—20　稻谷的产量与气温、降雨量分布的气泡图

由图 2—20 可知，随着气温、降雨量的增加，稻谷的产量也会随着增加，但是到一定的程度上，产量有所下降。

2.4　规范合理使用图表

统计表与统计图都是显示数据的两种方式。统计表能够将杂乱的数据有条理地组织在一张简明的表格内；统计图可以通过各种图形将数据形象地展示出来。在实际生活中，我们也要经常使用统计表和统计图，因此我们要合理地规范使用统计表和统计图。

2.4.1　选择合理的图表类型

一个布局合理的图表可以非常直观、清晰地展现数据内容，要使创建的图表更加美观，数据更具有说服力，在创建图表之前就必须要选择一个合理的图表类型。

Excel 支持包括柱形图、条形图、折线图、饼图、面积图、XY 散点图、气泡图、圆环图、股份图等在内的多种图表类型，每种类型下还包含几种小类型。下面分别介绍部分型图表适用于哪些情况。

1. 柱形图主要用于显示一段时间内数据的变化或与各个项目之前的情况作比较。通常在柱形图的横轴上表示比较的类别，在纵轴上表示比较的具体数值。

2. 条形图用于描述各项目之间数据的差异，它并不重视时间的因素，而是更注重在同一时间点上分类轴和数值的比较。条形图可以看作柱形图顺时针旋转 90°后所得的图形，因此柱形图的簇状图、堆积图以及三维堆积图等子图表类型也同样适用于条形图。相对于柱形图而言，条形图可以避免柱形图中由丁类别标签名过长而隐藏部分标签的情况。

3. 面积图可用于引起人们对总值趋势的注意，主要强调数值随时间而变化的趋势，或者显示部分与整体的关系。面积图有堆积面积图和百分比面积图等子类型，每种子类型都有二维和三维两种显示方式。

4. 折线图可以显示随时间变化而连续变化的数据，强调的是时间的连续性，非常适用于显示在相等时间间隔下的数据变化趋势。

如果分类标签是平均分布的数值，如月份、年份等，并且有多个数据系列时，就非常适合使用折线图。

2.4.2 统计表

1. 统计表的概念与构成

统计表是以纵横交叉的线条所绘制的表格来表现统计资料的一种形式。用统计表表现统计资料能合理地、有条理性地、系统地排列和组织统计资料，使人阅读时一目了然，印象深刻；便于对照比较。统计表的构成可从形式和内容2个方面看。表2—16就是比较常见的统计表。

表2—16 某市201×年年末各县区人口统计

县　区	总人口(万人)	总户数(万户)	城镇人口(万人)	农村人口(万人)
市　区	285.1	105.2	285.1	—
启明县	103.2	29.4	24.8	78.4
长庚县	86.4	35.6	18.9	67.5
南箕县	78	24.8	20.2	57.8
北斗县	81.2	23.5	17	64.2
合　计	633.9	208.5	366	267.9

从形式上看，统计表由总标题、横行标题、纵栏标题、指标数值四个部分构成。

(1) 总标题。统计表的名称，写在表上端中部。如表2—16的总标题。

(2) 横行标题。横行各组的名称，写在表的左方。如表2—16中有5个各县区名称。

(3) 纵栏标题。纵栏各指标的名称，写在表的上方。表2—16中有4个指标名称。

(4) 指标数值。列在横行标题和纵栏标题的交叉对应处。

从内容上看，统计表由主词和宾词两大部分构成。

(1) 主词。统计表所要说明的总体各单位或各组别的名称。

(2) 宾词。统计表所要说明的统计指标名称和指标数值。

主词列在横行标题的位置，宾词列在纵栏标题的位置。有时为了编排合理和阅读方便的需要，宾词和主词可以互换位置。

2. 统计表形式的设计

(1) 统计表通常都应设计成由纵横条交叉组成的长方形表格，长宽之间应保持适当的比例，过于细长、过于泛短和长宽基本相等的方形表，均不符合美观原则，应尽量避免。

(2) 统计表上、下两端的端线应以粗线或双线绘制，表中其他线条一般应以细线绘制。但某些必须用明显线条分隔的部分，也应以粗线或双线绘制。统计表左、右两端习惯上均不划线，采用不封闭的"开口"表式。

(3) 统计表各横行如需合计时，一般应将合计列在最后一行，并在合计之上划一细线。各纵栏如需合计时，一般应将合计列在最前一栏。

(4) 复合分组列在横行标题时，应在第一次分组的各组组别下后退一、二字填写第二次分组的组别。这时，第一次分组的组别就成为第二次分组各组小计。若需进行第三、四次分组，可按此类推。

(5) 复合分组列在纵栏标题时，应先按第一次分组的组别分别列为各大栏，再按第二次分组的组别分别将各大栏分列为各小栏，并在各小栏前加列一小计栏。余者按此类推。合计栏(行)仍列在最前一栏。复合分组的第二次以后的分组如果没有必要列出所有组别时，应在所列出的组别前注明"其中"字样，以表示只列出了部分组别。

(6) 统计表纵栏较多时，为便于阅读，可按栏次编号。习惯上对非填写统计资料的各栏分别以(甲)(乙)(丙)……的次序编栏，对填写统计资料的各栏分别以(1)(2)(3)(4)……的次序编栏。各栏统计数字间有一定计算关系的，也可用数学符号表示其计算关系。有些横行较多的表，也可同样编行号。

3. 统计表内容的设计

(1) 统计表的总标题应当用简练而又准确的文字来表述统计资料的内容，以及资料所属的空间和时间范围。

(2) 统计表的主词和宾词之间必须遵守相互对应的原则，以便表明统计表中任一数值反映的量所属的社会经济性质及其限定的时间、空间和条件。

(3) 统计表各主词之间或宾词之间的次序，应当按照时间的先后、数量的大小、空间的位置等自然顺序编排。某些项目之间存在着一定的客观联系，如先有计划、后有实际、才有计划完成相对数，上期结余、加本期收入、减本期支出、等于本期结余数，等等，则应根据事物运动的客观规律合理编排。

(4) 指标数值的计算单位应按下述方法表示：当表中所有指标数值都以同单位计量时，应将计量单位写在表的右上方，当同栏指标数值采用同一单位计量，而各栏的计量单位不同时，则应将计量单位标写在各纵栏标题的下方或右侧，并用半圆括号括起来。当同一横行用同一计量单位，而各行的计量单位不同时，则可在横行标题后添列计量单位栏，用以表示横行计量单位。

4. 统计表制表技术要求

(1) 文字应书写工整，字迹清晰；数字应填写整齐、数位对齐。

(2) 当数字为0时要写出来，某格中不应有数字时，要用符号“—”表示出来，当缺某项数字或因数值小可略而不计时，用符号“……”表示；当某项数字资料可免填时，用符号“×”表示。统计数字部分不应留空白。当某些数值与上、下、左、右的数值相同时，亦应填写该数值，不得用“同上”“同左”等代替。

(3) 对某些需要特殊说明的统计资料，应在表下加注说明。

(4) 统计表填写经审核后，制表人和主管人都应签明，并加盖本单位公章，以示负责。

2.4.3 统计图

运用统计图形描述次数分布的类型特征，常用的图形有三种：直方图、折线图和曲线图。

例 2.15 表2—17是某班40名学生统计学考试成绩资料，说明如何采用图示法来描述学生考试成绩的分布状况。

表2—17 某班学生统计学考试成绩次数分布表

按考分分组	次数 f_i	频率 $\frac{f_i}{\sum f_i}$
50～60	2	5
60～70	7	17.5
70～80	11	27.5
80～90	12	30
90～100	8	20
合计	40	100

1. 直方图

直方图是用直方形的高度和宽度来表示次数分布的图形。绘制直方图时，横轴表示各组组限，纵轴表示次数和比率，如果纵轴没有比率的，就显示次数。根据各组的组距的宽度和次数的高度绘成直方图，如图2—21所示。

2. 折线图

折线图可以在直方图的基础上，用折线将各组次数高度的坐标连接起来，也可以用组中值与次数求坐标点连接起来。如图2—22所示。

3. 曲线图

当变量数列的组数无限增多时，折线便近似地表现为一条平滑曲线。曲线图的绘制方法与折线图基本相同，只是在连接各组次数坐标点时应当用平滑曲线，

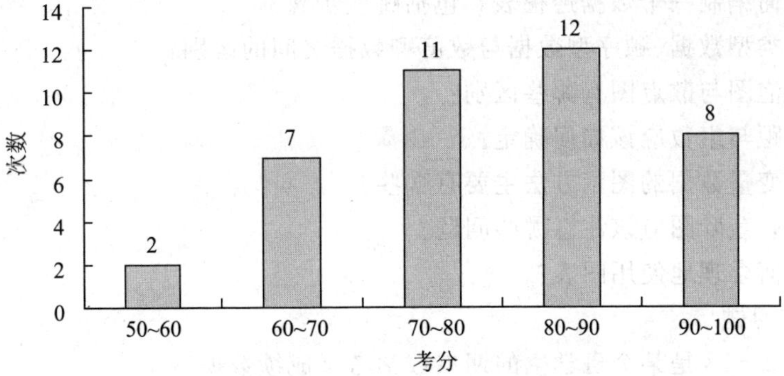

图 2—21 学生成绩次数分布直方图

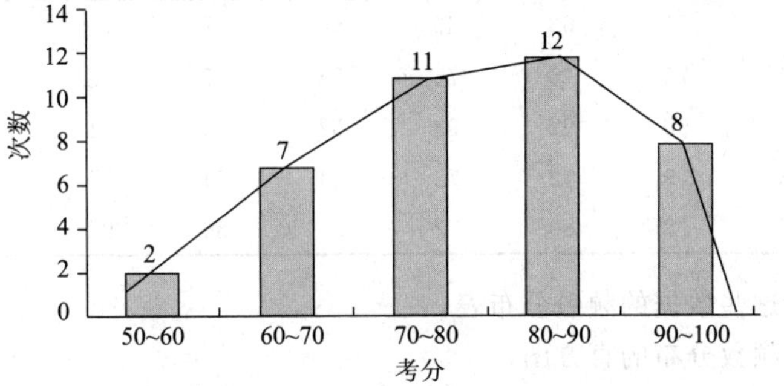

图 2—22 学生成绩次数分布折线图

而不用折线。如图 2—23 所示。

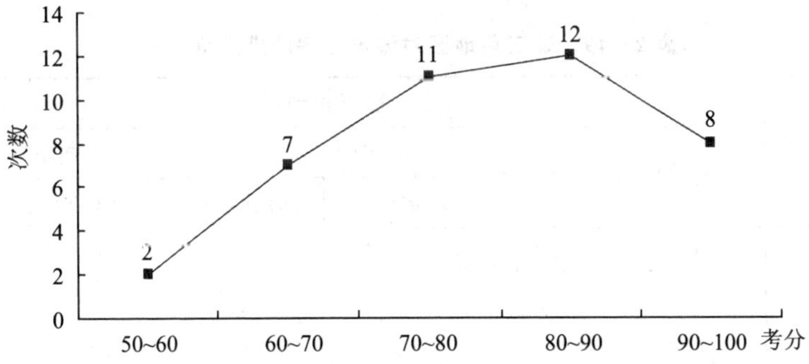

图 2—23 学生成绩次数分别曲线图

思考与练习

一、思考题

1. 数据的初步处理主要包括哪些内容，哪些步骤？

2. 如何编制一个数据透视表？包括哪些步骤？

3. 分类型数据、顺序型数据与数值型数据之间的区别？

4. 气泡图与散点图有哪些区别？

5. 组距与组数应该如何确定？

6. 多变量数据的图示方法主要有哪些？

7. 绘制茎叶图应该注意哪些问题？

8. 如何合理地使用图表？

二、练习题

9. 表2—18是某个班学生的期末数学考试成绩数据表。

表2—18　某班学生数学考试成绩表

44	59	61	62	63	66	67	70	71	73
73	74	75	75	75	76	77	78	79	80
85	86	90	92	93	57	60	61	63	65
66	69	70	72	73	74	74	75	75	76
77	77	78	80	82	85	86	92	92	96

(1)绘制这些数据的频数分布表；

(2)绘制频数分布的直方图；

(3)请描述这些数据分布的特点。

10. 在最近的一项调查中，关于珠三角地区消费者对城市住房的满意度调查，抽样调查了300名消费者，具体情况见表2—19。

表2—19　珠三角地区对城市住房的满意度调查

回答类别	珠三角地区					
	户数(户)	百分比(%)	向上累积		向下累积	
			户数(户)	百分比(%)	户数(户)	百分比(%)
非常不满意	108	36	108	36	300	100
不满意	24	8	132	44	192	64
一般	93	31	225	75	168	56
满意	30	10	255	85	75	25
非常满意	45	15	300	100	45	15
合计	300	100	—	—	—	—

(1)绘制累积分布图；

(2)这个累积分布图说明了什么?

11. 给表 2—20 的数据绘制散点图,并阐述绘制散点图的方法。

表 2—20

x	y	x	y
2	25	8	16
3	25	7	18
4	20	10	9
1	30	1	30

12. 表 2—21 是某家企业 4 个月来的电脑销售额,请绘制其茎叶图和频数分布图,并解释其原理。

表 2—21　某家企业 4 个月的电脑销售额

141	159	166	172	177	182	188	196	203	214
143	160	167	173	177	183	189	196	203	215
144	160	168	173	178	184	189	196	205	218
149	161	168	174	178	185	189	196	206	223
150	161	168	174	178	186	190	196	207	225
152	162	170	174	179	186	190	197	208	226
153	163	171	175	179	187	191	197	209	228
153	163	171	175	179	187	192	198	210	233
154	164	172	175	180	187	194	198	210	233
155	165	172	175	180	187	194	200	211	234
156	165	172	176	181	188	195	201	211	234
158	165	172	176	182	188	195	202	213	237

三、经典案例分析

个人投资者选择证券组合的理由

普度大学曾做过一项研究,考察个人投资者选择某些证券组合的理由。研究人员从一家大型全国性金融经济所的客户计算机记录中随机抽取 3000 个客户,分别给他们寄去一份问卷。填写后寄回答卷的共 972 人,答卷所提供的信息包括性别、婚姻、年龄、收入、学历、职业等六项。通过对投资者有关信息的了解,有助于分析个人投资者选择证券组合的原因。下列表格显示出这六项所代表的每一类投资人的数目。

表 2—22　按性别及按婚姻状况分组频数分别表

按性别分组	人数(人)	按婚姻状况分组	人数(人)
男	782	已婚	784
女	190	未婚	188
合计	972	合计	972

表 2—23　按年龄及按受教育程度分组频数分别表

按年龄分组	人数(人)	按受教育程度分组	人数(人)
21～25	1	中学	225
25～35	29	学士	526
35～45	117	硕士	90
45～55	274	法学位	63
55～65	252	理科博士	28
65 以上	299	医学位	40
合计	972	合计	972

表 2—24　按职业及按年收入分组频数分别表

按职业分组	人数(人)	按年收入(美元)分组	人数(人)
专业技术人员	265	5000 以下	1
管理人员	157	5000～10000	80
业主	124	10000～15000	148
推销员	53	15000～20000	129
家庭主妇	69	20000～25000	173
技工和一般工人	8	25000～50000	251
农场主	15	50000～100000	132
服务员	5	100000～150000	27
办事员	23	150000 以上	15
手艺人	18	合计	956
退休人员	217	遗漏	16
失业人员	18		
合计	972		

思考与讨论问题：

(1)识别表中各变量的类型(分类型变量、数值型变量等)；

(2)用图形方法对每一变量进行适当描述。

第三章　描述统计——数值方法

通过图表来展示数据，对数据分布的特征和形状可以有一个大致的了解。但是要全面完整地把握数据分布的特征，还需要各个能够反映数据分布特征的代表值。数据分布的特征可分为三个方面进行阐述：一是位置的度量，反映各数据向其中心值聚集的程度；二是变异程度的度量，反映各数据远离其中心值的趋势；三是分布形态、相对位置的度量，反映数据分布的峰态和偏态。这三方面分别反映了数据分布特征的不同侧面。本章重点讨论数据分布特征的数值方法、特征及其应用场合，同时也讨论了异常值的检测，两变量间关系的度量等内容。

3.1　分布位置集中趋势的度量

集中趋势(Central Tendency)在统计学中是指一组数据向某一中心值靠拢的程度，它反映了一组数据中心点的位置所在。其测度就是寻找数据水平的代表值或中心值，低层次数据(指定性数据)的集中趋势测度值适用于高层次的测量数据，能够揭示总体中众多个观察值所围绕与集中的中心，反之，高层次数据(指定量数据)的集中趋势测度值并不适用于低层次的测量数据。从不同的角度考虑，集中趋势的测度值有很多个，本节主要有众数、中位数、分位数以及均值等。

3.1.1　众数

众数(Mode)是一组数据中出现频数最多的数值，用 M_0 表示。一般情况下，只有在数据量比较大的时候众数才有意义。从分布的角度看，众数是具有明显集中趋势的数值，一组数据分布的最高峰点所对应的数值即为众数。如果数据的分布没有明显的最高峰点，众数也可能不存在；如果有两个或者多个最高峰点，也可以有两个或者多个众数。众数的示意图如图 3—1 所示。

对于分组数据，众数通常用下面的近似公式计算：

$$M_0 \approx L + \frac{\Delta 1}{\Delta 1 + \Delta 2} * i \tag{3.1}$$

式中，M_0 表示众数；L 表示众数所在组的下组线；$\Delta 1$ 表示众数组次数与前一组次数之差；$\Delta 2$ 表示众数组次数与后一组次数之差；i 表示众数组的组距。

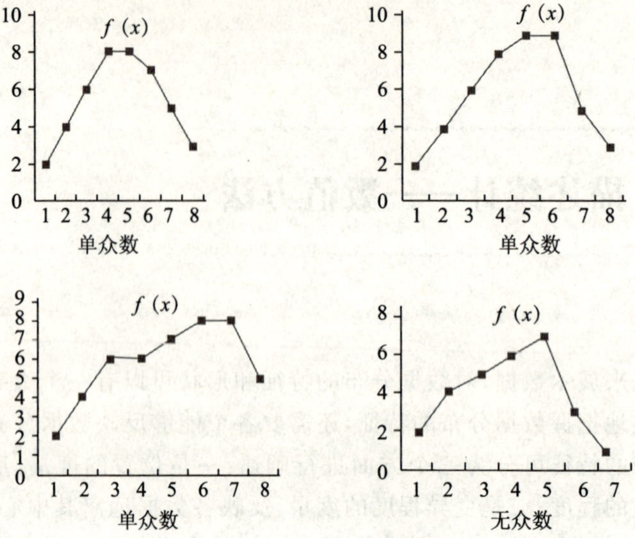

图 3—1　众数示意图

例 3.1　某制造企业 25 名工人的周加工零部件数，可以按照 80～90、90～100、100～110、110～120、120～130 进行分组，其对应的频数是 2、6、12、4、1，要求计算周加工零部件的众数。

解：这里的变量是"周加工零部件数"，这是一个分类变量，不同的加工零部件数就是不同变量值。按照公式(3.1)计算得：

$$M_0 \approx 100 + \frac{12-6}{(12-6)+(12-4)} * 10 = 104.29(\text{件})$$

例 3.2　在珠三角地区随机抽取 10 个家庭，调查得到每个家庭的人均可支配收入数据如下(单位：元)：

2000　780　1500　1900　1080　1500　980　1300　1250　1500

请计算人均可支配收入的众数。

解：由数据可以看出人均可支配收入出现频数最多的是 1500，所以，众数 M_0 ＝1500 元。

众数是一个位置代表值，它不受数据中极端值的影响，但它的应用场合比较有限。比如，在编制物价指数时，农贸市场上某种商品的价格常以很多摊位报价的众数值为代表。

3.1.2　中位数

中位数(Medians)是指将统计总体当中的各个变量值按大小顺序排列起来，形成一个数列，处于变量数列中间位置的变量值就称为中位数，用 *Me* 表示。当变

量值的项数 N 为奇数时，处于中间位置的变量值即为中位数；当 N 为偶数时，中位数则为处于中间位置的 2 个变量值的平均数。中位数主要用于测度顺序数据和数值型数据的集中趋势，但是不适合分类数据的测度。

计算中位数时，要先对 n 个数据进行排序，然后确定中位数的位置，最后确定中位数的具体数值。设一组数据 $x_1, x_2, x_3, \cdots, x_n$ 按从小到大排序后为 $x_{(1)}$，$x_{(2)}, x_{(3)}, \cdots, x_{(n)}$，则中位数就是 $(n+1)/2$ 位置上的值。计算公式如下：

$$Me = \begin{cases} x\left(\dfrac{n+1}{2}\right), & n \text{ 为奇数} \\ \dfrac{1}{2}\left\{x\left(\dfrac{n}{2}\right) + x\left(\dfrac{n}{2}+1\right)\right\}, & n \text{ 为偶数} \end{cases} \tag{3.2}$$

例 3.3 有五个数据：1，8，13，10，3，请求出其中位数。

解：先将这五个数据按顺序排序，然后确定中位数的位置：$(5+1)/2=3$，中位数是排序后的第三个值，即 $Me=8$。

例 3.4 随机抽取制造企业的 10 个员工，每名员工的月可支配收入（单位：元）为：

780 800 950 1300 1200 1450 1120 1350 1900 2000

请求出其中位数。

解：先将这 10 个数据进行排序，然后确定中位数的位置：$(10+1)/2=5.5$，按照公式(3.2)，即中位数为 $Me=\dfrac{1200+1350}{2}=1275$（元）

中位数是用中间位置上的值代表数据的水平，其特点是不受极端值的影响，在研究收入分配时很有用。

3.1.3 分位数

与中位数相似的还有分位数，有四分位数、十分位数、百分位数等，它们分别是用 3 个点、9 个点和 99 个点将数据分别 4 等分、10 等分和 100 等分后各分位点上的值。

分位数(Quantile Fractile)又称百分位点，设连续随机变量 X 的分布函数为 $F(X)$，密度函数为 $p(x)$。那么，对任意 $0<p<1$ 的 p，称 $F(X)=p$ 的 x 为此分布的分位数，或者下侧分位数。简单地说，分位数指的就是连续分布函数中的一个点，这个点对应概率 p。

四分位数(Quantile)是指将所有数值按大小顺序排列并分成四等份，处于三个分割点位置的数值就是四分位数。最小的四分位数称为下四分位数，所有数值中，有 1/4 小于下四分位数，3/4 大于下四分位数。中点位置的四分位数就是中位数。最大的四分位数称为上四分位数，所有数值中，有 3/4 小于上四分位数，1/4

大于上四分位数，也叫第25百分位数、第75百分位数。按照定义，四分位数的确定方法如下：

设下四分位数为 Q_L，上四分位数为 Q_U，根据四分位数的定义有：

$$Q_L\text{ 位置}=\frac{n}{4},\qquad Q_U\text{ 位置}=\frac{3n}{4} \tag{3.3}$$

如果四分位数所在位置是整数，四分位数就是该位置对应的值；如果四分位数所在位置是在0.5的位置上，则取该位置两侧值的平均数；如果四分位数所在位置是在0.25和0.75的位置上，那么四分位数等于该位置的下测值加上按比例分摊位置两侧数值的差值。

例3.5 在一个制造企业中随机抽取9名员工，得到每名员工的月工资收入(单位：元)数据如下：

1500 750 780 1080 850 960 2000 1250 1630

请计算出9名员工月工资收入的四分位数。

解：先将9个数据进行排序，然后计算出四分位数的位置，再计算出四分位数的值。按照公式(3.3)，即：

Q_L 位置 $=\frac{n}{4}=\frac{9}{4}=2.25$，则 Q_L 在第二个数值与第三个数值之间0.25的位置上，因此，$Q_L=780+(850-180)\times0.25=797.5$(元)。

Q_U 位置 $=\frac{3n}{4}=\frac{3\times9}{4}=6.75$，则 Q_U 在第六个数值与第七个数值之间0.75的位置上，因此，$Q_U=1250+(1500-1250)\times0.75=1437.5$(元)。

该四分位数的结果表明，至少有25%的数据小于或者等于 Q_L，而至少有75%的数据大于或者等于 Q_L，至少有75%的数据小于或者等于 Q_U，而至少有25%的数据大于或者等于 Q_U。因为 Q_L 和 Q_U 之间包含了50%的数据，所以大约有一半的员工月工资收入是797.5～1437.5元。

3.1.4 均值

均值(Mean)也称平均值，是指几个数相加起来的总和除以所有的个数而得到的结果。均值是统计中的一个重要概念，是集中趋势的最常用测度值，目的是确定一组数据的均衡点。它主要适用于数值型数据，而不适用于分类数据和顺序数据。

1. 对未经过整理的样本数据，一般使用下面的公式：

$$\bar{x}=\frac{x_1+x_2+\cdots+x_n}{n}=\frac{\sum_{i=1}^{n}x_i}{n} \tag{3.4}$$

式中：$\bar{x}$ 表示样本均值；n 表示样本单位数或者样本容量。

例 3.6 根据例 3.5 中的数据，按照公式(3.4)，就是 9 个员工人均月收入的平均数：

$$\bar{x}=\frac{1500+750+\cdots+1630}{9}=1200(\text{元})$$

2. 对已经分组并形成次数分配的数据，可用下面的公式：

$$\bar{x}=\frac{\sum_{i=1}^{k}x_i f_i}{\sum_{i=1}^{k}f_i} \tag{3.5}$$

式中：x_i 是次数分配中变量分组的组中值；f_i 是各组次数，也称为权数；k 表示分组的组数。

例 3.7 某制造企业员工周零部件加工数量计算见表 3－1。

表 3－1 某制造企业员工周零部件加工数量计算表

按加工数量分组(件)	组中值	权数	$x_i f_i$
80～90	85	3	255
90～100	95	7	665
100～110	105	13	1365
110～120	115	5	575
120～130	125	2	250
合计	—	30	3110

解：按照公式(3.5)，由表 3.1 计算得出：

$$\bar{x}=\frac{\sum_{i=1}^{k}x_i f_i}{\sum_{i=1}^{k}f_i}=\frac{3110}{30}=103.67\approx 104(\text{件})$$

均值在统计学中具有重要地位，它是进行统计分析和统计推断的基础。均值是一组数据的重心所在，是数据误差相互抵消后的必然结果。

3.1.5 几何平均数

几何平均数(Geometric Mean)，是求一组数值的平均数的方法中的一种。适用于对比率数据的平均，并主要用于计算数据平均增长(变化)率。几何平均值是指 n 个数乘积开 n 次方根的值，即：

$$G=\sqrt[n]{a_1\times a_2\times\cdots\times a_n}=\sqrt[n]{\prod_{i=1}^{n}a_i} \tag{3.6}$$

式中：Ⅱ表示连乘符号；a_i 表示各期发展速度或各个比率。

例 3.8 一位投资者购买了一种股票，2011 年、2012 年、2013 年和 2014 年收益率分别是 2.0%、3.5%、4.5%、5.4%。请计算出投资者在这四年间的平均收益率。

解：根据公式(3.6)，可得：

$$G=\sqrt[4]{1.02\times1.035\times1.045\times1.054}=1.0384=103.84\%$$

几何平均数是适用于特殊数据的一种平均数，它主要用于平均比率。在实际应用中，几何平均数主要用于计算现象的平均增长率。

3.1.6 各度量值的关系

1. 众数、中位数、均值的关系

作为集中趋势测定值主要是众数、中位数、均值，三者之间存在着一定的数量关系，数量关系的体现取决于数据的次数分布。

若数据是对称分布，则众数、中位数、均值相等。

若数据足够多，而且次数分布适度偏斜情况下，均值、中位数和众数三者间有较固定的关系。不论是在右偏还是左偏，中位数始终居于均值与众数之间。如果将均值和众数之间的距离视为 1，则中位数与均值之间的距离为 1/2，中位数与众数之间的距离约占 1/2。根据这一关系，当已知其中两个代表值时，可用公式求出第三个代表值。

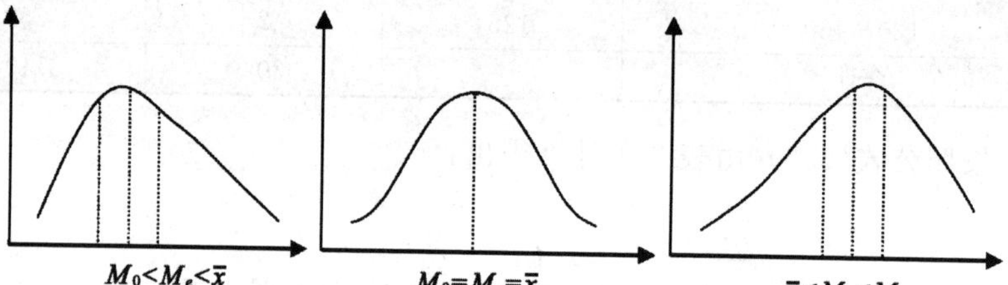

图 3－2 对称、左偏与右偏分布的中位数、均值和众数的关系

2. 由对均值、中位数和众数三者关系的分析可得出的启示

当数据呈现对称分布或近似对称分布时，以均值作为集中趋势的代表值最好；当分布的偏斜程度较大时，均值容易受到极端值的影响，不能很好地反映数据集中趋势，就有必要考虑使用中位数或众数。

3. 众数、中位数和均值的特点和应用场合

(1)特点：

①众数是一组数据分布的峰值，是一种位置代表值。其优点是易于理解，不

受极端值的影响。当数据的分布具有明显的集中趋势时，尤其是对于偏态分布，众数的代表性比均值要好。其缺点是具有非唯一性，对于一组数据可能有一个众数，也可能有两个或多个众数，也可能没有众数。

②中位数是一组数据中间位置上的代表值。其特点是不受数据极端值的影响。对于具有偏态分布的数据，中位数的代表性要比均值好。

③均值是就全部数据计算的，它具有优良的数学性质，是实际中应用最广泛的集中趋势测度值。其主要缺点是易受数据极端值的影响，对于偏态分布的数据，均值的代表性较差。作为均值变形的调和平均数和几何平均数，是适用于特殊数据的代表值，调和平均数主要用于不能直接计算均值的数据，几何平均数则主要用于计算比率数据的平均数，这两个测度值与均值一样易受极端值的影响。

(2)各种代表值应用的场合

①当数据呈对称分布或接近对称分布时，三个代表值相等或接近相等，这时应选择均值作为集中趋势的代表值，因为均值包含了全部数据的信息，而且易被大多数人所理解和接受。

②当数据为偏态分布，特别是当偏斜的程度较大时，我们应选择众数或中位数等位置代表值，这时它们的代表性要比均值好。

3.2　分布变异程度的度量

对于描述统计分布的研究，集中趋势表示的是分布的中心位置或者一般水平的代表值，但它只是数据分布的一个特征。而各变量之间的差异程度如何？这就需要研究数据的变异程度。数据的变异程度也是数据分布的另一个重要特征，它反映的是分布离散和差异程度。集中趋势的各测度值是对数据水平的度量，它对一组数据的代表程度，取决于该数据的离散程度。数据的离散程度越大，集中趋势的测度值对该组数据的代表性就越差，离散程度越小，代表性就越好。这一节将会介绍几种数据变异程度的代表值。

3.2.1　平均差

平均差(Average Deviation 或 Mean Deviation)，是指总体所有单位与其算术平均数的离差绝对值的算术平均数，用 M_d 表示。

1. 根据未分组数据计算平均差的公式为：

$$M_d=\frac{\sum_{i=1}^{n}|x_i-\bar{x}|}{n} \tag{3.7}$$

2. 根据分组数据计算平均差的公式为：

$$M_d = \frac{\sum_{i=1}^{n} |M_i - \bar{x}| f_i}{n} \qquad (3.8)$$

例 3.9　表 3－2 为某手机公司 201×年 8 月份到 12 月份每天的销售量数据(单位:台),请计算手机公司销售量的平均差。

表 3－2　某手机公司 201×年 8—12 月份的销售量

234	174	196	223	211	194	176	172	187	175	196	203
143	156	164	218	168	173	183	181	237	191	160	188
187	203	226	179	170	196	225	182	187	173	197	206
161	159	165	215	180	174	178	182	205	194	197	171
150	198	165	180	171	165	234	177	188	189	174	208
228	160	187	175	233	175	153	184	177	195	198	192
153	152	141	196	172	233	179	185	189	195	200	210
166	161	214	155	210	175	144	186	209	163	201	168
154	162	149	167	172	190	179	186	189	196	202	211
213	163	178	168	172	207	188	178	190	176	158	172

解:将表 3－2 的数据进行排序、分组,得表 3－3。

表 3－3　某手机公司销售量数据平均差计算表

按销售量分组(台)	频数(天)	组中值	$\|M_i - \bar{x}\|$	$\|M_i - \bar{x}\| f_i$
140～149	4	145	40	160
150～159	9	155	30	270
160～169	16	165	20	320
170～179	27	175	10	270
180～189	20	185	0	0
190～199	17	195	10	170
200～209	10	205	20	200
210～219	8	215	30	240
220～229	4	225	40	160
230～239	5	235	50	250
合　计	120	—	—	2040

已知 $\bar{x}=185$,根据公式(3.8),得:

$$M_d = \frac{\sum_{i=1}^{n} |M_i - \bar{x}| f_i}{n} = \frac{2040}{120} = 17(\text{台})$$

平均差是一种平均离差。离差是总体各单位的标志值与算术平均数之差。

因离差和为零，离差的平均数不能将离差和除以离差的个数求得，而必须将离差取绝对数来消除正负号。

平均差是反应各标志值与算术平均数之间的平均差异。平均差越大，表明各标志值与算术平均数的差异程度越大，该算术平均数的代表性就越小；平均差越小，表明各标志值与算术平均数的差异程度越小，该算术平均数的代表性就越大。

3.2.2 方差和标准差

方差(Variance)是各个数据与其算术平均数的离差平方和的平均数，通常以 σ^2 表示。方差的计量单位和量纲不便于从经济意义上进行解释，所以实际统计工作中多用方差的算术平方根——标准差来测度统计数据的差异程度。方差和标准差是测度数据变异程度的最重要、最常用的指标。

标准差(Standard Deviation)又称均方差，一般用 σ 表示。方差和标准差的计算也分为简单平均法和加权平均法，另外，对于总体数据和样本数据，公式略有不同。

方差或者标准差是实际上应用最广泛的离散程度测度值，它反映了每个数据与其平均数相比平均相差的数值，因此它能准确地反映出数据的离散程度。

1. 未分组的数据

$$\sigma^2=\frac{\sum_{i=1}^{n}(x_i-\bar{x})^2}{n-1},\quad \sigma=\sqrt{\frac{\sum_{i=1}^{n}(x_i-\bar{x})^2}{n-1}} \tag{3.9}$$

2. 已经分组的数据

$$\sigma^2=\frac{\sum_{i=1}^{n}(M_i-\bar{x})^2f_i}{n-1},\quad \sigma=\sqrt{\frac{\sum_{i=1}^{n}(M_i-\bar{x})^2f_i}{n-1}} \tag{3.10}$$

例 3.10 根据例 3.5 的数据，计算 9 名员工月工资收入的方差和标准差。

解：根据公式(3.9)，可得

$$\sigma^2=\frac{(1500-1200)^2+(750-1200)^2+\cdots+(1630-1200)^2}{9-1}=186350$$

$$\sigma=\sqrt{186350}=431.683(\text{元})$$

例 3.11 某班级 80 名学生数学考试成绩资料见表 3－4。

表 3－4 某班级 80 名学生数学考试成绩

65	80	73	60	91	87	85	73	80	47
88	77	66	85	74	92	67	84	77	89
58	60	74	64	75	66	78	55	70	66

续表

69	85	59	76	86	75	88	77	79	81
78	64	65	87	49	97	77	69	68	69
65	78	79	86	78	82	89	95	87	96
76	65	85	93	79	94	79	79	78	76
66	74	69	62	68	56	83	61	61	99

请求出 80 名学生数学考试成绩的方差与标准差。

解：根据表 3－4 的数据进行排序、分组，得出表 3－5。

表 3－5　方差与标准差计算表

按成绩分组	学生数	组中值	$(M_i-\bar{x})^2$	$(M_i-\bar{x})^2 f_i$
60 以下	6	55	405.22	2431.32
60～70	22	65	102.62	2257.57
70～80	25	75	0	0
80～90	19	85	97.42	1850.92
90～100	8	95	394.82	3158.53
合计	80	—	—	9698.34

根据公式(3.10)得：

$$\sigma^2=\frac{\sum_{i=1}^{n}(M_i-\bar{x})^2 f_i}{n-1}=\frac{9698.34}{79}=122.76$$

$$\sigma=\sqrt{\frac{\sum_{i=1}^{n}(M_i-\bar{x})^2 f_i}{n-1}}=\sqrt{\frac{9698.34}{79}}=\sqrt{122.76}=11.08$$

3. 总方差、组间方差与组内方差

在数据分组的条件下，总体各标志值对平均数的方差可以分解为组内方差和组间方差。组内方差反映组内标志值对组平均数的方差，组间方差反映组间平均数对总平均数的方差。它们之间的关系是总方差等于组内方差与组间方差平均数之和。即：

$$\sigma^2=\delta^2+\overline{\sigma_i^2} \tag{3.11}$$

式中，σ^2 代表总体方差；δ^2 代表组内方差；$\overline{\sigma_i^2}$ 代表组间方差的平均数。

利用这个关系式，可以分析总体变异中，有多少是由于分组标志引起的变异（用 δ^2 表示）；有多少是其他因素引起的变异（用 $\overline{\sigma_i^2}$ 表示）。通常是通过计算经验

相关比指数 η 来反映分组因素对总体变异的影响程度：

$$\eta = \sqrt{\frac{\delta^2}{\sigma^2}} \tag{3.12}$$

经验相关比指数的取值范围为 0～1 之间。

3.2.3　极差

极差(Range)，又称全距，是用来表示统计资料中的变异量数(Measures of Variation)，总体各单位标志值中最大值与最小值之间的差距；即最大值减最小值后所得之数据。通常用 R 来表示，其计算公式为：

$$R = x_{\max} - x_{\min} \tag{3.13}$$

例 3.12　某公司在过去的三年内，年平均销售额已达到 1200 万元，这可能有下面三种情况：

表 3－6　某公司年平均销售额

单位：万元

年份	A 销售额	B 销售额	C 销售额
1	1100	200	1600
2	1300	3000	1200
3	1200	400	800

请求出数据的极差。

解：根据公式(3.13)得

$$R_A = x_{\max} - x_{\min} = 1300 - 1100 = 200$$

$$R_B = x_{\max} - x_{\min} = 3000 - 200 = 2800$$

$$R_C = x_{\max} - x_{\min} = 1600 - 800 = 800$$

计算结果表明，A 种情况的变异程度最小，其次是 C 种情况，B 种情况的变异程度最大。

3.2.4　异众比率

异众比率(Variation Ratio)是统计学名词，是统计学当中研究现象离中趋势的指标之一。异众比率指的是总体中非众数值的次数之和与总体全部次数之比，用 V_r 表示，其计算公式为：

$$V_r = \frac{\sum f_i - f_m}{\sum f_i} = 1 - \frac{f_m}{\sum f_i} \tag{3.14}$$

其中，f_m 为众值的次数。

例 3.13　根据例 3.2 的数据，请计算其异众比率。

解:根据公式(3.14),得:

$$V_i=\frac{10-3}{10}=1-\frac{3}{10}=70\%$$

异众比率主要适合测度分类数据的离散程度,当然,对于顺序的数据以及数值型数据也可以计算异众比率。它虽然也是一个反映离散程度的相对指标,但是与标准差系数不同。

异众比率主要用于衡量众数对一组数据的代表程度。异众比率越大,说明非众数组的频数占总频数的比重越大,众数的代表性就越差;异众比率越小,说明非众数组的频数占总频数的比重越小,众数的代表性越好。

3.2.5 变异系数

变异系数((Coefficient of Variation)又称"离散系数",是衡量资料中各观测值变异程度的另一个统计量。当进行两个或多个资料变异程度的比较时,如果被比较单位的平均数相同,可以直接利用标准差来比较。如果被比较单位的平均数不同,比较其变异程度就不能采用标准差,而需采用标准差与平均数的比值(相对值)来比较。简单来说就是:在表示离散程度上,标准差并不是全能的,当度量单位或平均数不同时,只能用变异系数了,它也是表示离散程度,是标准差与平均数的比值称为变异系数,记为V。变异系数可以消除被比较单位的平均数不同对两个或多个资料变异程度比较的影响。最常用的变异系数是标准差系数:

$$V=\frac{\sigma}{\bar{x}}\times 100\% \tag{3.15}$$

例 3.14 国家羽毛球队男运动员的体重分别为55、54、52、52、51kg;女运动员的体重分别为46、45、44、44、43、42kg,请比较哪队队员体重更均匀。

解:根据公式(3.15)得:

$$\sigma_{男}=\sqrt{x^2-(\bar{x})^2}=\sqrt{2790-2787.84}=1.47(\text{kg})$$

$$\sigma_{女}=\sqrt{x^2-(\bar{x})^2}=\sqrt{1937.67-1936}=1.29(\text{kg})$$

$$V_{男}=\frac{\sigma}{\bar{x}}\times 100\%=\frac{1.47}{52.8}=2.78\%$$

$$V_{女}=\frac{\sigma}{\bar{x}}\times 100\%=\frac{1.29}{44}=2.93\%$$

可看出,男队的标准差比女队的标准差大,但男队的体重水平比女队的高,所以不能根据标准差来判断哪个队队员的体重更均匀,应根据标准差系数来判断。标准差系数的计算结果表明,男队的标准差系数比女队的标准差系数更小,所以正确的结论是男队队员的体重更加均匀。

3.3 分布形态、相对位置的度量

集中趋势和离散趋势是数据分布的两个重要特征。通过直方图和茎叶图就可以知道数据分布是否对称。对于正态分布，通过均值和标准差，就可以确定其分布；对于不对称分布，想要知道不对称的程度则需要全面完整地了解数据分布的特点，不仅要掌握数据的集中趋势和离散程度，还需要掌握数据分布的形状是否对称、偏斜程度以及分布的扁平程度等等。偏态系数与峰态系数就是对分布的对称程度和峰值高低的一种度量。

3.3.1 偏态及其测度

偏态(Skewness)，是指非对称分布的偏斜状态，也就是指统计总体当中的变量值分别落在众数的左右两边，呈非对称性分布。在统计学上，众数和平均数之差可作为分配偏态(Skewness Distribution)的指标之一。如平均数大于众数，称为正偏态(Positive Skewness)；相反，则称为负偏态(Negative Skewness)。

1. 未分组的数据计算偏态系数 SK 时，一般采用下面的公式：

$$SK=\frac{n}{(n-1)(n-2)}\sum\left(\frac{x_i-\bar{x}}{s}\right)^3 \tag{3.16}$$

式中，s 为样本标准差。

若一组数据的偏态系数等于0，则数据的分布是对称的；若一组数据的偏态系数不等于0，则数据的分布是不对称的。偏态系数的度量反映了数据分布的非对称程度。如果偏态系数大于1或者小于−1，则称为高度偏态分布；如果偏态系数在0.5～1或者−1～−0.5，则称为中等偏态分布；偏态系数越接近0，偏斜程度就越低。

例 3.15 根据例3.9的数据，请求出手机销售量的偏态系数。

解：根据公式(3.16)得：

$$SK=\frac{n}{(n-1)(n-2)}\sum\left(\frac{x_i-\bar{x}}{s}\right)^3=0.4$$

这说明了该手机公司8～12月份销售量的分布有一定的偏斜，且为右偏，但偏斜程度不大。

2. 分组的数据计算偏态系数，一般采用下面的公式：

$$SK=\frac{\sum_{i=1}^{k}(M_i-x)^3}{ns^3}f_i \tag{3.17}$$

式中，s^3 是表示样本标准差的三次方。

由公式(3.17)可知，当分布对称时，正负离差能够相互抵消，SK 的分子等于0，则 $SK=0$；当不对称分布时，正负离差不能抵消，就形成了正或负的偏态系数

SK。当 $SK>0$ 时，分布呈正偏态或者右偏态；当 $SK<0$ 时，分布呈负偏态。由此可判断本数据分布是否为正态分布。如图 3－3 所示，当 $SK=0$ 时为正态分布；当 $SK>0$ 时为正偏态；当 $SK<0$ 时为负偏态。

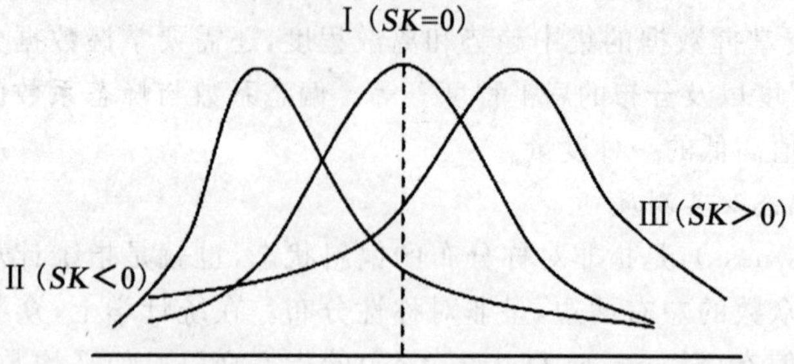

图 3－3　偏态图

3.3.2　峰态及其测度

峰态(Kurtosis)又称峰态系数，表示概率密度分布曲线在平均值处峰值高低的特征数是指变量的集中程度和分布曲线的陡峭(或平坦)的程度。直观看来，峰态反映了尾部的厚度。峰态以 K 表示，x_i 是样本测定值，$\bar{x}_i$ 是样本 n 次测定值的平均值，s 为样本标准差。其计算公式为：

$$K=\frac{\sum_{i=1}^{k}(x_i-\bar{x})^4 f_i}{\sum f_i \cdot s^4}-3 \tag{3.18}$$

式中，s^4 是表示样本标准差的四次方。

由公式(3.18)可知，峰态系数是以 4 阶中心动差除以标准差的 4 次方，再将结果减 3 而得到的。理论上，分布曲线的尖峭程度与偶数阶中心距的数值大小有直接关系。以 4 阶中心距为基础，为了消除量纲的影响，再除以标准差的 4 次方所得到的相对数即可用于衡量峰态。由于正态分布曲线的 4 阶中心距与其标准差的 4 次方之比等于 3。为了判别方便，使得正态分布的峰态系数为 0，就用 4 阶中心动差除以标准差的 4 次方，再将结果减 3。也就是说，峰态系数指标的实际意义是以正态分布为比较标准，来衡量所研究的频率分布的尖峭程度，是超过或不及标准分布。当 $K=0$ 时，表示频率分布的峰态是正态分布的峰态；当 $K>0$ 时分布曲线为尖峰分布；当 $K<0$ 时为分布曲线平峰分布。

如图 3－4 所示，当峰度 $K>0$ 时，表示频数分布比正态分布更集中，呈尖峰状态，平均数的代表性更大；当 $K<0$ 时，表示频数分布比正态分布更分散，呈平坦峰，平均数的代表性较小。

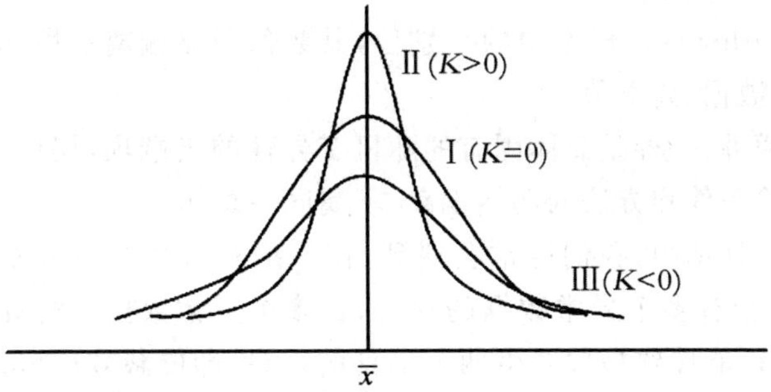

图 3—4　峰态图

例 3.16　根据例 3.9 的数据，请计算手机销售量的峰态系数。

解：根据例 3.9 的原始数据，可得下表：

表 3—7　某手机公司 8～12 月销售量的峰态系数计算表

按销售量分组(台)	组中值	频数	$(M_i-\bar{x})^3f_i$	$(M_i-\bar{x})^4f_i$
140～149	145	4	−256000	10240000
150～159	155	9	−243000	7290000
160～169	165	16	−128000	2560000
170～179	175	27	−27000	270000
180～189	185	20	0	0
190～199	195	17	17000	170000
200～209	205	10	80000	1600000
210～219	215	8	216000	6480000
220～229	225	4	256000	10240000
230～240	235	5	625000	31250000
合计	—	120	540000	70100000

根据公式(3.18)得：

$$K=\frac{\sum_{i=1}^{k}(x_i-\bar{x})^4f_i}{\sum f_i\cdot s^4}-3=\frac{70100000}{120\times 21.58^4}-3=-0.306$$

3.4　异常值的检测

在处理实验数据的时候，我们常常会遇到个别数据偏离预期或偏离大量统计数据值结果的情况，如果我们把这些数据和正常数据值放在一起进行统计，可能会影响实验结果的正确性，如果把这些数据值简单地剔除，又可能忽略了重要的实验信息。这节主要讨论如何判断异常值，然后将其剔除。

3.4.1 异常值的定义

异常值(Outlier):指样本中的个别值,其数值明显偏离它所属样本的其余观测值,也称异常数据,离群值。

异常值有两种,一种是总体固有的随机变异性的极端项,属同一总体;另外一种是有由于实验条件和方法的偶然偏离,不属同一总体。

在实际数据处理中,我们通常会遇到,在一批实验数据中可能不仅仅只含有一个异常数据,会有多个异常数据的存在,这多个异常数据对统计检验量都会产生影响,这样就可能导致检验产生两个不良的后果,即屏蔽效应(Masking Effect)和吞噬效应(Swamping Effect)。

屏蔽效应,指当样本中出现多个异常数据,由于异常数据相互之间的影响遮蔽而导致某种统计检测方法将异常数据项判别为正常数据,即未能够检验出一些真正的异常数据。而吞噬效应则是指由于异常数据的存在,导致检验方法把正常数据判别为异常数据。能否避免屏蔽效应和吞噬效应是判断一种异常数据检验方法的检验效率的一个客观标准。

3.4.2 异常值的检验方法

1. 正态分布异常值检验

设总体 X 是服从正态分布,其分布函数如下:

$$F(x)=\frac{1}{\sqrt{2\pi}\sigma}\int_{-\infty}^{x}\exp\left\{-\frac{(t-\mu)^2}{2\sigma^2}\right\}dt\ ,\quad -\infty\leqslant x\leqslant\infty \tag{3.19}$$

$X_1,X_2,\cdots,X_n$ 是其容量为 n 的简单随机样本,$X_{(1)}\leqslant X_{(2)}\leqslant\cdots\leqslant X_{(n)}$ 为样本的次序统计量,$x_{(1)},x_{(2)},\cdots,x_{(n)}$ 是其样本次序统计量的观测值。正态分布场合检验异常数据的方法主要有如下几种:

(1)奈尔(Nair)检验

Nair 检验是检验服从正态分布的样本中是否含有异常数据的重要方法。当正态分布 $N(\mu,\sigma^2)$ 中的参数已知,或者根据有关资料能够计算得到 σ,这时可以用 Nair 检验法。在 Nair 检验法中,判断异常值时所用的经验水平 α^* 称为剔除水平,α^* 一般采用1%或更小。剔除水平小于检出水平 α。检出水平是判断是否是异常值时所用的检验水平(或称显著性水平)。α 一般取1%,5%或10%。

Nair 检验法统计量为:

$$R_{(1)}=\frac{\bar{x}-X_{(1)}}{\sigma}\ ,\quad R_{(n)}=\frac{X_{(n)}-\bar{x}}{\sigma} \tag{3.20}$$

根据异常值可能出现的位置可分为:

①异常值出现高端,即要检验 $X_{(n)}$ 是否是异常值,称为上侧异常值检验。

②异常值出现低端，即要检验 $X_{(1)}$ 是否是异常值，称为下侧异常值检验。

③异常值两端都可能出现，即要检验 $X_{(1)}$、$X_{(n)}$ 是否是异常值，称为双侧异常值检验。

(2)格拉布斯(Grubbs)检验

在正态总体的方差 σ 未知时，Grubbs 检验用修正的样本标准差 S_n^* 来代替总体标准差 σ，得到类似于 Nair 统计量的 Grubbs 统计量：

$$G_{(1)}^* = \frac{\bar{x} - X_{(1)}}{S_n^*}, \quad G_{(n)}^* = \frac{X_{(n)} - \bar{x}}{S_n^*} \tag{3.21}$$

其中，$S_n^* = \sqrt{\sum_{i=1}^{n} (X_i - \bar{x})/(n-1)}$。这个检验跟 Nair 检验法一样。以 $\bar{x}$ 来估计总体的中心位置参数。

(3)狄克松(Dixon)检验

Dixon 提出 Dixon 型统计量来检验 $X_{(1)}$、$X_{(n)}$ 是否是异常值。狄克松给出了不同样本数量 n 时检验统计量的计算公式(见表 3—8)。当显著水平 α 为 1%或 5%时，狄克松给出了其临界值 $D_{1-\alpha(n)}$，如果测量数据的检验统计量 $D > D_{1-\alpha(n)}$，则 $x_{(n)}$ 为异常值。狄克松检验统计量计算公式见表 3—8。

表 3—8　狄克松检验统计量计算公式

数据个数 n	统计量 D	
	x_1 为可疑值 D	x_n 为可疑值 D
$3 \leqslant n \leqslant 7$	$(x_2 - x_1)/(x_n - x_1)$	$(x_n - x_{n-1})/(x_n - x_1)$
$8 \leqslant n \leqslant 10$	$(x_2 - x_1)/(x_{n-1} - x_1)$	$(x_n - x_{n-1})/(x_n - x_2)$
$11 \leqslant n \leqslant 13$	$(x_3 - x_1)/(x_{n-1} - x_1)$	$(x_n - x_{n-2})/(x_n - x_2)$
$14 \leqslant n \leqslant 30$	$(x_3 - x_1)/(x_{n-2} - x_1)$	$(x_n - x_{n-2})/(x_n - x_3)$

从统计量可以看出，在判别 $X_{(1)}$、$X_{(n)}$ 时，方法是以极差 $X_{(n)} - X_{(1)}$ 或者以极差 $X_{(n)} - X_{(2)}$，$X_{(n)} - X_{(3)}$ 取代 σ 作为刻度，来估量相邻数据的差异，邻差过大的，则为异常数据。该检验法对样本中只存在一个异常数据时，效果良好。但当样本中异常数据的个数不止一个且出现在同侧时，该方法的检验效果不好，尤其同侧的异常数据很接近时效果更差，易遭受到屏蔽效应。

(4)样本分位数法

当正态分布的方差 σ^2 未知时，采用 1/4 样本分位数法，若怀疑 $X_{(n)}$($X_{(1)}$) 异常，计算高端上侧(低端下侧)异常值检验统计量 S_n(S_1)，若无法确定异常值出现在哪一侧，则计算双侧统计量 MRS：

$$S_1=\frac{\frac{1}{2}\{X_{(n1)}+X_{(n2)}\}-X_{(1)}}{X_{(n2)}-X_{(n1)}},S_n=\frac{X_{(n)}-\frac{1}{2}\{X_{(n1)}+X_{(n2)}\}}{X_{(n2)}-X_{(n1)}} \quad (3.22)$$

$$MRS=\frac{\max\limits_{i=1,\cdots,n}\left|X_{(i)}-\frac{1}{2}\{X_{(n1)}+X_{(n2)}\}\right|}{X_{(n2)}-X_{(n1)}} \quad (3.23)$$

其中，$n_1=\begin{cases}n/4,n/4\in N^+\\ [n/4]+1,n/4\notin N^+\end{cases}$，　$n_2=n-n_1+1$。

当方差已知时，可采用样本分位法，并用 σ 作为尺度参数取代四分位数（$X_{(n2)}-X_{(n1)}$）来构造统计量。这种方法利用样本分位数的优化组合来估计总体参数，具有较好的稳健性和较高的估计效率，且可连续使用，检验多个异常数据。

2. 指数分布场合异常值检验

记 $X_1,X_2,\cdots,X_n$ 是来自指数分布总体 X 的样本，其分布函数如下：

$$F_{(x)}=\begin{cases}1-e^{-\lambda x}, & x\geqslant 0,\\ 0, & x<0,\end{cases}\quad \lambda>0 \quad (3.24)$$

则 $X_{(1)}\leqslant X_{(2)}\leqslant\cdots\leqslant X_{(n)}$ 为样本的次序统计量，$x_{(1)},x_{(2)},\cdots,x_{(n)}$ 为其样本次序统计量的观测值。检验最小值或最大值是否为异常值的检验方法如下：

当样本量 $n\leqslant 100$ 时，计算统计量

$$T_{n(n)}=x_n\Big/\sum_{i=1}^{n}x_i \text{ 及 } T_{n(1)}=x_1\Big/\sum_{i=1}^{n}x_i$$

对于给定的显著水平 α（通常取 0.5）和样本数量 n，通过查表得到 $T_{n(n)}$ 及 $T_{n(1)}$ 分别对应的临界值 $T_{n(n)}(1-a)$ 和 $T_{n(1)}(a)$。若 $T_{n(n)}>T_{n(n)}(1-a)$ 时，认为 x_n 为异常值；若 $T_{n(1)}<T_{n(1)}(a)$ 时，认为 x_1 为异常值。

当样本容量 $n>100$ 时，计算统计量

$$E_{n(n)}=(n-1)(x_n-x_{n-1})/\left(\sum_{i=1}^{n}x_i+x_{n-1}\right) \text{ 及}$$

$$E_{n(1)}=n(n-1)x_1/\left(\sum_{i=1}^{n}x_i+nx_1\right)。$$

对应给定显著水平 α 和样本数量 n，

若 $E_{n(n)}>F_{2,2n-2,1-a}=(n-1)(a^{\frac{1}{n-1}}-1)$，则判断 x_n 为异常值；

若 $E_{n(1)}>F_{2,2n-2,a}=(n-1)[(1-a)^{\frac{1}{n-1}}-1]$，则判断 x_1 为异常值。

3. Weibull 分别场合异常值检验方法

记 X_1，X_2，$\cdots$，X_n 是来自指数分布总体 X 的样本，其分布函数如下：

$$F_{(x)}=\begin{cases}1-\exp[-(x/\eta)^m], & x\geqslant 0\\ 0, & x<0\end{cases} \tag{3.25}$$

其中，$m>0$ 为形状参数，$\eta>0$ 为尺度参数。特别地，当 $m=1$ 时，F_x 为指数分布。而 $X_{(1)}\leqslant X_{(2)}\leqslant\cdots\leqslant X_{(n)}$ 为样本的次序统计量，$x_{(1)},x_{(2)},\cdots,x_{(n)}$ 为其样本次序统计量的观测值。可以利用 G 型统计量来检验来自两参数 Weibull 分布的样本极大值和极小值是否异常。

$$\begin{aligned}WH_{(n,r)}&=\frac{\ln X_{(r)}-\ln X_{(r-1)}}{(r-1)\ln X_{(r)}-\sum_{i=1}^{r-1}\ln X_{(i)}}\\ WL_{(n,r)}&=\frac{\ln X_{(2)}-\ln X_{(1)}}{\sum_{i=2}^{r}\ln X_i-(r-1)\ln X_{(1)}}\end{aligned} \tag{3.26}$$

4. 莱茵达准则(PauTa)

对于实验数据测出值 $x_{(1)},x_{(2)},\cdots,x_{(n)}$，取其算术平均值 $\bar{x}=(1/n)\sum_{i=1}^{n}x_i$ 及剩余误差值 $v_i=x_i-\bar{x}$，然后求出其均方根偏差 $\sigma=\left(\sum v_i^2/n-1\right)^{1/2}$。

判断依据：

$|x_i-\bar{x}|>3\sigma$，则 x_i 相对而言误差较大，应舍去；

$|x_i-\bar{x}|\leqslant 3\sigma$，$x_i$ 为正常数据，应该保留。

思考与练习

一、思考题

1. 简述众数、均值与中位数的特点与应用场合。

2. 在怎样的情况下，可以使用几何平均数？

3. 一组数据分布的变异程度可以从哪些方面进行度量？

4. 标准差和方差反映了数据的哪些特征？

5. 峰态与偏态有何区别？

6. 异常值的检验由哪几种类型？

二、练习题

7. 有一组数据：5、2、2、7、8、9、9、12、3、10，试计算该组数据的众数、均值、标准差以及中位数。

8. 测得某地 300 名正常人尿汞值，其频数表如下表。试计算均数、中位数、何者代表性较好？

300例正常人尿汞值(ug/L)频数表

尿汞值	例数	尿汞值	例数	尿汞值	例数
0～	49	24～	16	48～	3
4～	27	28～	9	52～	0
8～	58	32～	9	56～	2
12～	50	36～	4	60～	0
16～	45	40～	5	64～	0
20～	22	44～	0	68～	1

9. 某卫生防疫站测得大气中的二氧化硫的浓度，用两种计量单位表示：

mg/m^3	1	2	3	4	5
ug/m^3	1000	2000	3000	4000	5000

分别计算几何均数及标准差，会发现两种不同单位的标准差相等，试解释其原因。

10. 一项关于大学生体重状况的研究发现，男生的平均体重为60kg，标准差为5kg；女生的平均体重为50kg，标准差为5kg。请回答下面的问题：

(1) 是男生的体重差异大，还是女生的体重差异大？为什么？

(2) 粗略估计一下，男生中有百分之多少的人的体重在55～65kg。

第四章　概率基础

各种数据都会受到各式各样随机因素的影响，使数据带有随机的特性。本章主要介绍推断统计学的理论基础，包括随机事件及其概率、概率的性质与运算法则、随机变量及其分布等内容。

4.1　随机事件及其概率

4.1.1　随机试验与随机事件

在自然界和日常生活中存在着许多不确定现象，如每天的天气都可能不同，抛硬币的结果也不可预测，公司领导者所作出的决策是否可以给公司带来利润等，即使在同样的条件下，也有可能出现不同的结果。就以抛硬币来说，在周围环境和条件不变的情况下，可能会得到两种截然不同的情况，即正面和反面。我们把这类在相同条件下重复同样的试验所得结果不确定的现象称为随机现象。曾经有许多学者做过这样的试验，最后发现，如果一枚硬币抛的次数足够多，出现正面和反面的次数是差不多的。这说明，在不确定的表象下还是有规律性的。我们利用随机试验来研究这种内在的规律性。

4.1.2　样本空间

从总体中随机抽取一个单位并把结果记录下来称为一次试验。举一个最简单的例子，从 0～9 这 10 个数字中随机抽取出一个，并记录下所抽到的数字，即完成一次试验，抽到的数字可能是：0，1，2，3，4，5，6，7，8，9，共 10 种情况，每种情况对应着一个样本点，总体中共有 10 个样本点。以全部样本点为元素的集合称为样本空间 Ω，记为

$$\Omega=\{0,1,2,3,4,5,6,7,8,9\}$$

如果样本空间中样本点的数目是有限的，则 Ω 是一个有限的样本空间。如果 Ω 中可能包括无限个样本点，则 Ω 是一个无限的样本空间，如观察一小时内落在地球上某一区域的粒子数，则样本空间取为 $\Omega=\{0,1,2,\cdots\}$。

可以看出，随着问题的不同，样本空间可以复杂，也可以变得简单。应该指

出，样本空间的界定会随着研究目的和样本设计不同而有差异。如上面数字抽取的例子，我们所关心的是数字的出现，因此样本点有10种情况。如果我们关心的仅是"出现的数字为质数"，则得到的样本点集合为{2,3,5,7}。又如，要求的是"6的倍数"，则得到的是{6}这样一个样本空间。而如果进行多次试验，则得到的结果会有不同的表示，可能要用多维的方式来表示。例如，掷一次铜币，可能有面向上或背向上两种结果；如果连续掷两次铜币，则两次试验的联合结果形成样本空间为

$$\Omega=\{(面,面),(面,背),(背,面),(背,背)\}$$

4.1.3　事件

一般地，样本空间Ω的特定子集A称为事件，当且仅当A中的某个样本点ω出现（注意，在每次试验中，样本点出现一个并且只出现一个）时事件A发生。在一个试验中，我们首先关心的是所有可能出现的基本结果，它们是试验中最简单的随机事件，称为基本事件。基本事件是指对应样本空间Ω中一个样本点的事件，它是不可再分的。例如数字抽取的例子中的$A=\{4\}$和连续两次抛硬币中的$B=\{(面,面)\}$都是基本事件，因为它们都是所属样本空间的一个样本点，不可再分了。而复合事件是可以由若干个基本事件结合而成的。例如定义C为出现偶数的情况，$C=\{0,2,4,6,8\}$，则C是样本空间$\Omega=\{0,1,2,3,4,5,6,7,8,9\}$的一个复合事件。因为$C$是由样本点0,2,4,6,8点的简单事件构成的，当出现这些点时，称事件C发生。

如果一个事件在每次试验中都必定发生，则称该事件为必然事件。由于样本空间Ω本身作为一个事件，每个样本点都属于它，因此每次试验它都会发生，Ω就是一个必然事件。一个事件如果是零集或空集，就称为不可能事件，通常用∅来表示。

下面我们就来看看事件间的关系和运算：

(1)包含关系。如果事件A的组成部分也是事件B的组成部分（事件A发生必有事件B发生）：$A\subset B$。

(2)相等关系。如果同时有$A\subset B$，$B\supset A$，则称事件A与事件B等价，或称A等于B：$A=B$。

(3)并(∪)。A、B中至少有一个发生的事件：$A\cup B$或者$A+B$。

(4)交(∩)。$A\cap B=AB=\{A和B同时发生\}$

一般地，可以将此公式推广为

$$\bigcap_{i=1}^{\infty}A_i=A_1\cap A_2\cap A_3\cap\cdots\cap A_n\cap\cdots=\{A_1,A_2,\cdots 至少发生一个\}$$

(5)差(−)。属于A而不属于B的部分所构成的事件，称为A与B的差，记

为 $A-B$，也可表示为 $A-AB$ 或者 $A\bar{B}$，它表示 A 发生而 B 不发生的事件。

(6)互不相容。A、B 同时发生：$A\cap B$，或者 AB。$A\cap B=\varnothing$，则表示 A 与 B 不可能同时发生，称事件 A 与事件 B 互不相容或者互斥。基本事件是互不相容的。

(7)逆。A 与 B 有且只能有一个发生，也就是说，不是 A 发生就是 B 发生，则称 B 是 A 的逆事件，记作 $B=\overline{A}$。

例 4.1 任意抛掷一颗骰子，观察出现的点数。设事件 A 表示"出现偶数点"，事件 B 表示"出现的点数能被 3 整除"。

(1)写出试验的样本点及样本空间；

(2)把事件 A 及 B 分别表示为样本点的集合；

(3)事件 $\overline{A}$，$\bar{B}$，$A\cup B$，AB，$\overline{A\cup B}$ 分别表示什么事件？并把它们表示为样本点的集合。

解：设 ω_i 表示"出现 i 点"$(i=1,2,\cdots,6)$，则

(1)样本点为 $\omega_1,\omega_2,\omega_3,\omega_4,\omega_5,\omega_6$；样本空间为 $\Omega=\{\omega_1,\omega_2,\omega_3,\omega_4,\omega_5,\omega_6\}$；

(2) $A=\{\omega_2,\omega_4,\omega_6\}$ ；$B=\{\omega_3,\omega_6\}$；

(3) $\overline{A}=\{\omega_1,\omega_3,\omega_5\}$ ，表示"出现奇数点"；$\bar{B}=\{\omega_1,\omega_2,\omega_4,\omega_5\}$ ，表示"出现的点数不能被 3 整除"；$A\cup B=\{\omega_2,\omega_3,\omega_4,\omega_6\}$ ，表示"出现的点数能被 2 或 3 整除"；$AB=\{\omega_6\}$ ，表示"出现的点数能被 2 整除且能被 3 整除"；$\overline{A\cup B}=\{\omega_1,\omega_5\}$ ，表示"出现的点数既不能被 2 整除也不能被 3 整除"。

例 4.2 设 A，B，C 为三个事件，用事件之间的运算表示下列事件：

(1) A 发生，B 与 C 都不发生；

(2) A，B，C 都发生；

(3) A，B，C 中至少有两个发生；

(4) A，B，C 中至多有两个发生。

解：(1) $A\bar{B}\bar{C}$ ；

(2) ABC ；

(3) $\overline{A}BC\cup A\bar{B}C\cup ABC\cup ABC$ 或 $AB\cup BC\cup CA$ ；

(4) $\overline{A}\bar{B}\bar{C}\cup\overline{A}\bar{B}C\cup\overline{A}B\bar{C}\cup A\bar{B}\bar{C}\cup AB\bar{C}\cup A\bar{B}C\cup\overline{A}BC$

或 $\overline{A}\cup\bar{B}\cup\bar{C}$ 或 $\overline{ABC}$。

4.1.4 事件的概率

事件 A 的概率是描述事件 A 在试验中出现的可能性大小的一种度量，记事件 A 出现可能性大小的数值为 $P(A)$，$P(A)$ 称为事件 A 的概率(Probability)。基于对概率的不同解释，概率的定义会有所不同，主要有古典定义、统计定义和主观概

率定义。下面分别予以介绍。

1. 概率的古典定义

求一个随机事件发生的可能性的大小，起源于赌博，如掷硬币、掷骰子等这些问题都比较简单，它们有两个重要的共同点：

(1)结果有限，即基本空间中只含有限个元素。如掷硬币的试验中，只能出现“正面朝上”和“反面朝上”两种结果。

(2)各个结果出现的可能性被认为是相同的。如掷硬币，出现正面或反面的机会被认为是相等的。

具有上述两个特点的随机试验所研究的问题称为古典概型。关于古典概型问题的概率计算方法称为古典概率或概率的古典定义。概率的古典定义是，如果某一随机试验的结果有限，而且各个结果出现的可能性相等，则某一事件 A 发生的概率为该事件所包含的基本事件个数 m 与样本空间中所包含的基本事件个数 n 的比值，记为：

$$P(A)=\frac{\text{事件}A\text{所包含的基本事件个数}}{\text{样本空间所包含的基本事件个数}}=\frac{m}{n} \tag{4.1}$$

古典概率局限在随机试验只有有限个可能结果的范围内，这使其应用受到了很大限制。因此，人们又提出了根据某一事件重复试验中发生的频率来确定其概率的方法，即概率的统计定义。

例 4.3 把十本书任意地放在书架上，求其中指定的三本书放在一起的概率。

解：基本事件总数为 $A_{10}^{10}=10!$；指定的三本书按某确定顺序排在书架上的所有可能为 $A_7^7=7!$种；这三本书按确定的顺序放在书架上的所有可能的位置共 $C_8^1=8$ 种；这三本书的排列顺序数为 $A_3^3=3!$；故基本事件总数为 $7!\times8\times3!=8!\times3!$ (亦可 $P_8^8P_3^3$)

设 A 表示“指定的三本书放在一起”，则

$$P(A)=\frac{8!\times3!}{10!}=\frac{1}{15}\approx0.067$$

2.概率的统计定义

在相同条件下随机试验 n 次，某事件 A 出现 m 次($m\leqslant n$)，则比值 m/n 称为事件 A 发生的频率。随着 n 的增大，该频率围绕某一常数 p 上下波动，且波动的幅度逐渐减小并趋于稳定，这个频率的稳定值即为该事件的概率，记为：

$$P(A)=\frac{m}{n}=p \tag{4.2}$$

3. 主观概率定义

概率的统计定义也有其局限性。在实际应用中要求在相同的条件下进行大

量的重复试验，而事实上很多现象并不能进行大量重复试验，特别是一些社会经济现象是无法重复的。有些现象即使能重复试验，也很难保证试验条件完全一样。因而，人们提出主观概率的概念。

所谓主观概率是指对一些无法重复的试验，只能根据以往的经验，人为确定这个事件的概率。例如，某企业想投资一个新的项目，那么投资成功的可能性有多大呢？由于是一个新项目，没有过去对这种项目投资的经验，所以确定投资该项目成功的可能性只能在综合分析多方面信息的基础上，主观给出这个概率。比如投资成功的概率为0.7，则投资失败的概率为0.3。主观概率法是工商活动中决策者常用的一种判断方法。主观概率的定义是，概率是一个决策者根据个人对某个事件是否发生以及本人掌握的信息对该事件发生可能性的判断。此外主观概率也可以被认为是合理的信念的测度。某人对特定事件会发生的可能的度量，即他相信（认为）事件将会发生的可能性大小的程度。这种相信的程度是一种信念，是主观的，但又是根据经验、各方面专业知识，对客观情况的了解进行分析、推理、综合判断而设定（Assignment）的，与主观臆测不同。

4.2　概率的性质与运算法则

4.2.1　概率的基本性质

（1）对任一随机事件有 $0 \leqslant P(A) \leqslant 1$；

（2）必然事件的概率为1，而不可能事件的概率为0，即

$$P(\Omega)=1$$

$$P(\varnothing)=0$$

（3）若 A 与 B 互斥，则

$$P(A \cup B)=P(A)+P(B)$$

此性质可以推广到多个两两互斥的随机事件 $A_1, A_2, A_3, \cdots, A_n$，则

$$P(A_1 \cup A_2 \cup A_3 \cup \cdots \cup A_n)=P(A_1)+P(A_2)+P(A_3)+\cdots+P(A_n)$$

以上三个性质是概率的最基本性质，是概率的运算基础，常被称为概率的公理化定义。

4.2.2　概率的加法原则

法则1　两个互斥事件之和的概率等于两个事件的概率之和。设 A、B 为两个互斥事件，则

$$P(A \cup B)=P(A)+P(B)$$

法则2　对于任意两个随机事件，它们和的概率为两个事件分别的概率之和减去两事件之交的概率，即

$$P(A \cup B)=P(A)+P(B)-P(A \cap B)$$

以上两个法则统称为概率的加法法则，使用时注意其条件的限制，防止错误的发生。

4.2.3 条件概率与独立事件

1. 条件概率

随机试验总是在一定的条件下进行的，而这里便是要讨论条件概率。当试验结果的部分信息已知(即在原随机试验的条件下，再加上一些附加信息)，例如，当某一事件 B 已经发生时，求事件 A 发生的概率，这种概率为事件 B 发生条件下事件 A 发生的条件概率(Conditional Probability)，即为 $P(A|B)$。

定义 设 A、B 是两个事件，且 $P(A)>0$，则称 $\frac{P(AB)}{P(A)}$ 为事件 A 发生条件下，事件 B 发生的条件概率，记为 $P(B|A)=\frac{P(AB)}{P(A)}$。

例 4.4 已知某地区男子寿命超过 55 岁的概率为 84%，超过 70 岁以上的概率为 63%。试求任一刚过 55 岁生日的男子将会活到 70 岁以上的概率为多少？

解：设 A＝活到 55 岁，B＝活到 70 岁。所求概率为：

$$P(B|A)=\frac{P(AB)}{P(A)}=\frac{P(B)}{P(A)}=\frac{0.63}{0.84}=0.75$$

一般来讲，由于有了新的条件 B 的制约，$P(A|B)\neq P(B)$

2. 乘法公式

条件概率 $P(A|B)$ 与概率 $P(AB)$，$P(B)$ 有如下关系：

$$P(A|B)=\frac{P(AB)}{P(B)} \tag{4.9}$$

注意：容易验证式(4.9)对任何古典概型问题都成立。

将式(4.9)以另一种形式写出，即有

$$P(AB)=P(A)\,P(A|B) \tag{4.10}$$

其中，式(4.10)便是乘法公式。

在(4.10)中，可将 A，B 的位置对换，这时有

$P(BA)=P(A)P(B|A)$ 而 $P(BA)=P(AB)$

故 $P(AB)=P(A)P(B|A)$

更一般地，对事件 $A_1,A_2,\cdots,A_n$，若 $P(A_1A_2\cdots A_{n-1})>0$，则有

$$P(A_1A_2\cdots A_n)$$
$$=P(A_1)P(A_2|A_1)P(A_3|A_1A_2)\cdots P(A_n|A_1A_2\cdots A_{n-1}) \tag{4.11}$$

式(4.10)，式(4.11)统称为概率的乘法公式，解题时可根据题目的条件进行灵活的应用。

4.2.4 全概率公式及贝叶斯公式

全概率公式及贝叶斯公式主要用来计算较复杂情形的概率，它们实质上是加法公式和乘法公式的综合运用和推广。

1. 全概率公式

设事件 $B_1, B_2, \cdots, B_n$ 满足

(1) $B_1, B_2, \cdots, B_n$ 两两互不相容，$P(B_i) > 0 (i = 1, 2, \cdots, n)$；

(2) $A \subset \bigcup_{i=1}^{n} B_i$，则有

$P(A) = P(B_1)P(A \mid B_1) + P(B_2)P(A \mid B_2) + \cdots + P(B_n)P(A \mid B_n)$

例 4.5 某项飞碟射击比赛规定一个碟靶有两次命中机会(即允许在第一次脱靶后进行第二次射击)。某射击选手第一发命中的可能性是 80%，第二发命中的可能性为 50%。求该选手两发都脱靶的概率。

解：设 A = 第 1 发命中。B = 命中碟靶。求命中概率是一个全概率的计算问题。再利用对立事件的概率即可求得脱靶的概率。

$$P(B) = P(A)P(B \mid A) + P(\overline{A})P(B \mid \overline{A})$$
$$= 0.8 \times 1 + 0.2 \times 0.5 = 0.9$$

脱靶的概率 $= 1 - 0.9 = 0.1$

或(解法二)：P(脱靶) $= P$(第 1 次脱靶) $\times P$(第 2 次脱靶) $= 0.2 \times 0.5 = 0.1$

2. 贝叶斯公式

设事件 $B_1, B_2, \cdots, B_n$ 及 A 满足

(1) $B_1, B_2, \cdots, B_n$ 两两互不相容，$P(B_i) > 0 (i = 1, 2, \cdots, n)$；

(2) $A \subset \bigcup_{i=1}^{n} B_i$，$P(A) > 0$，则

$$P(B_i \mid A) = \frac{P(B_i)P(A \mid B_i)}{\sum_{j=1}^{n} P(B_j)P(A \mid B_j)}, \quad i = 1, 2, \cdots, n$$

此公式即为贝叶斯公式。

$P(B_i)(i = 1, 2, \cdots, n)$，通常叫先验概率。$P(B_i \mid A)(i = 1, 2, \cdots, n)$，通常称为后验概率。贝叶斯公式反映了“因果”的概率规律，并做出了“由果溯因”的推断。

例 4.6 已知参加某项考试的全部人员合格的占 80%，在合格人员中成绩优秀只占 15%。试求任一参考人员成绩优秀的概率。

解：设 A 表示“合格”，B 表示“优秀”。由于 $B = AB$，于是

$$P(B) = P(A)P(B \mid A) = 0.8 \times 0.15 = 0.12$$

例 4.7 甲、乙、丙三人同时对飞机进行射击，三人的命中概率分别为 0.4，

0.5,0.7。飞机被一人击中而被击落的概率为0.2,被两人击中而被击落的概率为0.6,若三人都击中,则飞机必被击落。求飞机被击落的概率。

解:设 A_1 表示"甲命中";A_2 表示"乙命中";A_3 表示"丙命中";则

$$P(A_1)=0.4 \qquad P(A_2)=0.5 \qquad P(A_3)=0.7$$

设 B_i 表示"i 人击中飞机"$(i=0,1,2,3)$,则

$$P(B_0)=P(\bar{A}_1\bar{A}_2\bar{A}_3)=P(\bar{A}_1)P(\bar{A}_2)P(\bar{A}_3)$$
$$=(1-0.4)(1-0.5)(1-0.7)=0.09$$

$$P(B_1)=P(A_1\bar{A}_2\bar{A}_3+\bar{A}_1A_2\bar{A}_3+\bar{A}_1\bar{A}_2A_3)$$
$$=P(A_1\bar{A}_2\bar{A}_3)+P(\bar{A}_1A_2\bar{A}_3)+P(\bar{A}_1\bar{A}_2A_3)$$
$$=P(A_1)P(\bar{A}_2)P(\bar{A}_3)+P(\bar{A}_1)P(A_2)P(\bar{A}_3)+P(\bar{A}_1)P(\bar{A}_2)P(A_3)$$
$$=0.4\times(1-0.5)(1-0.7)+(1-0.4)\times 0.5\times(1-0.7)$$
$$+(1-0.4)(1-0.5)\times 0.7=0.36$$

$$P(B_2)=P(A_1A_2\bar{A}_3+A_1\bar{A}_2A_3+\bar{A}_1A_2A_3)$$
$$=P(A_1\bar{A}_2\bar{A}_3)+P(\bar{A}_1A_2\bar{A}_3)+P(\bar{A}_1\bar{A}_2A_3)$$
$$=P(A_1)P(\bar{A}_2)P(\bar{A}_3)+P(\bar{A}_1)P(A_2)P(\bar{A}_3)+P(\bar{A}_1)P(\bar{A}_2)P(A_3)$$
$$=0.4\times(1-0.5)(1-0.7)+(1-0.4)\times 0.5\times(1-0.7)$$
$$+(1-0.4)(1-0.5)\times 0.7=0.41$$

$$P(B_3)=P(A_1A_2A_3)=P(A_1)P(A_2)P(A_3)=0.4\times 0.5\times 0.7=0.14$$

设 A 表示"飞机被击落",则由题设有

$$P(A|B_0)=0,\ P(A|B_1)=0.2,\ P(A|B_2)=0.6,\ P(A|B_3)=1$$

故有

$$P(A)=\sum_{i=0}^{3}P(B_i)P(A|B_i)$$
$$=0.09\times 0+0.36\times 0.2+0.41\times 0.6+0.14\times 1=0.458$$

贝叶斯公式首先由英国统计学家贝叶斯给出,贝叶斯 1763 年在《论有关机遇问题的求解》中提出一种归纳推理的理论,后被一些统计学者发展为一种系统的统计推断方法。该公式在观察到事件 B 已发生的条件下,寻找导致 A 发生的每个原因 A_i 的概率。$P(A)$ 和 $P(A_i|B)$ 分别成为原因 A_i 的验前概率(Prior Probability)和验后概率(Posterior Probability)。

4.3 离散型随机变量及其分布

4.3.1 随机变量的概率

1.随机事件的量化

在第一节概率的基本概念中,介绍了什么是随机事件,某随机事件出现的概

率怎样计算，以及概率运算的基本法则。现在回过头来再看看随机事件，即在同一组条件下，每次试验可能出现也可能不出现的事件。有的采用数量标识表示，如检验一批零件，可能出现不同尺寸、长度或直径；抛掷一颗骰子，可能出现的点数为1,2,3,4,5,6。显然，这些随机事件都是采用数量标识表示的。为了把随机事件数量化，以便于数学上的处理，有必要把不采用数量标识表示的化为采用数量标识表示的。例如，把每检验一件产品可能出现合格的指定为0，可能出现不合格的指定为1；或把每次抛掷一枚硬币可能出现正面的指定为0，可能出现反面的指定为1，即用数字对事件进行编码。这样把指定的0、1与合格、不合格一一对应，或把0、1与正面、反面一一对应，就可以把随机事件完全数量化了。

2. 随机变量的定义

既然随机事件都可以用一个数量标识表示，根据某随机事件A出现的概率定义$P(A)$，可以把A换成数量标识X，于是X具有确定概率$P(X)$。但随机事件有各种不同的情况，如抛掷一枚硬币可能出现正面或反面，正面指定为0，即$X=x_1=0$；反面指定为1，即$X=x_2=1$。根据概率定义，$P(X=x_1)=P(X=0)=P$(出现正面)；$P(X=x_2)=P(X=1)=P$(出现反面)$=1/2$。显然0与1是变量X的两个可能值，由此引出随机变量的定义。

显然随机变量是在随机事件基础上的一个概念。既然各随机事件对应于一定的概率，所以随机变量也对应于一定的概率而且用随机变量来研究所对应的一定的概率更全面、更系统。因此，可以说随机变量是用随机事件描述随机现象的数量关系的推广。

随机变量在概率论与数理统计的研究中应用非常普遍，因此可以这样说，如果微积分是研究变量的数学，那么概率论与数理统计是研究随机变量的数学。

3. 两种类型的随机变量

按照随机变量的特性，通常可把随机变量分为两类，即离散型(Discrete)随机变量和连续型(Continuous)随机变量。

(1)离散型随机变量

如果随机变量X的所有取值都可以逐个列举出来，则称X为离散型随机变量。例如，在一批产品中“取到次品的个数”“单位时间内某交换台收到的呼叫次数”等都是离散型随机变量。

(2)连续型随机变量

如果随机变量X的所有可能取值不可以逐个列举出来，而是取数轴上某区间内的任一点，则称该随机变量为连续型随机变量。例如，一批电子元件的寿命、实际中常遇到的测量误差等都是连续型随机变量。

4.3.2 离散型随机变量的概率分布

1.离散型随机变量的概率分布

设有一离散随机变量 X,可能的取值 $x_1,x_2,\cdots,x_n$,其相应的概率为 $p_1,p_2,\cdots,p_n$,即 $P(X=x_i)=p_i(i=1,2,\cdots,n)$,如表 4－1。

表 4－1 离散型随机变量 X 的概率分布

$X=x_i$	x_1	x_2	$\cdots$	x_n
$P(X=x_i)=p_i$	p_1	p_2	$\cdots$	p_n

则称该表格形式为离散随机变量 X 的概率分布(Probability Distribution),其中,$P(X=x_i)=p_i$ 是 X 的概率函数。因为 $x_1,x_2,\cdots,x_n$ 构成一完备组,所以

$$\sum_{i=1}^{n} p_i=1$$

例 4.8 如规定打靶中域Ⅰ得 3 分,中域Ⅱ得 2 分,中域Ⅲ得 1 分,中域外得 0 分。今某射手每 100 次射击,平均 30 次中域Ⅰ,55 次中域Ⅱ,10 次中域Ⅲ,5 次中域外。则考察每次射击得分为 0,1,2,3 这一离散随机变量,其概率分布见表 4－2 所示。

表 4－2 某射手每次射击得分随机变量的概率分布

$X=x_i$	0	1	2	3
$P(X=x_i)=p_i$	0.05	0.10	0.55	0.30

$$\sum_{i=1}^{n} p_i=0.05+0.10+0.55+0.30=1$$

2. 离散随机变量的期望值和方差

为了能够全面表达随机变量 X 的概率性质,自然应该知道 X 的概率分布。然而在实际问题中,一个随机变量的概率分布往往不好确定。其实还有不少问题,并不需要知道 X 的所有概率性质,只需要知道它的某些数字特征就够了。因此,在对随机变量的研究中,确定某些数字特征是重要的。在这些数字特征中,最重要的是期望值和方差。

(1)期望值

离散型随机变量 X 的期望值定义为,在离散型随机变量 X 的一切可能值的完备组中,各可能值 x_i 与其对应概率 p_i 的乘积之和称该随机变量 X 的期望值(Expected Value),记作 $E(X)$ 或 μ。

若 X 是离散型随机变量,其分布律为 $P(X=x_k)=p_k(k=1,2,\cdots,n)$,若 X 数

值：$x_1, x_2, \cdots, x_n$，其对应的概率为：$p_1, p_2, \cdots, p_n$，则期望值为：

$$E(X)=x_1p_1+x_2p_2+\cdots+x_np_n=\sum_{i=1}^{n}x_ip_i, E(X)=\sum_{k=1}^{n}x_kp_k$$

若 X 取无穷的数值：$x_1, x_2, \cdots, x_n, \cdots$，其相应的概率为：$p_1, p_2, \cdots, p_n, \cdots$，则期望值为：

$$E(X)=x_1p_1+x_2p_2+\cdots+x_np_n+\cdots=\sum_{i=1}^{\infty}x_ip_i$$

以掷骰子为例，它的期望值为：

$$\begin{aligned}\mu=E(X)&=\sum_{i=1}^{6}x_ip(x_i)\\&=1\times1/6+2\times1/6+3\times1/6+4\times1/6+5\times1/6+6\times1/6\\&=3.5\end{aligned}$$

即各种可能点数的均值为 3.5。

(2)方差与标准差

前面讨论的数学期望是随机变量的一个重要数字特征，它表示了随机变量本身的平均水平或集中程度。本节将讨论随机变量与其数学期望的离差的平均水平，用它可以测定随机变量的变异程度或离散程度，它是随机变量的另一个重要数字特征。

例如，有一批灯泡，已知其平均寿命 $E(X)=1000$ 小时，但仅由这一指标还不能判定这批灯泡质量的好坏，事实上，可能其中绝大部分灯泡的寿命都在 950～1050 小时(质量稳定)；也可能其中约一半是高质量，寿命大约有 1300 小时，而另一半却是质量很差的，寿命大约只有 700 小时(质量不稳定)。因此为了正确评定灯泡质量，除需要考察灯泡平均寿命指标，还需要考察各个灯泡寿命 X 与一批灯泡寿命 $E(X)=1000$ 小时的离差的平均水平这个指标。若这个值较小，则表示质量比较稳定，质量较好；反之，质量较差。同样，在检查棉纱质量时，不仅需要知道纤维的平均长度，还要知道纤维长短的均匀度等。

随机变量的方差是用来反映随机变量取值的离散程度的。随机变量的方差定义为每一个随机变量取值与期望值的离差平方之期望值。设随机变量为 X，其方差常用 σ_x^2，用 $D(X)$ 或 $V(X)$ 表示，本书采用 $D(X)$，则

$$\sigma_x^2=D(X)=E\left[X-E(X)\right]^2$$

由上述可知，方差实际上就是随机变量 X 的函数 $\left[X-E(X)\right]^2$ 的数学期望。于是，若 X 是离散随机变量，则

$$\sigma^2=D(X)=\sum_{i=1}^{\infty}\left[x_i-E(X)\right]^2p_i, p_i=P\{X=x_i\},\quad i=1,2,\cdots$$

在计算中一般可以将公式简化为：

$$\sigma^2 = D(X) = E(X^2) - [E(X)]^2$$

由定义可知，若 X 的取值比较集中，则方差较小，若 X 的取值分散，说明方差较大。方差越小说明数量间的关系差异不大、较为稳定，若方差很大，则说明数量间的关系不稳定、差异大。若方差为 0，则意味着取值在 $E(X)$，即随机变量以概率 1 取值 $E(X)$。

随机变量方差的平方根为标准差，记为

$$\sigma = \sqrt{D(X)}$$

标准差与随机变量 X 具有相同的度量单位，所以在实际中经常使用。

对于掷骰子的例子，随机变量 X 的方差为：

$$\begin{aligned}\sigma^2 &= \sum_{i=1}^{n} [x_i - E(X)]^2 p(x_i) \\ &= (1-3.5)^2 \times 1/6 + (2-3.5)^2 \times 1/6 + (3-3.5)^2 \times 1/6 \\ &\quad + (4-3.5)^2 \times 1/6 + (5-3.5)^2 \times 1/6 + (6-3.5)^2 \times 1/6 \\ &= 2.9167\end{aligned}$$

标准差 $\sigma = 1.7078$，说明每次掷得的点数与平均点数 3.5 平均相距 1.7078 点。

(3)离散系数

离散系数是用来比较不同期望值的总体之间的离中趋势，其公式为：

$$V = \frac{\sigma}{E(X)}$$

(4)均值和方差在证券投资与财务分析中的应用

在进行金融分析中，均值是一个测度风险的重要概念。没有进行过专业的统计分析训练的人在买股票或投资时往往依据个人的主观感受来衡量风险，即靠所谓的生意人的“敏锐直觉”，这种依靠内在情感而不是以客观世界的真实数据为支撑衡量的风险往往是非科学的，进入 21 世纪后，统计学越来越成为一门科学的重要原因就在于其可以越来越准确地对某一事物进行定量分析。下面我们将用几个例子说明如何利用方差、标准差去评估某个投资的预期平均回报率及其相应的风险，从而做出较为科学的投资决定。

例 4.9 一个投资者手上有一笔现金将用于投资，现在有两个投资项目可供选择。项目 A、B 有如下资料可供参考：

表 4-3 项目 A

持有期回报率 x(%)	可能性(概率) $p(x)$	$xp(x)$
4	0.05	0.2
5	0.10	0.5
6	0.15	0.9

续表

持有期回报率 x(%)	可能性(概率) $p(x)$	$xp(x)$
7	0.40	2.8
8	0.15	1.2
9	0.10	0.9
10	0.05	0.5
合计	1	7

表 4—4　项目 B

持有期回报率 x(%)	可能性(概率) $p(x)$	$xp(x)$
5.5	0.25	1.375
6.5	0.25	1.625
7.5	0.25	1.875
8.5	0.25	2.125
合计	1	7

解:在评估两个项目的回报率时,由于各有其不同的可能性,所以可以运用预期平均回报率来反映个别项目的盈利能力,以便作出投资选择。

在项目 A 中,回报率 4%乘以其概率 0.05,得出 0.2%的预期回报率,这个数字同时表达了回报率的量及其出现的机会。将各个预期回报率加在一起,便得出项目 A 的预期平均回报率为 7%。用同一方法可算出项目 B 的预期平均回报率亦为 7%。由于两者的预期平均回报率相同,所以有必要评估两个项目回报率的稳定性或风险,决定哪个较佳。而稳定性或风险可用方差或标准差反映出来。计算方差及标准差时,预期平均回报率就是均值,计算见表:

表 4—5　项目 A

回报率 x(%)	预期平均回报 μ(%)	$x-\mu$	$(x-\mu)^2$	概率 $p(x)$	$(x-\mu)^2p(x)$
4	7	−3	9	0.05	0.45
5	7	−2	4	0.10	0.40
6	7	−1	1	0.15	0.15
7	7	0	0	0.40	0
8	7	1	1	0.15	0.15
9	7	2	4	0.10	0.40
10	7	3	9	0.05	0.45
合计	—	—	—	1	2

表 4—6　项目 B

回报率 x(%)	预期平均回报 μ(%)	$x-\mu$	$(x-\mu)^2$	概率 $p(x)$	$(x-\mu)^2p(x)$
5.5	7	−1.5	2.25	0.25	0.5625
6.5	7	−0.5	0.25	0.25	0.0625
7.5	7	0.5	0.25	0.25	0.0625
8.5	7	1.5	2.25	0.25	0.5625
合计	—	—	—	1	1.25

项目 A 的方差　$\sigma^2=\sum(x-\mu)^2p(x)=2$

项目 A 的标准差　$\sigma=\sqrt{2}=1.414$

项目 B 的方差　$\sigma^2=\sum(x-\mu)^2p(x)=1.25$

项目 B 的标准差　$\sigma=\sqrt{1.25}=1.12$

项目 A 的标准差为 1.414，这个值反映了每一个可能出现的回报率与预期平均回报率的平均差别；数值越大，回报率的变化越大，其稳定性越小，风险越大。项目 B 的标准差为 1.12，比项目 A 的低。因此，其回报率的稳定性较高，即风险较低。比较二者，就风险控制而言，投资项目 B 较项目 A 更佳。

如果项目 A 和项目 B 的预期平均回报率不一样，则需要用离散系数来考察投资风险的大小，帮助投资者做出选择。

例 4.10　如果投资项目 A 的预期回报率为 7%，标准差为 5%；而投资项目 B 的预期回报率为 12%，标准差为 7%，请问哪个投资项目风险较大？

解：如果只从标准差考虑，似乎投资项目 B 的风险较大，但由于 A 与 B 的预期回报率(均值)不同，我们需用离散系数进行比较。

项目 A 的离散系数　$V=\dfrac{0.05}{0.07}=0.714$

项目 B 的离散系数　$V=\dfrac{0.07}{0.12}=0.583$

投资项目 A 每单位回报率承受 0.714 单位的风险，而投资项目 B 每单位回报率的风险为 0.583 单位，因此，A 的风险较大。

随机变量 X 的期望值和方差的含义与均值和方差的含义是一致的。期望值反映随机变量 X 取值的平均水平，方差反映随机变量 X 取值的离散程度。

3. 二项分布和泊松分布

离散型随机变量有许多重要的概率分布，下面仅介绍两种最常用的概率分布，即二项分布和泊松分布。

(1)二项分布

实际问题中，有许多试验与掷硬币的试验有共同的性质，它们只包含两个结果。例如在市场调查中考虑产品的喜好，则调查一个人相当于掷一次硬币，因为某人喜欢该产品相当于出现正面，不喜欢该产品相当于出现反面，则在调查的样本中回答喜欢的人数是一个随机变量，这种随机变量所服从的概率分布通常称为二项分布(Binomial Distribution)。类似的例子有很多，如社会学家感兴趣的是农民脱贫的比例；对酒的制造商来说，感兴趣的是饮酒者中喜欢他们所产品牌的比例。这些例子所具有的共同性质可总结如下：

①试验包含了 n 个相同的试验。

②每次试验只有两个可能的结果："成功"或"失败"，这里的"成功"和"失败"是广义的。如在某商品的喜好调查中，"成功"表示喜欢这种商品，"失败"表示不喜欢这种商品。简单地说，就是一次试验只有两个可能的结果。

③出现"成功"的概率 p 对每一次试验是相同的，"失败"的概率 q 也不变，且 $p+q=1$。

④试验是互相独立的。

⑤试验"成功"或"失败"可以计数，即试验结果对应于一个离散型随机变量。

通常称具有上述特征的 n 次重复独立试验为 n 重贝努里试验，简称贝努里试验(Bernoulli Trials)或贝努里试验概型。

以 X 表示 n 次重复独立试验中事件 A(成功)出现的次数，不难得出：

$$P\{X=x\}=C_n^x p^x q^{n-x}, \quad x=1,2,\cdots,n$$

即

$$P\{X=x\}\geqslant 0, \quad x=1,2,\cdots,n$$

$$\sum_{i=1}^{n} C_n^x p^x q^{n-x}=(p+q)=1$$

注意到 $\sum\limits_{i=1}^{n} C_n^x p^x q^{n-x}$ 正好是二项式 $(p+q)$ 的展开式中的 $r+1$ 项，故我们称随机变量 X 服从二项分布，参数为 n,p，并记作 $X \sim B(n,p)$。式中的 C_n^x 表示从 n 个元素中抽取 x 个元素的组合，计算公式为：

$$C_n^x=\frac{n!}{x!\ (n-x)!}$$

二项分布的期望值和方差为：

$$E(X)=np$$

$$D(X)=npq$$

当 $n=1$ 时，二项分布为：

$$P\{X=x\}=p^x q^{1-x}\ ,\quad x=0,1$$

该分布即为0—1分布。

例4.11 已知100件产品中有5件次品，现从中任取1件，有放回地取3次，求在所取的3件中恰有2件次品的概率。

解：因为这是有放回地取3次，因此这3次试验的条件是完全相同的，由此可知它是贝努里试验。据题意，每次试验取到次品的概率为：

$$p=\frac{5}{100}=0.05$$

设 X 为所取的3件产品中的次品数，则 $X\sim B(3,0.05)$，于是

$$P\{X=2\}=C_3^2\,(0.05)^2(0.95)=0.007125$$

如果将上述问题中的"有放回"改为"无放回"，那么试验的条件就不同了，故不再能用二项分布的概率公式来进行计算，而须用古典概型计算：

$$P\{X=2\}=\frac{C_5^2C_{95}^1}{C_{100}^3}=0.0059$$

这种情况实际是概率分布的另外一种重要分布，被称为超几何分布。设有 N 件产品，其中有 M 件次品。现从中任取 n 件(假定 $n\leqslant N$)，则在这 n 件中所含有的次品数 X 是一个随机变量，X 的概率函数为：

$$P\{X=m\}=\frac{C_M^mC_{N-M}^{n-m}}{C_N^n}$$

在实际问题中，真正完全相同条件下进行试验很少见。对于抽样问题来讲，当样本数量巨大时，可以将"无放回"当作"有放回"来进行处理，于是用贝努里试验概型来近似计算取到的产品中含有 x 个次品的概率。

(2)泊松分布

泊松分布是用来描述在一指定时间范围内或在指定的面积或体积之内某一事件出现次数的分布。简单的说泊松分布描述的是小概率事件出现的概率。以下是典型的服从泊松分布的随机变量的例子：

①在某企业每月发生事故的次数。

②某一天班上同时过生日的学生。

③人寿保险公司每天收到的死亡声明的个数。

④某种仪器每月出现故障的次数。

泊松分布的公式为 $P(X)=\dfrac{\lambda^x e^{-\lambda}}{x!}\ ,x=1,2,\cdots$

其中，λ 为给定的时间间隔内事件的平均数。

泊松分布的期望和方差分别是：$E(X)=\lambda$

$$D(X) = \lambda$$

例 4.12　设某公司职工某一天请假的人数 X 近似服从泊松分布，且这一天请假的平均人数为 2.5 人，要求计算：

(1) X 的均值与标准差。

(2)在给定的某一天正好请假的人数为 5 人的概率。

解：(1)根据公式，X 的均值和方差均为 2.5，即 $E(X) = 2.5$

标准差 $D(X) = \sqrt{2.5} = 1.581$

(2) X 的概率分布

$P(X) = \dfrac{\lambda^x e^{-\lambda}}{x!}$，其中 $\lambda = 2.5$，$x = 5$，$e^{-2.5} = 0.082085$

所以 $P(5) = \dfrac{(2.5)^5 e^{-2.5}}{5!} = 0.067$

在 n 重贝努里试验中，当成功的概率很小即 $p \to 0$，试验的次数很大时，二项分布可以近似等于泊松分布，即 $C_n^x p^x q^{n-x} \approx \dfrac{\lambda^x e^{-\lambda}}{x!}$。

实际应用中，当 $p \leqslant 0.25$，$n \geqslant 20$，$np \leqslant 5$ 时，用泊松分布近似二项分布效果良好。

例 4.13　某人在每天上班途中要经过 3 个设有红绿灯的十字路口。设每个路口遇到红灯的事件是相互独立的，且红灯持续 24 秒而绿灯持续 36 秒。试求他途中遇到红灯的次数的概率分布及其期望值和方差、标准差。

解：据题意，在每个路口遇到红灯的概率是 $p = 24/(24+36) = 0.4$。

设途中遇到红灯的次数 $= X$，因此，$X \sim B(3, 0.4)$。其概率分布如下表：

表 4—7

x_i	0	1	2	3
$P(X = x_i)$	0.216	0.432	0.288	0.064

期望值(均值)＝1.2(次)，方差＝0.72，标准差＝0.8485(次)

4.4　连续型随机变量及其分布

4.4.1　概率密度与分布函数

由于连续型随机变量可以取某一区间或整个实数轴上的任意一个值，所以我们不能像对离散型随机变量那样，列出每一个值及其相应的概率。而必须用其他的方法，通常用数学函数的形式和分布函数的形式来描述。当用函数 $f(x)$ 来表示连续型随机变量时，我们将 $f(x)$ 称为概率密度函数(Probability Densityfunction)。

概率密度函数满足两个条件

1. $f(x) \geqslant 0$

2. $\int_{-\infty}^{+\infty} f(x)dx = 1$

在上述公式中，$f(x)$ 不是一个概率，即 $f(x) \neq P(X=x)$，$f(x)$ 被称为概率密度函数，而 $P(X=x)$ 在连续分布的条件下为 0。在连续分布的情况下以曲线下面的面积来表示概率，如随机变量 X 在 a 与 b 之间的概率可以写成：

$$P(a < b) = \int_a^b f(x)dx$$

即图 4－1 中的阴影部分的面积

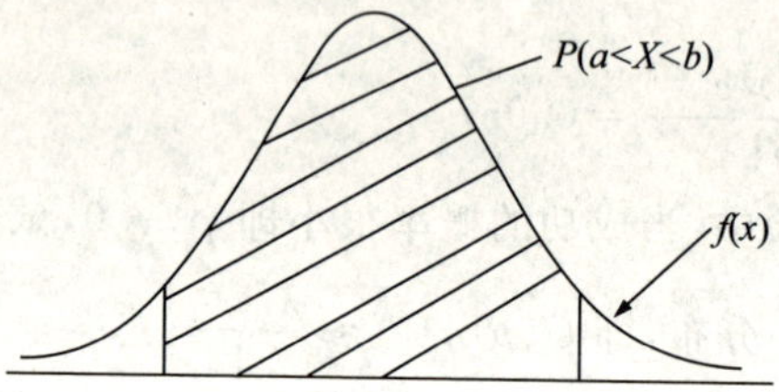

图 4－1　概率 $P(a<X<b)$

连续型随机变量的概率也可以用分布函数 $F(x)$ 来表示，分布函数的定义：

$$F(x) = P(X \leqslant x) = \int_{-\infty}^{x} f(t)dt, \quad -\infty < +\infty$$

这也是建立在密度函数 $f(x)$ 的基础之上的，因此 $P(a < X < b)$ 也可以写成：

$$\int_a^b f(x) = F(b) - F(a)$$

显然，连续型随机变量的概率密度是其分布函数的导数，即

$$f(x) = F'(x)$$

连续型随机变量的期望值和方差分别定义为：

$$E(X) = \int_{-\infty}^{+\infty} xf(x)dx = \mu$$

$$D(X) = \int_{-\infty}^{+\infty} [x - E(X)]^2 f(x)dx = \sigma^2$$

4.4.2　分布函数的分类

1. 均匀分布。若连续随机变量 X 的概率密度为

$$f(x) = \begin{cases} 1/(b-a), & a < x < b \\ 0, & \text{其他} \end{cases}$$

则称 X 在区间 (a,b) 上服从均匀分布，记为 $X \sim U(a,b)$。其中 $\int_{-\infty}^{+\infty} f(x)dx=1$，分布函数为：

$$F(x)=\begin{cases}0, & x<a \\ (x-a)/(b-a), & a \leqslant x<b \\ 1, & x \geqslant b\end{cases}$$

2. 指数分布。若随机变量的概率为

$$f(x)=\begin{cases}\lambda e^{-\lambda x}, x>0 \\ 0, \quad 其他\end{cases} \quad \lambda>0$$

则称 X 服从参数为 λ 的指数分布，简记为 $X \sim e(\lambda)$。其分布函数：

$$F(x)=\begin{cases}1-e^{-\lambda x}, x>0 \\ 0, \quad 其他\end{cases} \quad \lambda>0$$

其期望值 $E(X)=\frac{1}{\lambda}$，方差 $D(X)=\frac{1}{\lambda^{2}}$。

3. 正态分布。若随机变量 X 的概率密度为

$$f(x)=\frac{1}{\sqrt{2\pi}\sigma} e^{-\frac{(x-\mu)2}{2\sigma 2}}, \quad -\infty<x<+\infty$$

则称 X 服从参数为 μ 和 σ^{2} 的正态分布，记为 $X \sim N(\mu, \sigma^{2})$，其中 μ 和 $\sigma(\sigma>0)$ 都是常数。分布函数为：

$$F(x)=\frac{1}{\sqrt{2\pi}\sigma} \int_{-\infty}^{x} e^{-\frac{(t-\mu)2}{2\sigma 2}} dt, \quad -\infty<x<+\infty$$

当 $\mu=0, \sigma=1$，称为标准正态分布，概率密度函数为：$\varphi(x)=\frac{1}{\sqrt{2\pi}} e^{-\frac{x2}{2}}$，分布函数为：$\Phi(x)=\frac{1}{\sqrt{2\pi}} \int_{-\infty}^{x} e^{-\frac{t2}{2}} dt$。

定理 设 $X \sim N(\mu, \sigma^{2})$，则 $Y=\frac{X-\mu}{\sigma} \sim N(0,1)$。

其期望值 $E(X)=\mu$，方差 $D(X)=\sigma^{2}$。

例 4.14 公共汽车站每隔 5 分钟有一辆汽车通过。乘客到达汽车站的任一时刻是等可能的。求乘客候车时间不超过 3 分钟的概率。

解：设随机变量 X 表示“乘客的候车时间”，则 X 服从 $[0,5]$ 上的均匀分布，其密度函数为：

$$f(x)=\begin{cases}1/5, & x \in [0,5] \\ 0, & x \notin [0,5]\end{cases}$$

于是有 $P(0 \leqslant X \leqslant 3)=\int_0^3 f(x)dx=\frac{3}{5}=0.6$。

例 4.15 已知某种电子元件的使用寿命 X（单位：小时）服从指数分布，概率密度函数为：

$$f(x)=\begin{cases}\frac{1}{800}e^{-\frac{x}{800}}, & x>0\\ 0, & x\leqslant 0\end{cases}$$

任取 3 个这种电子元件，求至少有 1 个能使用 1000 小时以上的概率。

解：设 A 表示"至少有 1 个电子元件能使用 1000 小时以上"；A_1、A_2、A_3 分别表示"元件甲、乙、丙能使用 1000 小时以上"。则

$$P(A_1)=P(A_2)=P(A_3)$$
$$=P(X>1000)=\int_{1000}^{+\infty}\frac{1}{800}e^{-\frac{x}{800}}dx=-e^{-\frac{x}{800}}\Big|_{1000}^{+\infty}=e^{-\frac{5}{4}}\approx 0.287$$

$$P(A)=P(A_1\cup A_2\cup A_3)$$
$$=P(A_1)+P(A_2)+P(A_3)-P(A_1A_2)-P(A_2A_3)$$
$$-P(A_1A_3)+P(A_1A_2A_3)$$
$$=3\times 0.287-3\times 0.287^2+0.287^3\approx 0.638$$

（另解：设 A 表示"至少有 1 个电子元件能使用 1000 小时以上"。则

$$P(X>1000)=\int_{1000}^{+\infty}\frac{1}{800}e^{-\frac{x}{800}}dx=-e^{-\frac{x}{800}}\Big|_{1000}^{+\infty}=e^{-\frac{5}{4}}\approx 0.287$$

从而有 $P(X\leqslant 1000)=1-P(X>1000)=1-e^{-\frac{5}{4}}\approx 0.713$，进一步有

$$P(A)=1-[P(X\leqslant 1000)]^3\approx 1-0.713^3\approx 0.638）$$

例 4.16 设随机变量 X 的概率密度函数为

$$f(x)=\begin{cases}\frac{2}{\pi(x^2+1)}, & x>0\\ 0, & x\leqslant 0\end{cases}$$

求随机变量函数 $Y=\ln X$ 的概率密度。

解：因为 $F_Y(y)=P(Y<y)=P(\ln X<y)=P(X<e^y)=F_X(e^y)$

所以随机变量函数 $Y=\ln X$ 的概率密度为

$$f_Y(y)=F'_Y(y)=F'_X(e^y)e^y=f(e^y)e^y=\frac{2e^y}{\pi(e^{2y}+1)},\quad -\infty<y<+\infty$$

$$f_Y(y)=\frac{2e^y}{\pi(e^{2y}+1)},\quad -\infty<y<+\infty$$

随机变量函数的分布有如下两种情形：

1. 离散型随机变量函数分布一般方法：先根据自变量 X 的所有可能取值确定因变量 Y 的所有可能值，然后通过 Y 的每一个可能的取值 $y_i(i=1,2,\cdots)$ 来确定 Y 的概率分布。

2. 连续型随机变量函数分布方法：设已知 X 的分布函数 $F_X(x)$ 或者概率密度 $f_X(x)$，则随机变量 $Y=g(X)$ 的分布函数

$$F_Y(y)=P\{Y\leqslant y\}=P\{g(X)\leqslant y\}=P\{X\in C_Y\}$$

其中 $C_y=\{x\mid g(x)\leqslant y\}$，$F_Y(y)=P\{X\in C_y\}=\int_{C_y}f_X(x)dx$，进而可通过 Y 的分布函数 $F_Y(y)$，求出 Y 的密度函数。

例 4.17　设随机变量 X 的密度函数为

$$f_X(x)=\begin{cases}1-|x|, & -1<x<1\\ 0, & \text{其他}\end{cases}$$

求随机变量 $Y=X^2+1$ 的分布函数和密度函数。

解：$F_Y(y)$ 和 $f_Y(y)$ 分别是随机变量 Y 的分布函数和概率密度函数，由 $-1<x<1$ 得：$1<y<2$。

那么当 $y<1$ 时，

$$F_Y(y)=P\{Y\leqslant y\}=P\{X^2+1\leqslant y\}=P(\varphi)=0$$

当 $1<y<2$ 时，

$$\begin{aligned}F_Y(y)&=P\{Y\leqslant y\}=P\{X^2+1\leqslant y\}=P\{-\sqrt{y-1}\leqslant x\leqslant\sqrt{y-1}\\&=\int_{-\sqrt{y-1}}^{\sqrt{y-1}}(1-|x|)dx=\int_{-\sqrt{y-1}}^{0}(1+x)dx+\int_{0}^{\sqrt{y-1}}(1-x)dx\\&=2\sqrt{y-1}-(y-1)\end{aligned}$$

当 $y\geqslant 2$ 时，

$$\begin{aligned}F_Y(y)&=P\{Y\leqslant y\}=P\{X^2+1\leqslant y\}\\&=\int_{\infty}^{1}0dx+\int_{-1}^{1}(1-|x|)dx+\int_{1}^{+\infty}0dx=1\end{aligned}$$

$$\text{所以，}F_Y(y)=\begin{cases}0, & y\leqslant 1\\ 2\sqrt{y-1}-(y-1), & 1<y<2\\ 1, & y\geqslant 2\end{cases}$$

$$f_X(x)=F_Y(y)'=\begin{cases}\dfrac{1}{\sqrt{y-1}}-1, & 1\leqslant y<2\\ 0, & \text{其他}\end{cases}$$

思考与练习

一、思考题

1. 频率与概率有什么关系?

2. 独立性与互斥性有什么关系?

3. 根据自己的经验体会举几个服从泊松分布的随机变量的实例。

4. 根据自己的经验体会举几个服从正态分布的随机变量的实例。

二、练习题

5. 写出下列随机试验的样本空间:

(1)记录某班一次统计学测验的平均分数。

(2)某人骑自行车在公路上行驶,观察该骑车人在遇到第一个红灯停下来以前遇到的绿灯次数。

(3)生产产品,直到有10件正品为止,记录生产产品的总件数。

6. 某市有50%的住户订日报,有65%的住户订晚报,有90%的住户至少订两种报纸中的一种,求同时订这两种报纸的住户的百分比。

7. 有甲、乙两批种子,发芽率分别是0.8和0.7。在两批种子中各随机取一粒,求:

(1)两粒都发芽的概率。

(2)至少有一粒发芽的概率。

(3)恰有一粒发芽的概率。

8. 某厂产品的合格率为96%,合格品中一级品率为75%,从产品中任取一件为一级品的概率是多少?

9. 某机构有一个9人组成的顾问小组,若每个顾问贡献正确意见的概率都是0.7,现在该机构内就某事可行与否个别征求每个顾问的意见,并按多数人意见作出决策,求作出正确决策的概率。

10. 每次试验中事件A发生的概率为p,为了使事件A在独立试验序列中至少发生一次的概率不小于p,问至少需要进行多少次试验?

第五章 抽样理论和参数估计

前面的章节已经介绍过统计学是一门从数据中获取信息的学科，它包含获取、整理数据——描述统计，和对数据进行计算推断出研究对象的信息——统计推断。英国统计学家费希尔认为抽样分布、参数估计和假设检验是组成统计推断的三个中心内容，本章即对抽样理论和参数估计方法进行介绍。

5.1 抽样的基本概念

5.1.1 简单随机抽样

当我们想调查研究全国大学生的每月支出情况，那么全国大学生的每月支出金额的集合就是总体，一个大学生的每月支出金额是一个个体，此时我们需要用一个变量来表示"全国大学生的每月支出情况"，并可以用符号 X 来标记。在运用具体数据计算之前，我们无法获知 X 的具体取值，也就无法知道全国大学生的每月支出情况究竟怎样。事实上，这里的 X 是一个随机变量，并且它服从一定概率分布。我们可以采用普查搜集所有大学生的每月支出金额，也可以采用抽样的方式，通过概率推断，得到我们想知道的信息。

统计推断即通过抽取样本，并利用样本来推断总体的各种性质或特征。

在上例中，我们可以采取抽取一部分学生的月支出金额来形成一个样本，它可以表示为

$$X_1, X_2, \cdots, X_n$$

其中 n 称为样本量。实施一次抽样后，所得到的具体数据成为样本值(或观测值)，并表示为 $x_1, x_2, \cdots, x_n$。我们可以通过计算这个样本的均值得到一个可能的"全国大学生每月支出金额"。而这个样本是否能代表"全国大学生"，与抽取样本的方式有关。

假设要在全国大学生中抽取 1000 人组成一个样本，如果全国学生中每一个学生被抽中与否完全是随机的，而且每个学生被抽中的概率是已知的，这样的抽样方法称为**随机抽样**(或概率抽样)。随机抽样方法有简单随机抽样、分层抽样、

系统抽样、整群抽样等。首先介绍最基本的，统计上最容易处理的抽样——简单随机抽样。

简单随机抽样是从含有 N 个元素的总体中，抽取 n 个元素组成一个样本，使得总体中的每一个元素都有相同的机会（概率）被抽中。采用简单随机抽样时，如果抽取一个个体记录下数据后，再把这个个体放回原来的总体中参加下一次抽选，叫做**重复抽样**；如果抽中的个体不再放回，再从所剩下的个体中抽取第二个元素，直到抽取 n 个个体为止，这样的抽样方法叫做**不重复抽样**。由简单随机抽样得到的样本称为简单随机样本。

定义 5.1　若总体 X 的样本 $X_1,X_2,\cdots,X_n$ 满足：(1) $X_1,X_2,\cdots,X_n$ 与 X 有相同的分布；(2) $X_1,X_2,\cdots,X_n$ 相互独立，则称它为简单随机样本。

5.1.2　统计量与点估计

抽样的目的是为了利用样本数据估计或者推断总体的各种特征。为了实现这一目的，我们引入统计量的概念。

定义 5.2　设 $X_1,X_2,\cdots,X_n$ 是来自总体 X 中抽取的容量为 n 的一个样本，如果由此样本构造一个函数 $T(X_1,X_2,\cdots,X_n)$，不依赖于任何未知参数，则将函数 $T(X_1,X_2,\cdots,X_n)$ 称为统计量，又称样本统计量。

例 5.1　设 $X_1,X_2,\cdots,X_n$ 是从某总体 X 中抽取的一个样本，总体均值与方差均未知，$\bar{x}=\frac{1}{n}\sum_{i=1}^{n}X_i$，$S^2=\frac{1}{n-1}\sum_{i=1}^{n}(X_i-\bar{X})^2$，$Y=\frac{1}{n}\sum_{i=1}^{n}(X_i-\mu)^2$。此例中，前两个是统计量，但第三个不是统计量。

我们了解了什么是简单随机抽样，现在在全国大学生中选取一个容量为 20 的简单随机样本，其对应的个体月支出的金额如表 5－1 所示。

表 5－1　由 20 名大学生组成的简单随机样本的月支出情况

学生月支出（元）	是否低于 500 元	学生月支出（元）	是否低于 500 元
$X_1=896$	否	$X_{11}=617$	否
$X_2=1235$	否	$X_{12}=685$	否
$X_3=496$	是	$X_{13}=941$	否
$X_4=834$	否	$X_{14}=825$	否
$X_5=635$	否	$X_{15}=763$	否
$X_6=551$	否	$X_{16}=621$	否
$X_7=368$	是	$X_{17}=1165$	否
$X_8=1023$	否	$X_{18}=852$	否
$X_9=456$	是	$X_{19}=689$	否
$X_{10}=787$	否	$X_{20}=746$	否

为了估计总体参数，可以计算对应的样本特征，即样本统计量。

样本均值：$\bar{x}=\frac{1}{n}\sum_{i=1}^{n}X_i=817.55$

样本标准差：$S=\sqrt{\frac{1}{n-1}\sum_{i=1}^{n}(X_i-\bar{x})^2}=233.53$

另外通过计算样本中“是”的学生比例，我们还能估计总体中月支出低于500元的学生所占的比例，即**样本比例：**$\bar{p}=\frac{3}{20}=0.15$。

5.1.3　其他随机抽样

简单随机抽样并不是唯一可用的抽样方法，在某些情况下，采用其他随机抽样会优于简单随机抽样。

分层抽样也称分类抽样，它是在抽样之前先将总体的元素切分为若干层(类)，然后从各个层中抽取一定数量的元素组成一个个样本。比如，要研究大学生的月支出，可先将学生按地区进行分类，然后从各地区中分别抽取一定数量的学生组成一个样本。分层抽样的优点是可以使样本分布在各个层内，从而使样本在总体中的分布比较均匀。

系统抽样也称等距抽样，它是先将总体的元素按某种顺序排列，并按某种规则确定一个随机起点。然后，每隔一定的间隔抽取一个元素，直至抽取 n 个元素组成一个样本。比如，要从某大学全校学生中抽取一个样本，可以找到全校学生的名册，按名册中的学生顺序，用随机数找到一个随机起点，然后依次抽取得到一个样本。

整群抽样是先将总体划分成若干群，然后以群作为抽样单元，从中抽取部分群组成一个样本，再对抽中的每个群中包含的所有元素进行观察。比如，可以把每一个学生班级看作一个群，在全校班级中抽取一定数量的班级，然后对抽中的班级中每一个学生都进行调查。整群抽样会产生相对大一些的误差。

5.2　抽样分布

上一小节，我们根据一个简单随机样本，建立了对全国大学生月支出状况的点估计。此时假如我们重新选择一个简单随机样本，我们会发现

样本均值 $\bar{X}=756.70$ 元

样本标准差 $S=296.12$ 元

样本比例 $\bar{P}=0.22$

即，第二个样本和第一个样本的均值、方差、比例，均不相同。如果我们不断地重复相同容量的简单随机抽样，我们会得到大量的样本，随之产生大量的样本均值、样本方差及样本比例。而在这些大量的数据中，样本均值、样本方差、样本比例等

统计量，均存在一定的分布规律。统计量的分布，即为**抽样分布**。

5.2.1 正态总体的抽样分布

我们已知正态分布是具有良好性质的分布，以总体服从正态分布为前提，我们可以得到许多重要统计量的分布性质。

定理 5.1 设总体 $X \sim N(\mu,\sigma^2)$，$X_1,X_2,\cdots,X_n$ 是来自 X 的简单随机样本，$\overline{X}=\frac{1}{n}\sum_{i=1}^{n}X_i$，$S^2=\frac{1}{n-1}\sum_{i=1}^{n}(X_i-\overline{X})^2$，那么

(1) $\overline{X}$ 和 S^2 相互独立；

(2) $\overline{X} \sim N(\mu,\sigma^2/n)$ 或 $\frac{\bar{x}-\mu}{\sigma/\sqrt{n}} \sim N(0,1)$；

(3) $(n-1)S^2/\sigma^2 \sim \chi^2(n-1)$（自由度为 $n-1$ 的 χ^2 分布）；

(4) $\frac{\overline{X}-\mu}{S/\sqrt{n}} \sim t(0,1)$（自由度为 $n-1$ 的 t 分布）。

5.2.2 样本均值的抽样

设 $X_1,X_2,\cdots,X_n$ 为某一总体中抽出来的随机样本，$X_1,X_2,\cdots,X_n$ 是相互独立并与总体有相同分布的随机变量。要知道 $\overline{X}$ 的分布，必须知道总体的分布。我们先介绍总体分布为正态分布 $N(\mu,\sigma^2)$ 时样本均值 $\overline{X}$ 的分布。当总体分布为正态分布 $N(\mu,\sigma^2)$ 时，$\overline{X}$ 的**抽样分布**仍为正态分布，且其数学期望为 μ，方差为 σ^2/n，即

$$\overline{X} \sim N(\mu,\sigma^2/n) \tag{5.1}$$

在实际问题中，总体的分布并不一定是正态分布或者近似正态分布，此时想要确定 $\overline{X}$ 的分布可以借助于中心极限定理。

定理 5.2 中心极限定理(Central Limit Theorem)：设从均值为 μ、方差为 σ^2（有限）的任意一个总体中抽取样本量为 n 的样本，当 n 充分大时，样本均值 $\overline{X}$ 的分布近似服从均值为 μ，方差为 σ^2/n 的正态分布，即 $\overline{X} \sim N(\mu,\sigma^2/n)$。

中心极限定理要求 n 足够大，而如何界定足够大呢？这与总体的分布形状有关。总体偏离正态越远，则要求 n 越大。然而在实际应用中，总体的分布未知，基于经验，我们一般要求 $n \geqslant 30$。图 5-1 为样本均值的抽样分布趋于正态分布的过程。

例 5.2 设从一个均值 $\mu=50$、标准差 $\sigma=3.5$ 的未知分布的总体中随机选取容量为 49 的样本。求：

(1)计算样本均值 $\overline{X}$ 小于 49.5 的近似概率；

(2)计算样本均值 $\overline{X}$ 超过 49.5 的近似概率；

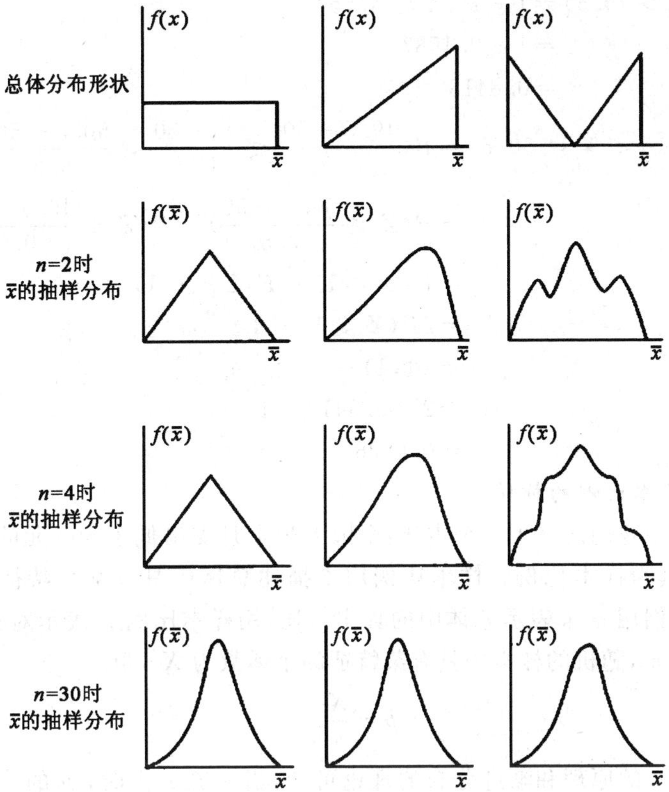

图 5—1　样本均值的抽样分布趋于正态分布的过程

(3)计算样本均值 $\overline{X}$ 在总体 $\mu=50$ 附近 5 范围内的近似概率。

解:根据中心极限定理,当一个随机样本容量 $n=49>30$ 时,样本均值 $\overline{X}$ 的分布近似服从均值 $\mu_x=\mu=50$、标准差 $\sigma_x=\frac{\sigma}{\sqrt{n}}=\frac{3.5}{\sqrt{49}}=0.5$ 的正态分布,即

$$\overline{X}\sim N(50,0.5^2)$$

$$(1)\ P(\overline{X}<49.5)=P\left(\frac{\overline{X}-50}{0.5}<\frac{49.5-50}{0.5}\right)$$

$$=P\left(Z<\frac{-0.5}{0.5}\right)=P(Z<-1)$$

$$=1-P(Z<1)=1-\Phi(1)$$

$$=1-0.8413$$

$$=0.1587$$

(2) $P(\overline{X} > 49.5) = 1 - P(\overline{X} \leqslant 49.5)$

$= 1 - 0.1587$

$= 0.8413$

(3) $P(49.5 < \overline{X} < 50.5) = P(\frac{49.5 - 50}{0.5} < \frac{\overline{X} - 50}{0.5} < \frac{50.5 - 50}{0.5})$

$= P(Z < \frac{50.5 - 50}{0.5}) - P(Z < \frac{49.5 - 50}{0.5})$

$= P(Z < 1) - P(Z < -1)$

$= 2P(Z < 1) - 1$

$= 2\Phi(1) - 1$

$= 2 \times 0.8413 - 1$

$= 0.6826$

5.2.3　样本比例的抽样

在例 5.1 中我们研究了一个占比：全国大学生月支出低于 500 元的学生所占的比例，并称其为样本比例。样本比例用来描述总体中具有某一特征个体的占比，一般地，我们用 π 来表示总体中的真实占比，用样本比例 $\hat{p}$ 表示对 π 的估计，若样本大小为 n，随机的样本中具有某特征的个体数为 X，则

$$\hat{p} = \frac{X}{n} \tag{5.2}$$

由二项分布的原理和渐进分布的理论可知，当 n 充分大时，$\hat{p}$ 的分布可用正态分布去逼近。此时，$\hat{p}$ 服从均值为 π、方差为 $\frac{\pi(1-\pi)}{n}$ 的正态分布，即

$$\hat{p} \sim N(\pi, \frac{\pi(1-\pi)}{n}) \tag{5.3}$$

5.2.4　点估计量的性质

前面我们介绍了样本均值 $\overline{X}$ 和样本比例 $\hat{p}$ 等样本统计量对总体参数 μ 及 π 等进行点估计，在实际运用中，我们需要讨论估计量所应具备的良好性质：无偏性、有效性和一致性。我们用 θ 代表有关的总体参数，用 $\hat{\theta}$ 代表相对应的样本统计量或点估计量。

1. 无偏性(Unbiasedness)

若样本统计量的数学期望等于它所估计的总体参数，即 $E(\hat{\theta}) = \theta$，则样本统计量是总体参数 θ 的无偏估计量。

事实上样本均值 $\overline{X}$、和样本比例 $\hat{p}$ 都是相应总体参数 μ 和 π 的无偏估计量。我们定义的样本方差 S^2 亦是无偏估计，但若其分母定义为 n 而非 $n-1$，则样本方

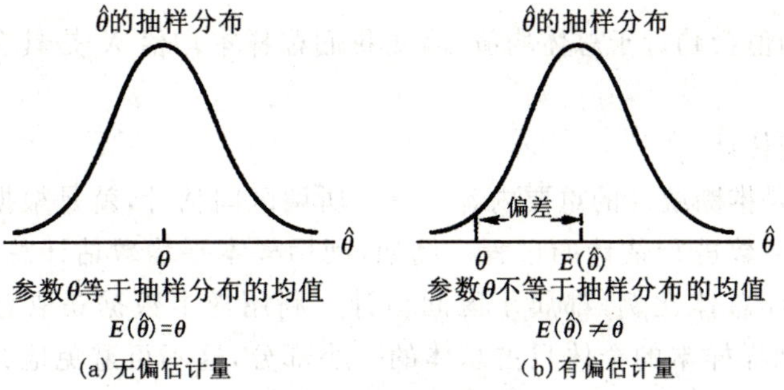

图 5—2 无偏与有偏点估计量

差 S^2 将会是一个有偏估计量。图 5—2 为无偏与有偏点估计量。

2. 有效性(Relative Efficiency)

假设同一个简单随机样本针对同一个总体参数存在两个无偏点估计量，我们应该如何抉择呢？此时，应当选择方差较小的点估计量，因为具有较小方差的点估计量会更接近总体参数。两个以上的无偏点估计量中，方差最小的那个我们称它具有相对有效性。

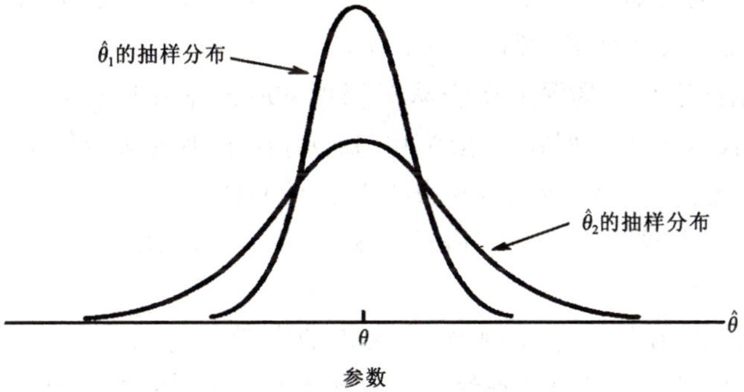

图 5—3 两个无偏点估计量的抽样分布

如图 5—3 所示，$\hat{\theta}_1$ 和 $\hat{\theta}_2$ 是两个无偏点估计量，$\hat{\theta}_1$ 的标准差小于 $\hat{\theta}_2$ 的标准差，$\hat{\theta}_1$ 的值相比 $\hat{\theta}_2$ 的值具有更大的可能性接近于总体参数 θ，因此我们认为，$\hat{\theta}_1$ 相对 $\hat{\theta}_2$ 更有效，是更好的点估计量。

3. 一致性(Consistency)

当样本容量增加时，点估计量的值若趋近于总体参数，则称点估计量是一致的。以样本均值 $\overline{X}$ 为例，其标准差 $\sigma_X=\sigma/\sqrt{n}$，与样本容量大小有关，当我们用较大的样本容量时，可以得到更小的 σ_X 值，因此对于样本均值 $\overline{X}$ 来说，样本容量增加，点估计量的值会趋近于总体均值，因此我们称样本均值 $\overline{X}$ 是具有一致性的点估计量。

5.3 区间估计

区间估计是推断统计的重要内容之一。所谓区间估计，就是根据样本统计量的数值对总体参数进行估计的过程。例如，利用样本平均数估计总体平均数、利用样本比例估计总体比例，都属于区间估计。利用样本数据获取总体参数信息时，由于进入抽样样本的个体只占总体的一小部分，这不可避免地会带来一定误差。譬如以下三个案例：

案例1 某机构面向武汉地区5所高校的一项抽样调查显示，八成以上学生除英语和计算机等级考试外，都会参加一门或多门职业资格考试。

这项抽样调查覆盖武汉科技大学、长江工商学院、湖北中医药大学、武汉理工大学华夏学院、武昌工学院等5所高校的670名在校生。结果显示，参加考证的学生占87%。82%的学生除英语、计算机等级考试外，还会参加一门或多门职业资格考试。63%的学生表示，考证并非学校要求，是为今后在求职中增加砝码。受访者中，35%的人已拥有一种证书，57%的人拥有2至3种证书。考证学生中，36%的人所参加的考试与自己所学专业无关(新闻来源:《抽样调查显示:逾8成大学生是考证族》，长江日报，2014年04月30日)。

案例2 据国家统计局深圳调查队对深圳600户常住居民家庭的抽样调查，2012年深圳居民人均可支配收入达到40742元，比上年名义增长11.6%，扣除价格因素后，实际增长8.6%。然而，和去年10%的GDP增速相比较，收入增长仍未"跑赢"GDP增速(新闻来源:《收入增长仍未"跑赢"GDP增速》，广州日报，2013年1月28日)。

以上两个案例，在第一个案例中，武汉市的大学生总数达118.33万(武汉市统计局2013年数据)，而参与调查的仅有670名在校生。在第二个案例中，深圳市常住居民家庭有350.32万户(2010年数据)，而参与调查的仅有600户常住居民家庭。因此，"参加考证的学生占87%""2012年深圳居民人均可支配收入达到40742元"等陈述都不应视为精确的论断，存在一定的误差。那么，如何量化分析抽样调查的误差？这是本节将要解决的问题。

我们在讨论抽样分布时曾提到点估计。但是，点估计没有回答关于估值的可靠度与精度的问题，本章介绍的区间估计方法可以在估计总体参数的同时量化误差的大小，有效的弥补点估计的不足。与点估计不同，区间估计给出的不是参数空间中的一个点，而是一个区间，或者说范围。通常，统计学家在点估计的基础上加减一个称为**估计误差**的值来构造区间估计：

点估计 ± 估计误差

对于总体平均数的区间估计，其形式为：

$\bar{x}$ ± 估计误差

5.3.1　总体平均数的区间估计

1. 大样本情况——正态分布

下面通过 XYZ 公司的案例，介绍大样本情况下总体平均数区间估计的方法。

案例 3　XYZ 公司的客户服务抽样调查项目。XYZ 是一家著名的电子商务公司，它通过互联网接收客户订单，并通过邮政系统邮寄商品。其经营范围包括书籍、电子产品、食品、运动器械等。公司总裁认为，良好的客户服务是公司不断成功的关键因素。

XYZ 的质量监督小组通过客户服务抽样调查来度量客户对公司服务的满意程度。每个月，他们从上个月进行网上订购的客户中随机抽取部分客户，然后向他们发送调查问卷。客户可以从下单的便利性、配送的及时性等方面的满意程度进行评分。每个客户的调查问卷都通过一个综合性满意度得分 x 的指标进行汇总，该指标的范围从 0(最坏)到 100(最好)。据此，可以计算出客户满意度得分的样本平均数 $\bar{x}$，它是该月 XYZ 公司的所有客户的平均满意度得分 μ 的点估计。通过这种对客户服务质量的及时调查，一旦出现较低的客户满意度，XYZ 公司就能够迅速的采取应对措施。公司的该项满意度调查已经进行了一年，在这段时间，客户满意度得分的标准差约为 20。

本月，质量监督小组调查了 100 位顾客，得到满意度得分的样本平均数为 $\bar{x}=82$，这个满意度得分的样本平均数就是本月的总体客户平均满意度的点估计。

下文中，我们将介绍如何根据中心极限定理，对该估计计算估计误差，进而构造区间估计。

根据历史数据，XYZ 假定顾客满意度得分的总体标准差 $\sigma=20$。因为样本容量 $n=100$，运用前一章的中心极限定理，我们可以近似认为样本平均数 $\bar{x}$ 服从正态分布。这一正态分布的平均数 μ 未知，标准差为 $\sigma_{\bar{x}}=\frac{\sigma}{\sqrt{n}}=\frac{20}{\sqrt{100}}=2$。图 5－4 描绘了样本平均数 $\bar{x}$ 的抽样分布。它显示 $\bar{x}$ 的值是如何围绕 μ 分布的，并给出了 $\bar{x}$ 和 μ 之间可能的偏差。样本平均数和总体平均数偏差的绝对值，即 $|\bar{x}-\mu|$，被统计学家称为抽样误差。实践中，总体平均数 μ 是未知的常数，研究者无法确定其精确取值。样本平均数 $\bar{x}$ 可以根据抽样数据进行计算，是一个随机变量，其

计算结果受到抽样过程中偶然因素的影响[1]。由于总体平均数 μ 未知，因此抽样误差的准确值无法计算。

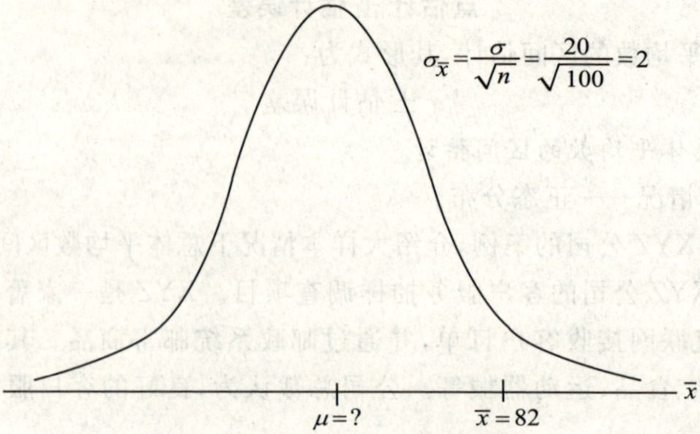

图 5－4　样本平均数的抽样分布

运用标准正态分布的概率表，我们可以计算出任意一个正态随机变量有 95% 的概率落入距离总体平均数 μ 为 1.96 倍标准差的范围内。因为样本平均数 $\bar{x}$ 的抽样分布可以近似地看作正态分布，$\bar{x}$ 有 95% 的概率会落入 $(\mu-1.96\sigma_{\bar{x}}, \mu+1.96\sigma_{\bar{x}})$ 的区间范围。

在 XYZ 公司的例子中，$\sigma_{\bar{x}}=2$，因此样本平均数有 95% 的可能会落入 $(\mu-3.92, \mu+3.92)$ 的范围。样本平均数与总体平均数的偏差小于或者等于 3.92 的概率为 95%，样本平均数有可能远离总体平均数，距离总体平均数的偏差大于 3.92 的概率不超过 5%。因此，我们可以对 XYZ 问题做出以下陈述：

样本平均数的估计误差小于或者等于 3.92 的概率为 95%。

这个关于估计误差的命题指出，如果采用 100 名顾客的简单随机样本来估计满意度得分，误差的可能大小。

另一方面，我们知道，如果样本平均数落入总体平均数 $(\mu-3.92, \mu+3.92)$ 的区间范围，那么总体平均数也会处于样本平均数 $(\bar{x}-3.92, \bar{x}+3.92)$ 的区间范围。反之，如果样本平均数处于区间 $(\mu-3.92, \mu+3.92)$ 以外，那么总体平均数也会处于区间 $(\bar{x}-3.92, \bar{x}+3.92)$ 以外。因此，总体平均数 μ 的区间估计可以写作：

---

① 总体平均数与样本平均数的关系类似于一棵大树与系在树上的牧羊犬之间的关系。总体平均数相当于位置恒定不变的大树，样本平均数相当于大树附近随意行走的牧羊犬。牧羊犬可以随意行走，其位置是随机的，但受到绳索的限制，它不会偏离大树太远。在抽样调查问题中，统计学家通常只能获得牧羊犬的位置数据，无法得到大树的位置数据，需要利用牧羊犬的位置对大树的位置进行推断。

$$(\bar{x}-3.92, \bar{x}+3.92)$$

上述区间有 95%的概率包含总体平均数,因此称为(关于总体平均数的)置信水平为 95%的置信区间。其中,置信水平的定义是置信区间包含总体参数的概率。它通常由研究者根据研究需要预先指定。

此外,研究者也可以根据实际需要计算其他置信水平的置信区间。例如,99%置信水平的置信区间为:

$$(\bar{x}-2.575\sigma_{\bar{x}}, \bar{x}+2.575\sigma_{\bar{x}})$$

$$\Rightarrow(\bar{x}-5.15, \bar{x}+5.15)$$

上式表明,我们有 99%的把握区间 $(\bar{x}-5.15, \bar{x}+5.15)$ 包含总体平均数的真实取值。此外,90%置信水平的置信区间为:

$$(\bar{x}-1.645\sigma_{\bar{x}}, \bar{x}+1.645\sigma_{\bar{x}})$$

$$\Rightarrow(\bar{x}-3.29, \bar{x}+3.29)$$

即,我们有 90%的把握区间 $(\bar{x}-3.29, \bar{x}+3.29)$ 包含总体平均数的真实取值。

更一般地,我们可以通过以下公式估计总体平均数:

$$\bar{x} \pm z_{\alpha/2}\frac{\sigma}{\sqrt{n}} \tag{5.4}$$

上式称为置信水平为 $1-\alpha$ 的总体平均数的置信区间。其中,$\bar{x}$ 为样本平均数,σ 为总体标准差,n 为样本容量,$z_{\alpha/2}$ 为标准正态分布中使得上侧面积为 $\alpha/2$ 的数值,即 $1-\alpha/2$ 分位数。

以上关于总体平均数的区间估计的计算步骤可以总结如下:

第 1 步,根据中心极限定理,样本平均数近似服从以总体平均数为中心的正态分布。

第 2 步,以总体平均数为中心,以 $z_{\alpha/2}\frac{\sigma}{\sqrt{n}}$ 为半径构建区间。可知样本平均数有 $1-\alpha$ 的概率落入此区间。由于总体平均数的具体数值未知,无法实际计算出这一区间。

第 3 步,以样本平均数为中心,以 $z_{\alpha/2}\frac{\sigma}{\sqrt{n}}$ 为区间半径,构建区间 $\bar{x} \pm z_{\alpha/2}\frac{\sigma}{\sqrt{n}}$。可知这一区间有 $1-\alpha$ 的概率包含总体平均数参数。此即总体平均数的置信水平为 $1-\alpha$ 的区间估计。

下面再举一个例子。

例 5.3 某高校随机抽取学生 100 人,得知他们平均每天用于体育锻炼的时间为 26 分钟。根据以往数据知道,该高校大学生每天体育锻炼时间的标准差为

12 分钟。试求该高校的学生每天体育锻炼时间的置信区间。要求置信水平为 95%。

解:本题的目的是通过 100 位同学的平均锻炼时间,推断全校同学的平均锻炼时间。在统计学中,全校同学的平均锻炼时间是总体平均数的概念,通常认为它是不变的常数。100 位同学的平均锻炼时间是样本平均数,它是随机的,在总体平均数附近波动。根据中心极限定理,样本平均数服从以总体平均数为中心的正态分布。根据这一信息,可以计算总体平均数的置信区间。

已知 $\bar{x}=26$、$n=100$、$\sigma=12$,由 $1-\alpha=95\%$,查表可得 $z_{\alpha/2}=1.96$,则总体平均数 μ 的置信区间为

$$\bar{x}\pm z_{\alpha/2}\frac{\sigma}{\sqrt{n}}=26\pm 1.96\times\frac{12}{\sqrt{100}}=(23.648,28.352)$$

即该高校的大学生每天体育锻炼的时间在 23.648～28.352 分钟的概率为 95%。

关于区间估计,有几点细节问题需要进一步说明。

第一,置信水平与估计误差之间是一对矛盾。实践中,统计学家常常希望所得的区间估计具有较高置信水平,同时又希望估计误差尽可能小,但这两个要求难以同时满足。譬如,利用区间[1,100]去估计某人的年龄,虽然绝对可信,却不能带来任何有用的信息。反之,若用区间[30,31]去估计某人的年龄,虽然提供了关于此人年龄的信息,但结果的正确性存在疑问。我们希望既能得到较高的精度,又能得到较高的可信程度,但在获得的信息一定(样本容量固定)的情况下,这两者不可能同时达到最理想的状态。通常,采取将置信水平固定在某一需要的水平上(1%、5%或 10%),计算置信区间。

第二,古典统计理论假定总体平均数参数是未知、不变的常数,置信区间是受到抽样误差影响的随机区间。一种常见的错误表述是"总体参数有 $1-\alpha$ 的概率落入置信区间"。这种表述混淆了变量与不变量的关系,因此是不精确的。正确的表述是"置信区间有 $1-\alpha$ 的概率包含总体参数"。

第三,上述估计方法要求总体标准差已知。这一条件在实践中通常难以满足,大样本情况下一般用样本标准差近似代替总体标准差。

5.3.2 小样本情况——t 分布

上一节的计算方法基于中心极限定理,仅当样本容量较大时近似成立。当 $n<30$ 的小样本条件下,总体分布对样本平均数的抽样分布有很大影响。如果总体服从正态分布,则样本平均数服从正态分布;如果总体不服从正态分布,则样本平均数的抽样分布很难判断。下面介绍小样本情况下,当总体服从正态分布时,总体平均数 μ 的区间估计。

如果总体服从正态分布，那么无论样本容量如何，样本平均数的抽样分布都服从正态分布。此时，只要总体方差 σ 已知，即使在小样本的情况下，也可以按照上一节的公式建立总体平均数的置信区间。但是此时总体方差未知，因此需要用样本标准差 s 代替总体标准差 σ，这时样本平均数经过标准化以后的随机变量服从自由度为 $n-1$ 的 t 分布，即

$$\frac{\sqrt{n}\,(\bar{x}-\mu)}{s} \sim t(n-1) \tag{5.5}$$

t 分布①是类似于标准正态分布的一族对称分布，它也呈现钟形，但是比正态分布平坦和分散。一个特定的 t 分布依赖于称为自由度的参数（自由度一般是整数）。随着自由度的增大，t 分布逐渐趋于标准正态分布，如图 5—5 所示。

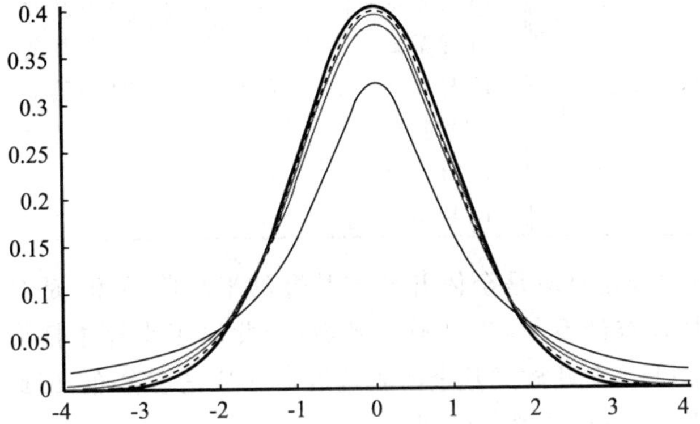

图 5—5　不同自由度的 t 分布与标准正态分布

此时可以利用 t 分布来构建总体平均数 μ 的置信区间，如下式：

$$\bar{x} \pm t_{\alpha/2}(n-1)\frac{s}{\sqrt{n}} \tag{5.6}$$

式中，$\bar{x}$ 为样本平均数，n 为样本容量，s 为样本标准差。$t_{\alpha/2}(n-1)$ 为自由度为 n 1 的 t 分布中使得上侧面积为 $\alpha/2$ 的数值，即 $1-\alpha/2$ 分位数。它可以通过查询 t 分布表获得。对比式(5.6)与式(5.4)可以发现，两者十分相似，主要的区别在于式(5.6)采用样本标准差代替总体标准差，同时抽样分布也有所调整。

例 5.4　根据中国证券投资基金业协会报告，近年来我国基金行业得到快速发展。截至 2013 年 12 月底，我国境内共有基金管理公司 89 家，管理资产合计

---

①　t 分布的推导由英国人威廉·戈塞特(Willam S. Gosset)于 1908 年首先发表，当时他在论文中使用了“学生”(Student)这一笔名，发表 t 分布的研究。之后 t 检验以及相关理论经由罗纳德·费雪(Sir Ronald Aylmer Fisher)的发扬光大，为了感谢戈塞特的功劳，费雪将此分布命名为学生氏 t 分布(Student's t)，简称 t 分布。

42213.10 亿元，其中开放式基金 1415 支，数量众多。

对某一年度 25 支开放式基金的抽样调查获得它们该年度的收益数据(参见表 5—2)。假定全体 1415 支开放式基金的收益近似服从正态分布，试对开放式基金的平均收益率进行区间估计。要求置信水平为 99%（数据文件：OpenEndFunds. xls)。

表 5—2　2013 年度开放式基金收益

基金	回报	基金	回报	基金	回报
1 号基金	7.0	10 号基金	1.6	19 号基金	3.8
2 号基金	3.2	11 号基金	1.0	20 号基金	2.0
3 号基金	1.4	12 号基金	2.1	21 号基金	1.2
4 号基金	5.4	13 号基金	8.5	22 号基金	2.6
5 号基金	8.5	14 号基金	4.3	23 号基金	4.0
6 号基金	2.5	15 号基金	6.2	24 号基金	2.6
7 号基金	2.5	16 号基金	1.5	25 号基金	0.6
8 号基金	1.9	17 号基金	1.2		
9 号基金	5.4	18 号基金	2.7		

解：本问题的研究对象是全体开放式基金的平均收益率，是对总体平均数的统计推断。抽样调查涉及 25 支开放式基金，因此属于小样本情形。根据题目给出的信息，全体 1415 支开放式基金的收益近似服从正态分布，因此总体服从正态分布，可以采用 t 分布计算置信区间。

根据以上条件形成解题思路：

第一步，利用样本数据计算样本平均数、样本标准差。

第二步，利用 t 分布估计总体平均数的置信区间。

首先利用 Excel 等统计软件，计算得到样本平均数、样本标准差为

$$\bar{x}=3.348$$

$$s=2.287123$$

此外，样本容量 $n=25$，查表得到 $t_{0.005}(24)=2.797$。将以上数值代入计算公式，得到

$$\bar{x}\pm t_{\alpha/2}(n-1)\frac{s}{\sqrt{n}}$$

$$\Rightarrow 3.348\pm 2.797\,\frac{2.287123}{\sqrt{25}}$$

$$\Rightarrow 3.348\pm 1.2794166$$

$$\Rightarrow (2.0686, 4.6274)$$

因此,根据抽样调查数据,我们有99%的置信宣称,该年度全体1400余支开放式基金的平均收益率大约在(2.0686,4.6274)。

下面考虑另一个例题。

例5.5　某驾驶学校引进全新的教学方法对学员进行培训,希望以此减少培训时间。为了评估这种教学方法,驾校组织了一次抽样调查,并获得以下数据。试估计新教学方法的平均培训时间是多少?假设培训时间总体服从正态分布。设定置信水平为95%(数据文件:驾校数据.xls)。

表5.3　培训时间

单位:天

184	191	186	174	176	182	174	180	187	186
192	187	176	194	194	189	177	178	175	188

解:在这一问题中,研究对象是全体驾校学员的平均培训时间,是对总体平均数的统计推断。抽样调查涉及20位驾校学员,属于小样本情形。根据题目给出的信息,总体服从正态分布,适合采用t分布对总体平均数进行区间估计。

根据SPSS软件计算,样本平均数、样本标准差分别为:

$$\bar{x} = \frac{\sum x_i}{n} = 183.5\text{ 天}$$

$$s = \sqrt{\frac{\sum (x_i - \bar{x})^2}{n-1}} = 6.84\text{ 天}$$

假设总体的培训时间呈正态分布,经标准化后的样本平均数具有$n-1=19$自由度的t分布,即:

$$\frac{\sqrt{20}(\bar{x} - 183.5)}{6.84} \sim t(19)$$

经查表,在自由度$=19$下,$t_{.025}(19) = 2.093$。因此总体平均数的区间估计为:

$$\bar{x} \pm t_{.025} \frac{s}{\sqrt{n}}$$

$$\Rightarrow 183.5 \pm 2.093\left(\frac{6.84}{\sqrt{20}}\right) \tag{5.7}$$

因此,估计误差是3.2天,新教学方法的平均培训时间的95%置信区间为180.30～186.70天。

5.4 估算必要样本容量

在前文的计算中，我们发现样本容量与抽样调查的精确程度有着密切的关系。增加样本容量，我们就可以比较精确的估计总体平均数。但是另一方面，样本容量会直接影响抽样调查的成本。增大样本容量，会使得调查的工作量增加，耗费的时间和经费增加。因此，在实践中，正式开展抽样调查前需要估算必要样本容量，以便在调查前编制预算，并对调查成果的精确程度有一定的预先了解。下面介绍必要样本容量的估算方法。

在估计总体平均数时，研究人员需要预先设定置信水平 $1-\alpha$，根据前文，我们知道总体平均数的区间估计有以下计算公式：

$$\bar{x} \pm z_{\alpha/2}\frac{\sigma}{\sqrt{n}}$$

用字母 E 代表上式中的估计误差，即：

$$E = z_{\alpha/2}\frac{\sigma}{\sqrt{n}}$$

进行变换，得到：

$$n = \frac{(z_{\alpha/2})^2\sigma^2}{E^2} \tag{5.8}$$

式(5.8)用于计算为了达到指定精度，抽样调查所需的最小样本容量。其中，$z_{\alpha/2}$ 与置信水平有关，估计误差 E 与置信区间的宽度有关，二者都是研究人员根据调查需要主观确定的一个精度标准。σ 为总体标准差，其精确取值通常未知，但是可以根据过去的历史数据，以及调查人员的主观经验进行估算。利用这一公式，获得以上三个变量的信息后，就可以在实施抽样调查之前粗略估算所需的样本容量。下面以一个案例进行具体说明。

例 5.6 几年前的一项有关租车自驾游的调查发现，租车的平均费用是每天 105 元，标准差 10.5 元。今年，交通管理部门想要展开一项新的调查，以估计现阶段租用一辆汽车一天所需的费用。设计统计调查方案时，项目负责人特别指定在估计每天租车费的总体平均数时，必须采用估计误差为 1 元，置信水平在 95%以上的区间估计。那么，需要对多少辆汽车进行抽样调查，方可满足负责人的精度要求？

解：本问题的研究内容为必要样本容量的估算。项目负责人对调查精度的要求包括两个方面：估计误差为 1 元，以及置信水平不低于 95%。此外，我们还需要以旧调查的标准差作为本次调查的总体标准差的近似。将这 3 个信息代入公式(5.8)，得到

$$n=\frac{(z_{\alpha/2})^2\sigma^2}{E^2}=\frac{(1.96)^2(10.5)^2}{1^2}=423.54$$

此项新的研究至少需要 423.54 个租车样本，才能满足项目负责人的估计误差为 1 元的要求。在这个例子中算出的值有小数点，因此建议的样本数是 424 个租车样本。

几点补充说明：第一，上述公式计算的样本容量是最低样本容量，实践中可在此基础上增加一些样本，以提高精确度，或者预防调查问卷未收回，或无效问卷等特殊情况。第二，上述公式计算结果不一定是整数，如果带小数，一般不采取四舍五入办法化成整数，而是用比这个数大的邻近整数代替。

5.5 总体比例的区间估计

本章区间估计的案例 1 提到："面向武汉地区 5 所高校的一项抽样调查显示……参加考证的学生占 87%。"这实际上是利用样本比例估计总体比例的问题。该案例中，研究人员关心的并不是参加调查的 670 位学生的考证比例，而是希望利用样本数据，对 5 所高校，乃至武汉所有高校的 100 多万学子的考证比例进行分析。下文讨论运用样本比例，对总体比例进行区间估计的方法。下文用字母 $\bar{p}$ 代表样本比例，字母 p 代表总体比例。

根据上一章的中心极限定理，我们知道样本比例近似服从正态分布，有：

$$\bar{p}\sim N\left(p,\frac{p(1-p)}{n}\right)$$

以及

$$E(\bar{p})=p,\quad \sigma_{\bar{p}}=\sqrt{\frac{p(1-p)}{n}}$$

其中，$E(\bar{p})$、$\sigma_{\bar{p}}$ 分别是样本比例的数学期望、标准差。

据此，可以采用与估计总体平均数相似的方法计算总体比例的区间估计，如下：

$$\bar{p}+z_{\alpha/2}\sqrt{\frac{p(1-p)}{n}}$$

其中，n 代表样本容量，$z_{\alpha/2}$ 为标准正态分布中使得上侧面积为 $\alpha/2$ 的数值，即 $1-\alpha/2$ 分位数。

直接计算上式是一项"不可能的任务"。因为总体比例 p 未知，而构造置信区间时又需要知道 p。为了破解这一难题，实践中可以采用样本比例代替总体比例 p，具体如下：

$$\bar{p}\pm z_{\alpha/2}\sqrt{\frac{\bar{p}(1-\bar{p})}{n}}\tag{5.9}$$

下面以一个案例进行说明。

例 5.7 某城市想要估计下岗职工中女性所占比例，随机抽取 100 个下岗职工，其中 65 人为女职工。试估计该城市下岗女职工比例的 95%置信区间。

解：研究对象为整个城市下岗职工中女性比例，即总体比例。100 人中 65 人下岗，这是样本比例。样本比例是总体比例的近似，是随机变量。根据中心极限定理，可以利用样本比例估计总体比例。由题目可知，样本容量 $n=100$，样本比例 $\bar{p}=0.65$，置信水平为 95%，据此得到总体比例的区间估计

$$\bar{p} \pm z_{\alpha/2}\sqrt{\frac{\bar{p}(1-\bar{p})}{n}}$$

$$\Rightarrow 0.65 \pm 1.96\sqrt{\frac{0.65(1-0.65)}{100}}$$

$$\Rightarrow 0.65 \pm 0.09349$$

$$\Rightarrow (0.5565, 0.7435)$$

根据抽样调查的结果，该城市中 55.65%～74.35%的下岗职工为女性（置信水平为 95%），这说明就业市场可能对女性存在歧视。

5.5.1 估计总体比例的必要样本容量

在总体比例的区间估计中，令 E 为置信水平中，估计误差的上限，即

$$E = z_{\alpha/2}\sqrt{\frac{p(1-p)}{n}}$$

求解得到 n，有：

$$n = \frac{(z_{\alpha/2})^2 p(1-p)}{E^2} \tag{5.10}$$

式(5.10)中，$z_{\alpha/2}$ 与估计误差 E 是研究人员根据调查需要主观确定的精度标准。p 为总体比例，其精确取值通常未知。但是，我们知道 p 是 0～1 之间的数值，它可以根据过去的历史数据，以及调查人员的主观经验进行估算。利用这一公式可以在实施抽样调查之前粗略估算所需的样本容量。

下面以一个案例进行具体说明。

例 5.8 在前一问题中，市长对于该调查的准确程度非常不满意，提出需要重新对下岗职工进行抽样调查，并且限定抽样误差在 1%以内，置信水平则提高至 99%。那么，需要抽取多少样本？

解：$E=0.01$，且 $1-\alpha=99\%$，对 p 的估算沿用上一次调查的数据 $p=0.65$，根据这些数据可得

$$n=\frac{(z_{\alpha/2})^2\bar{p}(1-\bar{p})}{E^2}=\frac{(2.575)^2(0.65)(1-0.65)}{(0.01)^2}=15084.672\approx 15085$$

为了满足市长的这一精度要求，大约需要对 15085 名下岗职工进行抽样调查。这种大规模的抽样调查，其调查的时间成本、经济成本是比较高的。

5.6　利用统计软件计算置信区间

现有统计软件通常会内置基于 t 分布计算总体均值置信区间的功能，该功能适合于总体服从正态分布、已知样本方差的情形。但由于 t 分布和正态分布极为相似，也可以用于需要使用正态分布的情形，只是会带来一定误差。此外，由于比率也是一种特殊的均值（0－1 虚拟变量的均值），它可以用于计算总体比率的区间估计，但会带来一定误差。

5.6.1　Excel 计算置信区间

以共同基金数据为例，使用 Excel 计算置信区间的步骤如下。

第 1 步，对数据进行预处理，处理后的数据见 OpenEndFundsLong. xls。

第 2 步，点击 Excel－数据选项卡－数据分析－描述统计。

第 3 步，在“输入区域”中圈选数据。

第 4 步，在“汇总统计”“平均数置信度”前方打勾。如下图：

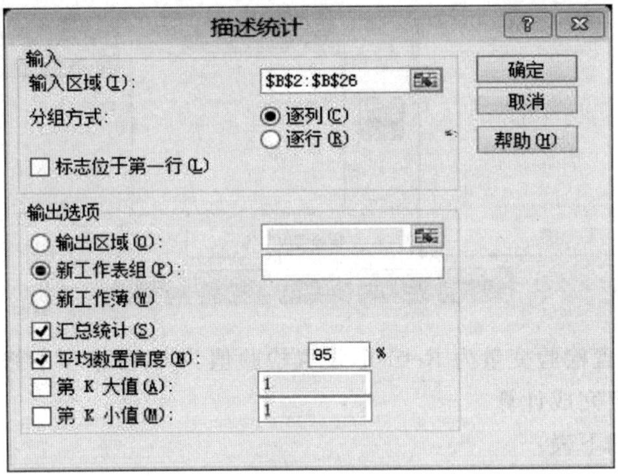

第 5 步，点击确定，计算得到下图。注意图中“平均”“置信度(95.0%)”项的输出结果。它们就是区间估计中样本平均数与估计误差。

第 6 步，利用公式 $\bar{x}\pm$ 估计误差 进行少许额外计算，就得到总体均值的区间估计。

从上述计算过程中可以发现，Excel 无法直接计算出置信区间，只是计算出样本均值与估计误差。需要少许额外操作才能得到置信区间。

	A	B	C	D	E	F	G
1	列1						
2							
3	平均	3.348					
4	标准误差	0.457424675					
5	中位数	2.6					
6	众数	5.4					
7	标准差	2.287123375					
8	方差	5.230933333					
9	峰度	0.236980311					
10	偏度	1.066000215					
11	区域	7.9					
12	最小值	0.6					
13	最大值	8.5					
14	求和	83.7					
15	观测数	25					
16	置信度(95.0%)	0.944078129					
17		2.403921871	4.292078				

5.6.2 SPSS 计算置信区间

第 1 步,对数据进行预处理,处理后的数据见 OpenEndFundsLong. sav。

第 2 步,点击菜单一分析一比较均值一单样本 t 检验。如图:

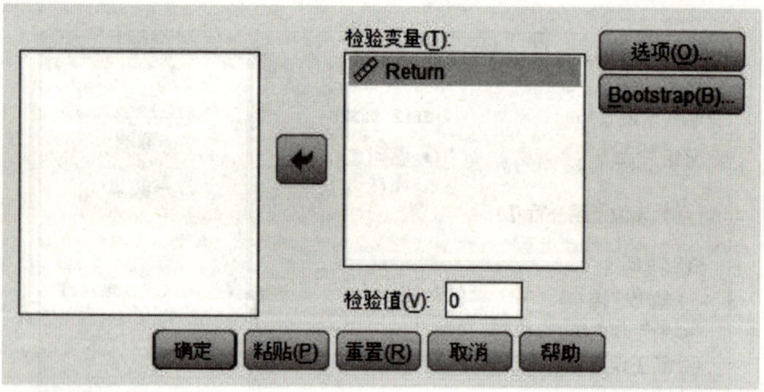

第 3 步,设置检验变量为 Return,设置检验值为 0,在选项中修改置信水平为 95%。点击确定完成计算。

最终结果如下表:

单个样本检验

	检验值 = 0					
	t	df	Sig.(双侧)	均值差值	差分的 95% 置信区间	
					下限	上限
Return	7.319	24	.000	3.3480	2.404	4.292

5.7　本章小结

本章中介绍了区间估计的基本理论与方法。对于实际的统计调查问题，由于普查所需耗费的人力、物力较高，通常采用抽样调查的方法。但是，抽样调查利用少数样本数据替代总体数据，难免会出现一定的误差与失真。通常的点估计方法无法度量抽样调查的误差程度，因此需要引入区间估计方法。

区间估计方法的基本思想是，总体参数是一个未知的常数，样本统计量是围绕总体参数波动的随机变量。在样本统计量的基础上加减估计误差，就得到总体参数的置信区间，它有很大的概率包含总体参数。为了便于实际使用，下表归纳了不同情形下总体参数的估计方法。

各种情况下的区间估计方法

研究对象	样本容量	总体分布	方差	抽样分布	置信区间
总体平均数	$n\geqslant 30$	任意分布	已知	$\bar{x}\sim N(\mu,\sigma^2)$	$\bar{x}\pm z_{\alpha/2}\dfrac{\sigma}{\sqrt{n}}$
	$n\geqslant 30$	任意分布	未知	$\bar{x}\sim N(\mu,\sigma^2)$	$\bar{x}\pm z_{\alpha/2}\dfrac{s}{\sqrt{n}}$
	$n<30$	正态分布	已知	$\bar{x}\sim N(\mu,\sigma^2)$	$\bar{x}\pm z_{\alpha/2}\dfrac{\sigma}{\sqrt{n}}$
	$n<30$	正态分布	未知	$\dfrac{\sqrt{n}(\bar{x}-\mu)}{s}\sim t(n-1)$	$\bar{x}\pm t_{\alpha/2}(n-1)\dfrac{s}{\sqrt{n}}$
总体比例	$n\geqslant 30$ $n\bar{p}\geqslant 5$ $n(1-\bar{p})\geqslant 5$	任意分布	未知	$\bar{p}\sim N\left(p,\dfrac{p(1-p)}{n}\right)$	$\bar{p}\pm z_{\alpha/2}\sqrt{\dfrac{\bar{p}(1-\bar{p})}{n}}$

经典案例分析

应该抽取多少劳动力进行调查

要进行抽样推断，就要先获取样本数据。为此首先就必须在调查方案中设计好样本容量的大小，即必须明确应从总体中抽取多少个体（总体单位）进行调查。抽样推断的理论告诉我们，如果样本容量太小，抽样误差太大，就不能满足推断精度的要求；如果样本容量过大，虽然足以满足推断精度要求，但调查的代价（包括人力、财力、物力和时间的花费）很大，造成不必要的浪费，甚至使调查变得无法实施或得不偿失。所以，科学地确定合适的样本容量是抽样调查中很重要的一个环节。

某市人事和社会保障局就业中心为了了解该市劳动力的就业和收入状况，准备进行一次抽样调查，调查内容包括性别、年龄、学历、是否在业、在何种类型的单位就业、本月工作天数、本月工资收入、家庭其他成员是否在业等。在待估计的多项总体指标中，最关注的是全市劳动力的就业率(或失业率)以及月平均收入。因此规定了这两个指标的估计精度：要求在95%的置信度下，就业率或失业率的允许误差不超过1个百分点，月平均收入的允许误差不超过3%。

由其他渠道初步估计：全市劳动力的就业率大致为94%，失业率大致为6%，平均每个劳动力的月收入大约为1850元，标准差为584元。

根据上述推断要求和已知的相关信息，应该抽取多少劳动力构成所要调查的样本呢？

案例思考与分析要求

1.根据就业率的允许误差要求计算出样本量(提示：就业率的允许误差就是其抽样极限误差，即Δ=1%)。

2.根据失业率的允许误差要求计算出样本量(提示：失业率的允许误差就是其抽样极限误差，同样Δ=1%)，并注意计算结果与第一个问题的答案有何关系？

3.根据月平均收入的允许误差要求计算出样本量(提示：要求月平均收入的允许误差不超过3%，这里的3%是误差率或称为相对允许误差，再根据劳动力的月平均收入，就可以将其换算为允许误差的绝对值Δ)。

4.为了满足就业率和月平均收入的允许误差要求，应该共用一个调查样本还是分别抽取各自的调查样本？如果可以共用一个调查样本，那么该样本的样本容量应该取得多大？为什么？

5.如果要求推断的置信度下降到90%，样本容量的计算结果应各是多少？如果要求推断的置信度提高到99.7%，样本容量的计算结果又是多少？观察计算结果的变化，并说明推断的置信度与样本容量之间存在什么关系。

思考与练习

一、思考题

1. 什么是简单随机抽样？
2. 什么是统计量？统计量中含有未知参数吗？
3. 什么是抽样分布？
4. 简述中心极限定理。
5. 良好的点估计量需要满足哪些性质？

二、练习题

6. 从一批茶包中随机抽取 10 件，测得其重量(克)为

2.10 2.43 1.85 2.40 2.15 2.28 1.96 2.35 2.00 1.99

求这组样本值的均值、方差。

7. 某项调查询问了一个由 200 人组成的样本，结果收到的回答中有 75 人为“是”，55 人为“否”，还有 20 人未发表意见。试求回答“是”的总体比例的点估计。

8. $Z_1, Z_2, \cdots, Z_6$ 表示从标准正态总体中随机抽取的容量为 $n=6$ 的一个样本，试确定常数 b，使得 $P(\sum_{i=1}^{6} Z_i^2 \leqslant b)=0.95$。

9. 在总体 $N(52, 6.3^2)$ 中，随机抽取一个样本量为 36 的样本，求样本均值 $\bar{x}$ 落在 50.8 到 53.8 之间的概率。

10. 假定总体标准差为 $\sigma=25$。对于样本容量分别为 50，100，150 和 200 的样本，计算其均值的标准误。当样本容量增加时，均值标准差的大小将如何变化?

11. 从总数 1000 个球中，采用简单随机重复抽样的方式抽出 100 个球，发现有 10 个球有瑕疵。估计这一批球的次品率及其标准差。

12. 一个研究者报告的调查结果表明，均值的标准差为 20。已知总体标准差为 500。试确定该调查使用的样本容量，并计算样本均值的总体均值距离在 25 以内的概率是多少。

13. 从一个正态总体中随机抽取 100 个数据，其平均数为 49。已知总体标准差为 8，试求总体平均数的置信水平为 95%的置信区间。

14. 抽取 87 位主修质量管理的大四学生，发现他们毕业考试的平均分数为 510 分，标准差为 36 分。计算总体平均数的 99%置信区间。

15. 某小学欲估计校内学生每星期吃零食的花费，随机抽取 10 位学生进行调查，发现该星期的花费为(单位:元)

300 250 310 320 260 450 180 270 460 400

假设该校学生吃零食的花费为正态分布，试建立该校学生每星期吃零食的平均花费 μ 的点估计值与 90%置信区间;

16. 某市统计部门为了了解全市居民年消费支出情况，从全市 20 万户居民中随机抽取 1000 户居民进行调查。经计算，平均每户年生活费支出为 1.8 万元，标准差 0.9 万元。以 95%的置信水平估计户均生活费支出的区间估计。

17. 有一文具供货商想知道一批铅笔的次品率，于是随机抽取 200 只铅笔，发现有 20 只有瑕疵，试计算该批进货铅笔次品率 p 的点估计值与 95%置信区间。

18. 某玩具制造公司想了解它在南方市场的占有率，因而进行随机抽样调查。

假设该公司要求样本比例 $\hat{p}$ 与总体比例 p 误差不能超过 0.02 并且要有 95%的置信水平，则样本数 n 至少要有多大？

19. 某城市为了解本市居民对本市公共交通服务的看法，采用简单随机抽样方式，从全市居民户中随机抽取 500 人进行调查，结果如下：

对公共交通服务的态度	人数
满　意	320
一　般	100
不满意	80
合　计	500

要求：以 95%的置信水平估计全市居民中对公共交通“满意”的比例。

20. 一项调查旨在研究大学生每周使用电脑的时间。此前的研究认为，大学生平均每周使用 12 小时电脑，标准差为 3 小时。为了使得本次调查在 95%的置信水平上，将（对平均使用时间的）估计误差控制在 1/4 小时以内，这次调查至少应该访问多少大学生？

21. 过去的统计调查显示，前往澳门旅游的游客中，有 30%会进入赌场。现旅游局希望对此数据进行更新，再次进行调查。假设旅游局的目标是在 90%的置信水平上，将调查误差控制在 1%以内，那么旅游局应该向多少位游客进行调查？

第六章　假设检验

在假设检验中，我们首先提出关于总体参数的一个试探性假说。这一试探性假说称为原假设（The Null Hypothesis），用符号 H_0 表示。此外，我们还需要定义与原假设相对立的一个命题，称为备择假设（The Alternative Hypothesis）。备择假设通常用符号 H_a 或者 H_1 表示。假设检验，就是利用样本数据，对这两个对立命题进行分析的过程。

6.1　建立原假设与备择假设

在一些实际问题中，原假设与备择假设的建立方法并不明显。因此，构造假说时必须保证假设检验的结论能够提供研究者与决策者需要的信息。下面将结合几个例子，介绍不同情形下原假设与备择假设的建立方法。

例 6.1　某种车型的轿车其燃油效率为 6 升/百公里。现在工程师们设计了一种新的引擎，它可能提升燃油效率。为了评价这种新引擎的效果，工程师们将这种引擎装备在多辆样车上，并进行测试。在这个问题中，工程师们关心的问题时该引擎能否改进燃油效率。如果百公里平均油耗低于 6 升，即 $\mu < 6$，则证明燃油效率得到改进。在这种情况下，合适的原假说与备择假说应该如下：

$H_0: \mu \geqslant 6$

$H_1: \mu < 6$

此时，如果原假设被拒绝，则证明燃油效率得到改进。在科学研究中，通常将研究假说作为备择假设。

例 6.2　某公司进口一批精密元件，质检员需要判断它们是否合格。假设合格元件的标准是其平均质量为 20 克/件。合适的原假说与备择假说应该如下：

$H_0: \mu = 20$

$H_1: \mu \neq 20$

如果质量抽检的结论是不能拒绝 H_0，那么质检员可以认为这批货物是合格的。如果质检结果是拒绝 H_0，那么质检员将有充分的理由认为这批货物质量不合格，拒收这批货物。

根据实际问题的需要，假设检验一般采取以下三种形式中的一种：

$$H_0:\mu \geqslant \mu_0 \qquad H_0:\mu \leqslant \mu_0 \qquad H_0:\mu = \mu_0$$
$$H_1:\mu < \mu_0 \qquad H_1:\mu > \mu_0 \qquad H_1:\mu \neq \mu_0$$

其中，前两种建立方式采取不等式的方式，第3种采取等式方式。通常，对不等式形式的假设检验称为单侧检验，对等式形式的假设检验称为双侧检验。它们的区别我们将在后文进行解释。

在建立原假设与备择假设的时候，有几点需要注意。第一，无论何时，等号必须位于原假设中，而不可以放在备择假设中。这是由于原假设中的等号涉及到检验统计量的构造，详细原因将在下文说明。第二，原假设与备择假设的地位并不是平等的，有主次差别。建立原假设与备择假设，需要将我们需要证明的命题放置于备择假设中。

在对原假设与备择假设进行判断的时候，研究者可能出现判断错误。下面介绍两类不同的错误。

6.2 第一类与第二类错误

原假设与备择假设是关于总体参数的两个对立命题，它们不可能同时为真。理想的假设检验过程在原假设为真时不能拒绝原假设，应当拒绝备择假设。反之，当原假设为伪时应当拒绝原假设，接受备择假设。但是，由于假设检验的信息来源是样本数据，因此会有一定的概率出现错误。下表阐述了假设检验可能出现的两类错误。

表6－1 假设检验的可能结果

		总体的真实情况	
		原假设 H_0 为真	备择假设 H_1 为真
检验结果	不能拒绝原假设 H_0	结论正确	第二类错误(β)
	拒绝原假设 H_0	第一类错误(α)	结论正确

表格的第2行表明，当检验结果拒绝原假设时，可能出现两种情况。原假设可能为伪，同时检验结果正确地拒绝原假设。此外，原假设也可能为真；同时检验结果错误地拒绝原假设。称为第一类错误或“弃真错误”(Type Ⅰ Error)，犯第一类错误的概率通常记为 α。

表格的第1行显示，当检验结果不能拒绝原假设时，可能出现两种情况。原假设可能为真，同时检验结果正确地不能拒绝原假设。此外，原假设也可能为伪；同时检验结果错误地不能拒绝原假设。这种错误在统计学中通常称为第二类错误或“取伪错误”(Type Ⅱ Error),犯第二类错误的概率通常记为β。

人们当然希望犯两类错误的概率同时都很小。但是,当样本容量一定时,两种错误存在此消彼长的关系。降低犯第一类错误的概率α,将导致犯第二类错误的概率β上升。以气象预报为例。气象台在预测天气时可能误报,预测有降雨,实际是晴天;也可能漏报,预测是晴天、实际有降雨。倘若气象台为了避免漏报错误,永远预测明天有降雨。此时可以完全消除漏报错误,其代价是频繁出现误报错误。

在实际操作中,为了解决这一问题,统计学家采取的方法是明确控制第一类错误发生的概率α。假设检验中通常为第一类错误发生的概率α设定上限,通常为1%、5%或10%。如此一来,当假设检验的结果是“拒绝原假设”时,我们有充分的信心宣布这一结论,因为此时我们犯错误的概率不超过α。

另一方面,假设检验通常不限定犯第二类错误的概率β,其原因有二。第一,在限制第一类错误发生的概率α后,由于α与β此消彼长,不容易同时控制β。另一个原因是第二类错误可能有多种情况,实际应用时通常无法判断是哪一种情况。举例而言,假设有一个精明的中国大妈购买1斤青菜,以手掂量青菜是否够秤。此时,如果青菜的实际重量仅有5两,那么将很容易被大妈发觉;如果青菜的实际重量有9两,那么还是有一定机会骗过中国大妈的。运用假设检验的理论分析,前者的真实情况与原假设相去甚远,错的离谱,因此犯第二类错误的概率β比较小;后者的真实情况虽然与原假设不符,但差距不大,因此犯第二类错误的概率β较大。

由于在肯定、不能拒绝原假设时,犯第二类错误的概率β通常未知。谨慎起见,统计学家通常建议在叙述中采用“不能拒绝原假设H_0”,不采用“接受原假设H_0”的说法。

6.3　总体平均数的假设检验——σ已知

在前面的章节中,我们知道可以利用中心极限定理对总体平均数进行统计推断。在一定条件下,样本平均数服从以总体平均数为中心的正态分布。在区间估计部分,我们知道当总体标准差σ已知时,可以利用中心极限定理对总体平均数进行区间估计。在这些理论基础上,本节讨论如何进行与总体平均数有关的假设检验。

本节的方法需假定总体服从正态分布,此时样本平均数精确地服从正态分布。倘若总体并非正态分布,在样本容量足够大的情况下(通常认为30即可),本节的方法仍然近似成立。

假设检验通常包括以下五个基本步骤:

第 1 步，建立原假设与备择假设。

第 2 步，制定显著性水平。

第 3 步，收集样本数据并计算检验统计量。

第 4 步，建立判断规则。

第 5 步，做出结论。

6.3.1 单侧检验

关于总体平均数的单侧假设检验通常采取下面的两种形式之一：

下侧检验：	上侧检验：
$H_0:\mu \geqslant \mu_0$	$H_0:\mu \leqslant \mu_0$
$H_1:\mu < \mu_0$	$H_1:\mu > \mu_0$

下面以一个案例说明下侧检验的使用方法。

例 6.3 质检机构定期对市场上流通的包装食品进行抽检，以保证消费者权益。例如，X 品牌薯片的标称重量为 100 克/罐，质检人员希望了解其实际重量是否达到标准。质检人员了解，由于食品包装采用自动化设备操作，实际装填重量很难恰好等于标称重量。质检人员认为，只要 X 品牌薯片的平均重量不低于 100 克/罐，就可以认为达标。因此，质检人员在市场上抽取 36 罐薯片进行检测。此外，质检人员根据过去的资料，做出总体标准差为 $\sigma=12$ 的合理假定。①

下面将利用下侧检验的方法对此进行分析。

假设检验的第 1 步是建立原假设与备择假设。如果该品牌薯片的平均重量不低于 100 克/罐，那么产品就是达标的。反之，如果该品牌薯片的平均重量低于 100 克/罐，那么产品就不合格。因此建立如下关于总体平均数 μ 的假设：

$H_0:\mu \geqslant 100$

$H_1:\mu < 100$

注意到上式中 $\mu_0=100$。

如果样本数据表明不能拒绝 H_0，此时质检机构没有足够的证据认为该品牌的薯片不达标。反之，如果样本数据表明拒绝 H_0，此时质检机构有充分的证据认为 $H_1:\mu<100$ 成立，即薯片的重量不达标。此时，质检机构可以对企业进行行政处罚。

从市场上抽取 36 罐薯片作为样本进行检测，据此可以计算出 36 罐薯片的样本平均数 $\bar{x}$，它是总体平均数 μ 的估计。如果样本平均数 $\bar{x}$ 小于 100 克，质检人员就有理由怀疑原假设的真实性。另一方面，质检人员拒绝原假设时，有一定概

① 通常需要对研究对象进行普查后，方可获得总体参数（包括总体标准差）的精确值，这通常难以进行。更实际的情况是总体标准差未知，后文将讨论总体标准差未知时的统计推断。

率犯第一类错误。因此,问题的关键在于,当样本平均数 $\bar{x}$ 比 100 克小多少时,拒绝原假设犯第一类错误比较小,能够在一个可以接受的范围内。

正如前文所述,通常我们用显著性水平 α 代表犯第一类错误的概率。如果犯第一类错误的后果非常严重,那么质检人员可以将显著性水平 α 设定的很低。如果后果不是很严重,那么可以设定较高的显著性水平 α。在本案例中,质检人员宣称:“如果 X 品牌薯片的包装重量合乎规定,那么我们不希望对他们采取任何惩罚措施。但是,我们也了解,即使 X 品牌合乎规定,我们也有可能错误地认为它不达标。对于这种错误,我们希望将其发生的概率控制在 1%以内。”为了满足这一要求,我们将检验的显著性水平 α 设置为 1%。具体而言,当真实情况为 $\mu_0=100$ 时,假设检验犯第一类错误的概率为 1%;当真实情况为 $\mu_0>100$ 时,假设检验犯第一类错误的概率小于 1%。

至此,我们已经完成了假设检验的前两个步骤:建立假设、设定显著性水平。下面讨论检验的第 3 个步骤:收集样本数据,并计算检验统计量。

1. 检验统计量

根据现有资料,质检部门获知总体标准差为 $\sigma=30$。并且,样本容量 n 为 36。根据前文介绍的中心极限定理可知,如果总体平均数 μ 服从正态分布,则样本平均数 $\bar{x}$ 服从正态分布;如果总体分布 μ 不服从正态分布,样本平均数 $\bar{x}$ 也近似服从正态分布。因此,如果原假设中的等号恰好成立,即 $\mu=\mu_0=100$。此外,样本平均数 $\bar{x}$ 的标准误 $\sigma_{\bar{x}}=\sigma/\sqrt{n}=12/\sqrt{36}=2$。即 $\bar{x}$ 服从如下正态分布:

$$\bar{x}\sim N(100,2)$$

根据正态分布的性质,对于服从非标准正态分布的 $\bar{x}$,可以将其进行代数变化,转化为服从标准正态分布的随机变量 z:

$$z=\frac{\bar{x}-100}{2}\sim N(0,1)$$

在概率论中,z 的含义代表样本平均数 $\bar{x}$ 与假设的总体平均数 μ_0 之间相差几个标准差。譬如,$z=-1$ 表明样木平均数 $\bar{x}$ 比假设的总体平均数 μ_0 低一倍标准差,$z=-2$ 表明样本平均数 $\bar{x}$ 比假设的总体平均数 μ_0 低 2 倍标准差,等等。利用标准正态分布表,我们可以计算与 z 值相对应的尾端概率。例如,$z=\ 3$ 对应的尾端概率约为 1‰,说明当原假设为真时,不太可能出现这种情况。

更一般的,总体标准差已知时,总体平均数 μ 的假设检验,通常采取如下检验统计量:

$$z=\frac{\bar{x}-\mu}{\sigma_{\bar{x}}}\sim N(0,1) \tag{6.1}$$

对于服从这一分布的 z，我们知道它大体上在 0 的附近波动，出现极端值的概率不大。在薯片质检中，如果抽检产品的样本平均数过小，那么我们就有理由怀疑原假设的正确性。但是，样本平均数需要多小，我们才能够拒绝原假设？这涉及假设检验的第 4 步：建立判断规则。有两种方法可以建立判断规则，临界值方法与 p 值方法。

2. p 值方法

p 值是一个概率值，其含义是当我们拒绝原假设时，出现第一类错误的概率上限。直观而言，它代表样本数据对原假设的支持程度，p 值越接近 0，说明样本数据越不支持原假设的论断。

p 值的具体计算方式与原假设的形式有关，上侧检验、下侧检验与双侧检验下 p 值的具体计算方法略有差异。以下侧检验为例，此时 p 值的含义是当原假设为真时，出现比检验统计量相同、或者更小的情况的概率。在总体标准差已知的情况下，我们可以通过标准正态分布表，查询获得这一尾端概率。计算出 p 值后，再将 p 值与显著性水平 α 相比较，如果 p 值小于显著性水平，就可以拒绝原假设，反之则不能拒绝。

下面计算薯片问题中的 p 值。在本例中，原假设的形式是≥，这属于下侧检验的情形，尾端在正态分布的左侧。假设质检部门的检测结果发现其平均质量为 95.67 克/罐，那么检验统计量为：

$$z = \frac{\bar{x} - \mu}{\sigma_{\bar{x}}} = \frac{95.67 - 100}{2} = -2.1650$$

这说明，样本平均数大约落在假设的总体平均数左侧 2.1 倍标准差的位置，这样的检验统计量是比较低的，不太支持原假设。但是它是否低到我们可以拒绝原假设的程度？采用 p 值方法，通过查询标准正态分布表，我们可以计算出检验统计量左侧的概率为

$$p(x < z) = p(x < -2.1650) = 0.0154$$

即在薯片问题中，检验统计量的 p 值为 0.0154，它的经济含义如下：假定原假设为真，X 品牌薯片的平均质量为 $\mu = \mu_0 = 100$。那么，多次重复相同的抽样检查过程，出现比 95.67 克/罐更小的情况的概率为 0.0154。这一 p 值大于显著性水平 1%，换而言之，如果我们拒绝原假设 α，认为 X 品牌存在罐装质量不足的损害消费者权益的行为，那么我们可能有 1.54% 的概率冤枉 X 品牌（即第一类错误概率）。为了谨慎起见，质检部门不应拒绝原假设，以使得发生第一类错误概率不超过控制 1%。

更一般的，在使用 p 值方法建立判断规则，确定是否拒绝原假设时，应当遵循以下标准：

如果 $p < \alpha$，则拒绝原假设。

采用 p 值方法具有一个明显的优势。在实际决策过程中，不同决策者对第一类错误的关注程度存在差异。有的决策者可能竭力避免发生第一类错误，因此选择较低的显著性水平，如 $\alpha=0.001$；另外一些愿意承担更多风险的决策者，则可以选择较高的显著性水平。其中，1%、5%、10%是几种比较常见的标准。

3. 临界值方法

临界值方法是另一种常用的判断规则，其原理如下：决策者确定显著性水平后，可以是根据显著性水平，为检验统计量设定一个标准，即临界值。如果检验统计量没有超出临界值，我们认为检验统计量处于合理范围内，不拒绝原假设；如果检验统计量超出临界值，那么我们就有理由怀疑原假设的正确性。对于上侧检验、下侧检验和双侧检验，"超出临界值"的含义略有差异，下面结合具体案例进行解释。

在薯片问题中，原假设为 $H_0:\mu \geqslant 100$，是下侧检验。其中，原假设中的不等号是大于等于号，这说明当原假设为真时，出现较大的检验统计量是正常的现象。反之，出现小检验统计量的概率较低，如果出现，则是不支持原假设的有力证据。因此，此问题中，如果检验统计量小于临界值，应视为超出临界值，拒绝原假设。

在薯片问题中，显著性水平 α 为 1%，根据标准正态分布表，可以得到，

$$P(z < -z_{0.01}) = 0.01$$

$$-z_{0.01} \approx -2.33$$

假设质检部门的检测结果发现其平均质量为 95.67 克/罐，那么有

$$\frac{\bar{x}-\mu}{\sigma_{\bar{x}}} = \frac{95.67-100}{2} = -2.1650$$

由于 $-2.1650 > -2.33$，因此检验统计量没有超出临界值，结论是不能拒绝原假设。

更一般地，在下侧检验中（$H_0:\mu \geqslant \mu_0$），应当采取如下判断准则：

下侧检验的判断准则：

如果 $z \leqslant -z_\alpha$，则拒绝原假设 H_0。

相应的，上侧检验（$H_0:\mu < \mu_0$）的判断准则为：

如果 $z \geqslant z_\alpha$，则拒绝原假设 H_0。

6.3.2 双侧检验

在假设检验中，关于总体平均数的双侧检验一般具有如下形式：

$H_0:\mu = \mu_0$

$H_1:\mu \neq \mu_0$

下面结合具体案例,介绍双侧检验的实施步骤。

例 6.4 JSC公司生产的一款办公桌价廉物美,深受市场欢迎。这家公司每周的产量服从平均数为 200 张,标准差为 16 张的正态分布。由于新《劳动法》的实施,公司与所有员工重新签订劳动合同。在新的人事政策实施后,公司总裁希望了解,新人事政策下,这款办公桌的产量是否与过去不同。因此收集一年中 50 个工作周的统计数据,发现平均产量为 203.5 张/周。此外,公司总裁希望将显著性设定在 5%的水平。

解答这一问题可以采用假设检验的 5 个标准步骤进行。

第 1 步,建立原假设与备择假设。

根据题目给出的条件,过去公司每周的产量的平均数为 200 张,现在由于新劳动合同,产量可能发生变化。这种变化可能是正面,也有可能是负面的,因此不一定采用前文的单侧检验,而应使用双侧检验。据此,建立如下的原假设与备择假设:

$H_0:\mu=200$

$H_1:\mu\neq 200$

如果假设检验的结论是拒绝原假设,则说明新人事政策对于公司产量具有影响;如果结论是不能拒绝原假设,说明没有足够证据表明新人事政策影响产量。

第 2 步,制定显著性水平。

根据公司总裁的要求,将显著性 α 设定在 5%的水平。

第 3 步,收集样本数据并计算检验统计量。

在过去一年中,50 个工作周生产数据表明,平均产量为 203.5 张/周。因此样本容量 $n=50$,样本平均数 $\bar{x}=203.5$。

本案例的研究对象为总体平均数,因此需借助样本平均数提供的信息。由于样本容量 $n=50$,属于样本容量较大的情况。根据中心极限定理,此时样本平均数 $\bar{x}$ 近似服从正态分布:

$$\bar{x}\sim N\left(200,\frac{16}{\sqrt{50}}\right)$$

据此建立检验统计量:

$$z=\frac{\bar{x}-\mu}{\sigma_{\bar{x}}}=\frac{203.5-200}{\frac{16}{\sqrt{50}}}=1.5468$$

第 4 步,建立判断规则。

双侧检验与单侧检验的主要区别在于判断规则。在双侧检验中,原假设的论断为等式形式，无论真实情况是大于号成立，抑或是小于号成立，都可以证伪原假设。因此，建立判断规则时，必须考虑这一点。

(1)p 值方法

检验统计量 z，查询标准正态分布表可知，其右侧概率为：

$$p(x > z) = p(x > 1.5468) = 1 - 0.9394 = 0.0606$$

这是当原假设为真时，出现样本平均产量为 203.5(或者更大)的情况的概率。

但是，我们必须同时考虑 $\mu < 200$ 的情况。这种情况虽然实际上没有发生，但是理论上有可能出现。此时，统计学家的一个合理假定是认为样本平均数的概率分布是对称的。既然样本平均产量为 203.5 的现象已经发生，那么，平均产量为 $200-(203.5-200)=196.5$ 的现象也有可能发生。这种情况出现的概率为：

$$p(x < -z) = p(x > z) = 0.0606$$

因此，双侧检验中的 p 值应为：

$$p = 2p(x > z) = 2 \times 0.0606 = 0.1212$$

将 p 值与 5% 的显著性水平 α 比较，结论是不能拒绝原假设。

(2)临界值方法

在计算双侧检验的临界值时，同样需要考虑 $x < -z$ 与 $x > z$ 这样两种情况。因此，临界值的计算不是计算显著性水平 α 对应的 z_{α}，而是计算 $z_{\alpha/2}$。题目中显著性水平 α 为 5%，根据标准正态分布表，可以得到：

$$P(x < -z_{0.025} \cup x > z_{0.025}) = 5\%$$

$$z_{0.025} = 1.96$$

当实际的检验统计量位于(-1.96,1.96)之间时，不能拒绝原假设；如果检验统计量超出这一范围，则应当拒绝原假设。在本例中，$z = 1.5468$，因此不能拒绝原假设。这与 p 值方法得到的结果是一致的。

推广至一般情形：

双侧假设检验中的 p 值方法应采取如下步骤：

第 1 步，计算检验统计量 z。

第 2 步，如果检验统计量 $z>0$，位于上侧，则查询标准正态分布表，获得其上侧概率；如果检验统计量 $z<0$，位于下侧，则查询标准正态分布表，获得下侧概率。

第 3 步，将上侧概率(下侧概率)乘以 2，即得到 p 值。

第 4 步，如果 p 值小于显著性水平，拒绝原假设；如果 p 值大于显著性水平，则不能拒绝原假设。

双侧假设检验中的临界值方法应采取如下步骤：

第 1 步，计算检验统计量 z。

第 2 步，将显著性水平 α 除以 2，查询标准正态分布表，获得 $z_{\alpha/2}$。

第 3 步，如果检验统计量 $z \notin (-z_{\alpha/2}, z_{\alpha/2})$，则拒绝原假设；否则，不拒绝原假设。

6.4 总体平均数的假设检验——总体标准差 σ 未知

本节将讨论总体标准差 σ 未知时关于总体平均数的假设检验，这是实际应用中更加常见的情况。由于总体标准差未知，因此需要使用样本数据获取关于 μ 与 σ 的信息。在假设检验过程中，使用样本平均数 $\bar{x}$ 作为总体平均数 μ 的估计，使用样本标准差 s 作为总体标准差 σ 的估计。

总体标准差 σ 未知时，进行假设检验的基本步骤依然不变，包括建立原假设与备择假设、制定显著性水平、收集样本数据并计算检验统计量、建立判断规则，最后得出结论。由于总体标准差 σ 未知，因此检验统计量与判断规则需相应地进行调整。前文已经指出，当总体标准差 σ 已知时，检验统计量的抽样分布为标准正态分布。在标准差 σ 未知时，可以运用前文已经涉及的 t 分布，进行假设检验。

此时，检验统计量为

$$t = \frac{(\bar{x} - \mu_0)}{\dfrac{s}{\sqrt{n}}}$$

如果原假设中的等号恰好成立，那么检验统计量服从 $n-1$ 自由度的 t 分布，即 $t \sim t(n-1)$。

前文提及，t 分布的前提是总体服从正态分布。但是，应用研究也发现，当样本容量比较大时，即使这一前提不成立，t 分布也可以很好地近似统计量的抽样分布。

下面结合例子，介绍此时单侧检验、双侧检验的具体实施过程。

6.4.1 单侧检验

仍然考虑前文的薯片例题，但题目略有改动。

例 6.5 质检机构定期对市场上流通的包装食品进行抽检，以保证消费者权益。例如，X 品牌薯片的标称重量为 100 克/罐，质检人员希望了解其实际重量是否达到标准。质检人员了解，由于食品包装采用自动化设备操作，实际装填重量很难恰好等于标称重量。质检人员认为，只要 X 品牌薯片的平均重量不低于 100 克/罐，就可以认为达标。因此，质检人员在市场上抽取 36 罐薯片进行检测。并获得以下数据（参见数据文件：薯片.xls）：

96.14	103.17	94.59	95.38	101.06	98.05
99.23	94.15	96.56	96.63	97.87	93.88

98.01	104.28	102.05	99.69	93.52	96.55
94.86	100.40	97.96	97.46	95.59	105.04
104.98	95.64	94.76	98.34	98.20	104.30
98.98	95.14	94.73	102.97	102.19	100.15

问题:假设总体质量服从正态分布,基于以上抽样结果,X 品牌薯片是否存在缺斤少两问题? 设定显著性水平 α 为 1%。

解答本案例的研究对象与关键问题与前文相同,主要的差别在于不再给出前文的样本平均数与总体标准差等指标,而是直接给出样本数据。下面按照假设检验的通用步骤进行分析。

第 1 步,建立原假设与备择假设。

与前文相同,建立原假设与备择假设分析过程略。

$H_0: \mu \geqslant 100$

$H_1: \mu < 100$

第 2 步,制定显著性水平。

根据题目要求,将显著性 α 设定在 1%的水平。

第 3 步,收集样本数据并计算检验统计量。

首先利用 SPSS 软件的分析功能,计算样本平均数与样本标准差。

Descriptive Statistics

	N	Minimum	Maximum	Mean	Std. Deviation
Weight	36	93.52	105.04	98.4025	3.43462
Valid N (listwise)	36				

因此,样本平均数为 $\bar{x}=98.4025$,样本标准差为 $s=3.4346$。

其次,计算检验统计量

$$t=\frac{(\bar{x}-\mu_0)}{\frac{s}{\sqrt{n}}}=\frac{98.4025-100}{\frac{3.4346}{\sqrt{36}}}=-2.7907$$

第 4 步,建立判断规则。

(1)临界值方法

如果原假设中的等号恰好成立,此时 t 统计量服从自由度为 35 的 t 分布。查询 t 分布表可知,在 1%显著性水平下,临界值 $t_{0.01}=2.438$。由于原假设中为大于等于号,是下侧检验,因此临界值为 $-t_{0.01}=-2.438$。而检验统计量 $-2.7907<-2.438$,超出临界值,因此拒绝原假设。

自由度	上侧面积					
	.20	.10	.05	.025	.01	.005
35	.852	1.306	1.690	2.030	2.438	2.724

(2)p 值方法

如果原假设中的等号恰好成立，此时 t 统计量服从自由度为 35 的 t 分布。理论上，可以计算出这一分布的随机变量小于-2.7907 的概率。但是，通常的纸质 t 分布表只能查询少量关键点取值。在实际计算时，如果采取手工计算方法，难以在 t 分布表中查询得到这一数值所对应的概率。因此手工计算通常采用临界值方法，不采用 p 值方法。如果使用计算机辅助计算，借助于 SPSS、Excel 等统计软件，可以计算出 p 值$=0.42\%$。这一 p 值小于显著性水平，因此拒绝原假设。

6.4.2　双侧检验

为了说明关于总体平均数的双侧 t 检验，考虑下面的例子。

例 6.6　H 玩具公司是一家大型玩具制造商，拥有 1000 多家分销商。现在，新年假期即将到来，公司即将进入销售旺季，需要进行适当准备。对于公司主打的一款玩具，H 公司的市场部主管估计，应当按每家分销商 50 个单位的标准进行生产。为了验证这一观点，H 公司随机向 25 位分销商进行调查，询问其预期销售量。调查结果得到如下数据：

36	45	61	65	36
39	59	64	70	53
51	74	45	41	59
60	40	58	37	48
58	66	52	50	40

那么，这一调查结果是否支持市场部主管的观点，按 50 箱/分销商的标准生产？假设总体服从正态分布，在 10%的显著性水平上进行检验。

解答这一问题可以采用假设检验的 5 个标准步骤进行。

第 1 步，建立原假设与备择假设。

根据题目信息，市场部主管认为平均每家分销商销售 50 箱玩具。因此应使用双侧检验，建立如下的原假设与备择假设：

$H_0:\mu=50$

$H_1:\mu\neq 50$

如果检验结论拒绝原假设，说明 50 箱/分销商的预测不准确，应当调整生产计划。

第 2 步，制定显著性水平。

由于影响市场需求的因素有很多，宏观经济因素、天气因素、其他玩具商的销售策略都可能影响市场需求，准确预测市场需求的难度较高。因此根据题目要求，将显著性 α 设定在 10%，一个比较宽松的水平。

第 3 步，收集样本数据并计算检验统计量。

根据样本数据计算得到样本平均数与样本标准差。

Descriptive Statistics

	N	Minimum	Maximum	Mean	Std. Deviation
Sale	25	36	74	52.28	11.301
Valid N (listwise)	25				

检验统计量为：

$$t=\frac{(\bar{x}-\mu_0)}{\frac{s}{\sqrt{n}}}=\frac{52.28-50}{\frac{11.301}{\sqrt{25}}}=1.0088$$

第 4 步，建立判断规则。

由于手工计算 t 分布时不适合采取 p 值方法，下面仅介绍临界值方法。由于原假设采取等号形式，无论实际情况是总体平均数大于 50，或是小于 50，都证伪了原假设。因此计算临界值时应当同时考虑 t 分布的上、下侧。由于调查对象涉及 25 家分销商，自由度为 25－1＝24。在显著性水平为 10%时，临界值为

$$t_{\frac{10\%}{2}}(24)=1.711$$

与临界值相比，检验统计量并未超过临界值，因此不能拒绝原假设。

6.4.3 统计软件操作步骤

统计软件通常可以实现总体平均数的双侧 t 检验。基于正态分布的检验需要总体平均数已知，前提比较强，因此通常不包含在统计软件中。此外，统计软件通常也不包含单侧检验。如果需要计算单侧检验，可以在双侧检验的基础上把 α 增为 2 倍，再结合研究者人工判断完成检验。

实现 Excel 软件的总体平均数双侧 t 检验，并没有现成的函数命令，需要在工作表中手工编程计算。SPSS 总体平均数双侧 t 检验功能位于：菜单—分析—比较均值—单样本 t 检验。下图是 H 玩具公司例题的 SPSS 软件检验结果（数据文件：玩具 . sav；检验原假设：销售量＝50）：

单个样本检验

	检验值=50					
	t	df	Sig.(双侧)	均值差值	差分的 95% 置信区间	
					下限	上限
Sale	1.009	24	.323	2.280	−2.38	6.94

上述结果表明,在5%水平上,不能拒绝原假设。

6.5 总体比例的假设检验

在实际应用中,有时也需要对总体比例进行假设检验。与总体平均数的假设检验相似,总体比例的假设检验也分为上侧检验、下侧检验和双侧检验。下面用符号 p_0 表示假设的总体比例值,字母 $\bar{p}$ 代表样本比例,字母 p 代表总体比例。三种检验的原假设与备择假设具体形式如下:

下侧检验	上侧检验	双侧检验
$H_0: p \geqslant p_0$	$H_0: p \leqslant p_0$	$H_0: p = p_0$
$H_1: p < p_0$	$H_1: p > p_0$	$H_1: p \neq p_0$

总体比例假设检验的基本思路是比较样本比例 $\bar{p}$ 与假设的总体比例 p_0 之差,其检验的步骤与前文总体平均数假设检验相似,但需对检验统计量与判断准则进行调整。回忆前文提到的样本比例的抽样分布为:

$$z = \frac{\bar{p} - p_0}{\sigma_{\bar{p}}}$$

$$\sigma_{\bar{p}} = \sqrt{\frac{p(1-p)}{n}}$$

由于 $\sigma_{\bar{p}}$ 的取值取决于未知总体参数,因此采用样本比例代替总体比例 p 计算,即 $\sigma_{\bar{p}} \approx \sqrt{\frac{\bar{p}(1-\bar{p})}{n}}$。

下面结合具体例子进行说明。

例 6.7 某公司负责人发现开出去的发票有大量笔误,而且断定这些发票中,错误发票占20%以上。随机检查100张,发现错误的发票占25%。这是否可以证明负责人的判断正确?(显著性水平为0.05)

解答由于本题的目的在于证明负责人的判断,应当采用上侧检验,建立如下原假设与备择假设:

$H_0: p \leqslant 0.2$

$H_1: p > 0.2$

采用这种设定方法，如果结论是拒绝 H_0，则证明负责人的判断是正确的。

其次，根据题目，设置显著性水平为 0.05。

利用样本数据计算检验统计量，有

$$z=\frac{\bar{p}-p_0}{\sigma_{\bar{p}}}=\frac{0.25-0.2}{\sqrt{\frac{0.25(1-0.25)}{100}}}=1.1547$$

假设 H_0 中的等号恰好成立，此时检验统计量服从标准正态分布。采用 p 值方法，查询标准正态分布表，得

$$p(z>1.1547)=1-0.8749=0.1251$$

与显著性水平 0.05 相比，p 值大于显著性水平，因此不能拒绝原假设。即，现有证据不足以证明负责人的判断正确。

下面再看一个双侧检验的案例。

例 6.8 对于近期上映的某部电影，制作人预期女性观众将占 40%的比例。一项抽样调查显示，在 81 位观众中，有 26 位为女性。试问这项调查是否推翻制作人的观点？显著性水平为 0.1。(参见数据文件电影 . xls)

解：首先，由于制作人给出的预测是一项精确数值，应当采用双侧检验，建立如下原假设与备择假设：

$$H_0: p=0.4$$

$$H_1: p\neq 0.4$$

然后，根据题目要求，设置显著性水平为 0.1。

最后，样本容量为 81，其中有 26 位女性观众，因此样本比例 $\bar{p}=32.1\%$。

样本比例的标准误 $\sigma_{\bar{p}}\approx\sqrt{\frac{\bar{p}(1-\bar{p})}{n}}=0.0519$。

据此计算检验统计量 z：

$$z=\frac{\bar{p}-p_0}{\sigma_{\bar{p}}}=\frac{0.321-0.4}{0.0519}=-1.5229$$

如果原假设为真，那么检验统计量 z 应当服从标准正态分布。查询标准正态分布表，得到 1.5229 的下侧概率为 0.0643。由于该假设检验为双侧检验，将下侧概率加倍，得到该检验的 p 值：

$$p\text{ 值}=0.0643\times 2=0.1286$$

与显著性水平 α 相比，p 值大于显著性水平，因此不能拒绝原假设。换而言之，在 10%的显著性水平上，现有证据不足以证明制作人的预测是错误的。

Gender

		Frequency	Percent	Valid Percent	Cumulative Percent
Valid	Female	26	32.1	32.1	32.1
	Male	55	67.9	67.9	100.0
	Total	81	100.0	100.0	

6.6 本章小结

本章介绍了假设检验的基本原理、实现步骤。假设检验是基于样本数据，对涉及总体参数的命题进行检验的统计推断方法。它包括五个基本步骤：建立原假设与备择假设、制定显著性水平、收集样本数据并计算检验统计量、建立判断规则(包括临界值方法、p 值方法)，最后做出结论。

进行假设检验，首先需要建立原假设 H_0 与备择假设 H_1。它们是两个互相对立的竞争性命题，不会同时为真。原假设与备择假设具有三种形式：原假设 H_0 为"≤"号的上侧检验，原假设 H_0 为"≥"号的下侧检验，以及原假设为"="号双侧检验。建立假设时需注意，出于建立检验统计量的需要，必须将"="号置于原假设中。

由于样本数据存在抽样误差，基于样本数据的假设检验可能有一定概率出现错误。有两类错误，分别称为第一类错误(弃真错误)、第二类错误(取伪错误)。当原假设为真时，检验结果错误地拒绝原假设，称为第一类错误，其发生概率记为 α。原假设为伪时；检验结果可能错误地不能拒绝原假设，称为第二类错误，其概率记为 β。

两类错误存在一定替代关系，通常统计学家会明确控制第一类错误发生的概率 α，为 α 设定上限，称为显著性水平。对于第二类错误的发生概率，则较少采取控制措施。因此，原假设 H_0 与备择假设 H_1 的地位不对等，对原假设 H_0 的拒绝是明确有力的；不能拒绝原假设 H_0 时，则没有明确的结论。

建立判断规则的方法包括 p 值方法与临界值方法。p 值方法的优点在于可以方便地与不同的显著性水平比较。

对于总体平均数的假设检验，当总体标准差 σ 已知时，检验统计量服从正态分布。当总体标准差 σ 未知时，可利用样本标准差构建检验统计量。如果总体服从正态分布，检验统计量精确地服从 t 分布；如果总体服不从正态分布，但其分布较为对称，或者样本容量较大，则可以近似认为检验统计量服从 t 分布。总体比例的假设检验步骤与总体平均数，但检验统计量有所不同。

案例："随机双盲临床对照试验"

在一般人的心目中，要试验一种药物的疗效，是很简单的一件事。只要找一批病人，对他们用药，看看能不能把他们的病治好，不就得了？

有很多因素会影响到人们对药物疗效的认定。许多疾病都能够自愈，例如感冒、失眠症，不必治疗也会痊愈。甚至像癌症这样的所谓“不治之症”，也有一部分病人会自愈。还有许多疾病的状况受病人的心理因素的影响很大，给病人服用并无药效的假药（“安慰剂”），也会出现一定的疗效，有时能达到30%甚至更高。有些慢性病，病情自己会时好时坏。而像心肌梗死、中风这种能致命的疾病，其死亡率与年龄、性别、生活习惯等多种因素有关，波动很大，难以对个体做出预测。还有一些疾病的病情好坏，取决于病人的自述或医生的主观判断，其结果很容易受到病人或医生的主观愿望的影响而出现偏差。

为了避免上述因素，在临床测试一种新药的疗效时，就必须精心设计试验方案，进行对照试验（方舟子，《为什么要做临床对照试验》）。

随机双盲临床对照试验是一种检验新药疗效的有效方法，但有时试验结果可能是充满矛盾的。譬如，让10位受试者服用某种感冒药，其中有6位的病人比正常水平有所缩短，但另外4位则有所增加。这种感冒药是否有效？

在上述试验中，我们关心的问题是该感冒药对全社会的患者是否有效（总体），但受到客观条件的限制，我们只能根据有限的样本数据进行判断。本章介绍的假设检验（Hypothesis Test），就是一种在有限的样本下判断（关于总体的）命题正确与否的统计方法。

思考与练习

1. 假设检验中，两类错误之间有什么关系？能否同时减少两类错误？

2. 设零件长度服从正态分布，要求其长度规格为3.278mm，今取该批零件中的10个，测得长度（单位：mm）如下：

3.281	3.276	3.278	3.286	3.279
3.278	3.281	3.279	3.280	3.277

(1)当$\sigma=0.002$(mm)时，该批零件平均长度与原规格有无明显差异？（取$\alpha=0.05$）

(2)当σ未知时，又怎样呢（取$\alpha=0.05$）？

3. 某厂生产一种新型家用产品，厂家声称某市已有20%以上的家庭在使用这种产品。市场调查人员在该市抽选了一个由300个家庭组成的随机样本，发现有70个家庭使用了这种产品。这些数据是否为证实厂家的说法提供了充分证据（取$\alpha=0.05$）？

4. 某大学共有1000名四年级大学生，其中男生600名，女生400名。某位教师认为男生已通过计算机二级水平考试的成数要高于女生。为证实自己的看法，他分别随机抽选了60名男生和40名女生，发现已通过这种考试的人数分别为35人和17人。这些数据是否足以说明这位老师的看法正确（$\alpha=0.01$）？

5. 某单位统计报表显示，人均月收入为3030元，为了验证该统计报表的正确性，做了共100人的抽样调查，样本人均月收入为3060元，标准差为80元，问能否说明该统计报表显示的人均收入的数字有误（取显著性水平$\alpha=0.05$）。

6.某地区成人中吸烟者占75%，经过戒烟宣传之后，进行了抽样调查，发现了100名被调查的成人中，有63人是吸烟者，问戒烟宣传是否收到了成效（$\alpha=0.05$）？

7. 孟德尔遗传定律表明：在纯种红花豌豆与白花豌豆杂交后所生的子二代豌豆中，红花对白花之比为3∶1。某次种植试验的结果为：红花豌豆352株，白花豌豆96株。试在$\alpha=0.05$的显著性水平上，检定孟德尔定律。

8. 某市去年的数字显示：进城农民工参加社保的比例是30%。今年在进城农民工中随机抽取400人进行调查，经计算得该样本总体的参保率为33%，试在$\alpha=0.05$的显著性水平上，检定“今年该市农民工参保情况有了改进”的原假设。

9. 机器自动包装食盐，设每袋盐的净重服从正态分布，规定每袋盐的标准重量为500克，标准差不超过10克。某天开工以后，为了检查机器工作是否正常，从已包装好的食盐中随机抽取9袋，测得其重量（克）为：

497　507　510　475　484　488　524　491　515

问这天自动包装机工作是否正常（显著性水平$\alpha=0.05$）？

10. 某厂家在广告中声称，该厂生产的汽车轮胎在正常行驶条件下的平均寿命高于25000km。对一个由15个轮胎组成的随机样本做了试验，得到样本平均数和标准差分别为27000km和5000km。假定轮胎寿命服从正态分布，问该厂家的广告是否真实（$\alpha=0.05$）。

11. 某食品公司销售一种果酱，按标准规格每罐净重为250克，标准差是3克。现该公司从生产该果酱的工厂进了一批货，抽取其中的100罐，测得平均净重为251克。问该批果酱是否符合标准（$\alpha=0.01$）？

12. 某假日饭店有500张客床，正常时间每床位日租金为100元，平均订位率70%。现在经理进行一项试验，采取优惠措施把房价降低15%，经过36天，平均每天租床位380张，其标准差为78张。试以0.1的显著性水平评估优惠措施是否有明显的效果。

13. 某市全体职工中，平常订阅某种报纸的占40%，最近从订阅率来看似乎出现减少的现象，随机抽取200户职工家庭进行调查，有76户职工订阅该报纸，问报纸的订阅率是否显著降低（$\alpha=0.05$）？

第七章　两总体均值推断

统计推断(Statistical Inference),是指根据统计量的分布和概率理论,由样本统计量来推断总体的参数。统计推断包括:参数估计(Parameter Estimation)和假设检验(Hypothesis Testing)两个组成部分。参数估计讨论的是用样本统计量估计总体参数的方法。假设检验是对未知的或不完全知道的总体参数先提出一些假设(这些假设通常构成完全事件系),然后在某一基本假设的基础上,计算样本的统计量,并分析这一统计量的分布规律。假设检验的方法很多,常用的有 z 检验、t 检验、χ^2检验和 F 检验等。尽管这些检验方法的用途及使用条件不同,但其检验的基本原理是相同的。在第五章和第六章我们已详细讨论单个总体均值以及总体比率的区间估计和假设检验,在第七章和第八章我们将会讨论两个总体均值之差和两总体方差比的区间估计。

第六章我们分析了单个总体均值以及总体比率的假设检验,但在许多情况下,人们需要比较两个总体的参数,看它们是否有显著的区别。例如,在某工厂相同年龄组中,男女职工收入是否存在明显差异;同一种培训方式,在两家工厂或在同一工厂不同管理层(基层管理者和中层管理者)之间培训效果是否相同;一项跟踪调查的结果表明,顾客对产品的了解程度比 6 个月前所做的类似调查中的显示要低,结果是否明显降低?对此,可以利用两个总体的检验寻找答案。两个总体参数的假设检验主要内容有:两个总体均值之差的假设检验,两个总体比例之差的假设检验,两个总体方差比的假设检验。本章主要讨论两总体均值之差的区间估计和假设检验以及两总体比例之差的区间估计和假设检验。而两总体方差比的区间估计和假设检验留待第八章讨论。

7.1　两总体均值之差的推断

7.1.1　两个正态总体均值之差的区间估计

设总体 $X_1 \sim N(\mu_1,\sigma_1^2)$, $X_2 \sim N(\mu_2,\sigma_2^2)$且 X_1 与 X_2 相互独立,另外假设 $(X_{11},X_{12},\cdots,X_{1n})$ 为来自 X_1 的一个样本, $(X_{21},X_{22},\cdots,X_{2n})$ 为来自 X_2 的一

个样本，且设 $\bar{x}_1, \bar{x}_2$，S_1^2, S_2^2 分别为总体 X_1 与 X_2 的样本均值与样本方差，对给定置信水平 $1-\alpha$，求 $\mu_1-\mu_2$ 的一个置信区间。

(1)当 σ_1^2, σ_2^2 已知时，

$$\bar{X}_1 \sim N(\mu_1, \frac{\sigma_1^2}{n_1}), \bar{X}_2 \sim N(\mu_2, \frac{\sigma_2^2}{n_2})$$

又 $\bar{x}_1$ 与 $\bar{x}_2$ 相互独立，所以

$$\bar{X}_1 - \bar{X}_2 \sim N(\mu_1-\mu_2, \frac{\sigma_1^2}{n_1}+\frac{\sigma_2^2}{n_2})$$

即 $\dfrac{(\bar{X}_1-\bar{X}_2)-(\mu_1-\mu_2)}{\sqrt{\dfrac{\sigma_1^2}{n_1}+\dfrac{\sigma_2^2}{n_2}}} \sim N(0,1)$；

所以可以得到 $\mu_1-\mu_2$ 的一个置信水平为 $1-\alpha$ 的置信区间为：

$$\left[(\bar{X}_1-\bar{X}_2) \pm z_{\frac{\alpha}{2}} \cdot \sqrt{\frac{\sigma_1^2}{n_1}+\frac{\sigma_2^2}{n_2}}\right]$$

(2)当 $\sigma_1^2=\sigma_2^2=\sigma^2$，但 σ^2 未知时，

$$\frac{(\bar{X}_1-\bar{X}_2)-(\mu_1-\mu_2)}{S_w\sqrt{\dfrac{1}{n_1}+\dfrac{1}{n_2}}} \sim t(n_1+n_2-2)$$

其中 $S_w=\sqrt{S_w^2}$，$S_w^2=\dfrac{(n_1-1)S_1^2+(n_2-1)S_2^2}{n_1+n_2-2}$。从而可得 $\mu_1-\mu_2$ 的一个置信水平为 $1-\alpha$ 的置信区间为：

$$\left[(\bar{X}_1-\bar{X}_2) \pm t_{\alpha/2}(n_1+n_2-2) \cdot S_w\sqrt{\frac{1}{n_1}+\frac{1}{n_2}}\right]$$

(3)当 σ_1^2, σ_2^2 未知且不相等即 $\sigma_1^2 \neq \sigma_2^2$，两样本均值之差经标准化后近似服从自由度为 ν 的 t 分布：

$$\frac{(\bar{X}_1-\bar{X}_2)-(\mu_1-\mu_2)}{\sqrt{\dfrac{s_1^2}{n_1}+\dfrac{s_2^2}{n_2}}} \sim t(\nu)$$

上式中自由度 ν 的计算公式为：

$$\nu=\frac{\left(\dfrac{s_1^2}{n_1}+\dfrac{s_2^2}{n_2}\right)^2}{\dfrac{\left(\dfrac{s_1^2}{n_1}\right)^2}{n_1-1}+\dfrac{\left(\dfrac{s_2^2}{n_2}\right)^2}{n_2-1}}$$

因此可得，$\mu_1-\mu_2$ 的一个置信水平为 $1-\alpha$ 的置信区间为：

$$\left[(\overline{X}_1-\overline{X}_2)\pm t_{\alpha/2}(\nu)\cdot\sqrt{\frac{s_1^2}{n_1}+\frac{s_2^2}{n_2}}\right]$$

例 7.1　如果两个正态分布总体的方差 σ_1^2 和 σ_2^2 已知且相等，且有 $\sigma_1^2=\sigma_2^2=100$。从两个总体中分别抽取两个独立的随机样本，它们的样本数和均值如表 7.1 所示。

表 7.1　两个总体中分别抽取两个独立的随机样本

来自总体 1 的样本	来自总体 2 的样本
$n_1=25$	$n_2=15$
$\bar{x}_1=63.2$	$\bar{x}_2=53.2$

试求 u_1-u_2 的 95% 的置信区间。

解：因两个正态分布总体的方差 σ_1^2,σ_2^2 已知，故有 $\overline{X}_1-\overline{X}_2\sim N(\mu_1-\mu_2,\frac{\sigma_1^2}{n_1}+\frac{\sigma_2^2}{n_2})$。又因 $\sigma_1^2=\sigma_2^2=100$，$n_1=25$，$n_2=15$，$\bar{x}_1=63.2$，$\bar{x}_2=53.2$，所以 $\overline{X}_1-\overline{X}_2=10$，$\sqrt{\frac{\sigma_1^2}{n_1}+\frac{\sigma_2^2}{n_2}}=\sqrt{\frac{100}{25}+\frac{100}{15}}=3.27$。

当显著性水平 α 等于 0.05 时，利用 Excel 2013 统计函数 norm. s. inv 可得 $z_{\frac{0.05}{2}}$=norm. s. inv(0.975)=1.96。因此可以得到 $\mu_1-\mu_2$ 的一个置信水平为 95% 的置信区间为：

$$\left[(\overline{X}_1-\overline{X}_2)\pm z_{\alpha/2}\cdot\sqrt{\frac{\sigma_1^2}{n_1}+\frac{\sigma_2^2}{n_2}}\right]=[10\pm 1.96\times 3.27]\text{ 即 }[3.59,16.41]$$

所以 u_1-u_2 的 95% 的置信区间为 [3.59,16.41]。

例 7.2　如果两个正态总体的方差 σ_1^2 和 σ_2^2 未知且不相等，即 $\sigma_1^2\neq\sigma_2^2$。从两个总体中分别抽取两个独立的随机样本，它们的样本数、均值和标准差如表 7.2 所示：

表 7.2　两个总体中分别抽取两个独立的随机样本

来自总体 1 的样本	来自总体 2 的样本
$n_1=20$	$n_2=18$
$\bar{x}_1=43.5$	$\bar{x}_2=33.5$
$s_1^2=85.1$	$s_2^2=72.3$

试求 u_1-u_2 的 95% 的置信区间。

解：因两个正态分布总体的方差$\sigma_1^2\sigma_2^2$未知且不相等两样本均值之差经标准化后近似服从自由度为ν的t分布：$\dfrac{(\overline{X}_1-\overline{X}_2)-(\mu_1-\mu_2)}{\sqrt{\dfrac{s_1^2}{n_1}+\dfrac{s_2^2}{n_2}}}\sim t(\nu)$，其中自由度$\nu$的计算如下所示：

$$\nu=\frac{\left(\dfrac{s_1^2}{n_1}+\dfrac{s_2^2}{n_2}\right)^2}{\dfrac{\left(\dfrac{s_1^2}{n_1}\right)^2}{n_1-1}+\dfrac{\left(\dfrac{s_2^2}{n_2}\right)^2}{n_2-1}}=\frac{\left(\dfrac{85.1}{20}+\dfrac{72.3}{18}\right)^2}{\dfrac{\left(\dfrac{85.1}{20}\right)^2}{20-1}+\dfrac{\left(\dfrac{72.3}{18}\right)^2}{18-1}}=\frac{68.42}{0.95+0.95}=36$$

又因$n_1=20,n_2=18,\bar{x}_1=43.5,\bar{x}_2=33.5$，所以$\overline{X}_1-\overline{X}_2=10$，$\sqrt{\dfrac{s_1^2}{n_1}+\dfrac{s_2^2}{n_2}}=\sqrt{\dfrac{85.1}{20}+\dfrac{72.3}{18}}=2.88$。当显著性水平$\alpha$等于0.05时，利用Excel 2013统计函数T.INV.2T可以计算t分布的双尾区间点，$t_{\frac{0.05}{2}}(36)=$ T.INV.2T(0.05,36)=2.03。

因此，可以得到$\mu_1-\mu_2$的一个置信水平为95%的置信区间为：

$$\left[\overline{X}_1-\overline{X}_2\pm t_{\alpha/2}(\nu)\cdot\sqrt{\frac{s_1^2}{n_1}+\frac{s_2^2}{n_2}}\right]=[10\pm 2.03\times 2.88]\text{ 即 }[4.15,15.85]$$

所以u_1-u_2的95%的置信区间为[4.15,15.85]。

7.1.2 两总体均值之差的假设检验——σ_1和σ_2已知（Z检验）

若$(X_{11},X_{12},\cdots,X_{1n})$是独立地抽自总体$X_1\sim N(\mu_1,\sigma_1^2)$的一个容量为$n_1$的简单随机样本，$(X_{21},X_{22},\cdots,X_{2n})$是独立地抽自总体$X_2\sim N(\mu_2,\sigma_2^2)$的一个容量为$n_2$的简单随机样本，由于这两个样本是相互独立抽取的，因此被称为独立简单随机样本。如果总体X_1服从正态分布$N(\mu_1,\sigma_1^2)$，总体X_2服从正态分布$N(\mu_2,\sigma_2^2)$。或者两个总体不服从正态分布，但两个样本都为大样本即($n_1\geqslant 30$和$n_2\geqslant 30$)，根据抽样分布的知识可知，两个样本均值之差($\bar{x}_1-\bar{x}_2$)的抽样分布服从期望值为($\mu_1-\mu_2$)，方差为($\dfrac{\sigma_1^2}{n_1}+\dfrac{\sigma_2^2}{n_2}$)。

本小节内容是研究两独立样本均值之差($\mu_1-\mu_2$)的假设检验。

$\mu_1-\mu_2$的假设检验有以下三种形式：

(1)$H_0:\mu_1-\mu_2=0$，$H_1:\mu_1-\mu_2\neq 0$　　双侧假设检验

(2)$H_0:\mu_1-\mu_2\geqslant 0$，$H_1:\mu_1-\mu_2<0$　　左侧假设检验

(3)$H_0:\mu_1-\mu_2\leqslant 0$，$H_1:\mu_1-\mu_2>0$　　右侧假设检验

当σ_1,σ_2已知时，由两个独立样本算出的$\bar{x}_1-\bar{x}_2$的抽样分布服从正态分布，其标准差为：$\sigma_{\bar{x}_1-\bar{x}_2}=\sqrt{\frac{\sigma_1^2}{n_1}+\frac{\sigma_2^2}{n_2}}$。

$\mu_1-\mu_2$的检验统计量计算公式为：

$$z=\frac{(\bar{x}_1-\bar{x}_2)-0}{\sqrt{\frac{\sigma_1^2}{n_1}+\frac{\sigma_2^2}{n_2}}}\sim N(0,1)$$

如果$|z|>|z_{\alpha/2}|$，则拒绝H_0的双侧假设检测；$z<-z_\alpha$或$z>z_\alpha$，则拒绝H_0的左侧假设检测或右侧假设检测。

例 7.3 某厂生产的钢丝抗拉力服从正态分布，标准差为 6kg，从中抽取 30 个样品，测得平均抗拉力为 560kg。现更换原材料进行生产，假设标准差不变，但不知其抗拉力是否不变，从中抽取 30 个样品，测得平均抗拉力 565kg，能否认为原材料更换后平均抗拉力无显著变化($\alpha=0.05$)？

解：本题是检验更换原材料后，钢丝平均抗拉力是否存在显著变化，而钢丝抗拉力服从正态分布且标准差已知，故可进行 Z 检验。另外此题并未涉及抗拉力的变化方向，所以是z的双侧假设检验。

1. 提出零假设和备择假设

$H_0:\mu_1-\mu_2=0,H_1:\mu_1-\mu_2\neq 0$

2. 选择检验统计量：根据题意

$$z=\frac{(\bar{x}_1-\bar{x}_2)-(\mu_1-\mu_2)}{\sqrt{\frac{\sigma_1^2}{n_1}+\frac{\sigma_2^2}{n_2}}}$$

3. 检验统计量的观测值

已知$\bar{x}_1=560,\bar{x}_2=565,\sigma_1^2=6^2,\sigma_2^2=6^2,n_1=30,n_2=30$

$$z=\frac{560-565-0}{\sqrt{\frac{36}{30}+\frac{36}{30}}}=-3.23$$

4. 显著性水平α等于 0.05 时，

$$z_{\frac{0.05}{2}}=\text{norm. s. inv}(0.975)=1.96$$

由于$|z|>|z_{\alpha/2}|$，拒绝接受H_0假设，接受H_1假设。即认为原材料更换后平均抗拉力有显著变化。

双样本平均差检验可通过 Excel 实现，现以本题加以说明

用 2013 版 Excel 的【数据】→“数据分析”→“ Z一检验：双样本平均差检验”。

第1步，先将总体1的30个数据输入到工作表中的 $A_1:A_{30}$，总体2的30个数据输入到工作表中的 $B_1:B_{30}$。由于本例题没给出具体抽样数据，故在 $A_1:A_{30}$ 输入样本1的均值560，在 $B_1:B_{30}$ 输入样本2的均值565。

第2步，点击【数据】，选择数据分析选项，在分析工具中选择“t 检验：双样本异方差假设”。

第3步，当出现对话框时：

在【变量1的区域】方框内输入数据区域 $A_1:A_{30}$

在【变量2的区域】方框内输入数据区域 $B_1:B_{30}$

在【假设平均差】方框内输入0

在【α】方框内输入0.05

在【输出选项】中选择输出区域为新的工作表

选择【确定】

输出结果如表7－3所示。

表7－3　双样本平均差检验输出表

z－检验：双样本均值分析

	变量1	变量2
平均	560	565
已知协方差	36	36
观测值	30	30
假设平均差	0	
z	－3.23	
$P(Z\leqslant z)$ 单尾	0.0006	
z 单尾临界	1.64	
$P(Z\leqslant z)$ 双尾	0.001	
z 双尾临界	1.96	

7.1.3　两总体均值之差的假设检验——方差未知但相等（独立样本 t 检验）

当 σ_1^2，σ_2^2 未知但 $\sigma_1^2=\sigma_2^2$ 时，如果样本较小时，进行两个总体均值之差的检验需要使用 t 统计量，此时 $\sigma_{\bar{x}1-\bar{x}2}$ 的估计为 $\hat{\sigma}_{\bar{x}1-\bar{x}2}=s_p\sqrt{\dfrac{1}{n_1}+\dfrac{1}{n_2}}$

上式中，$s_p^2=\dfrac{(n_1-1)s_1^2+(n_2-1)s_2^2}{(n_1+n_2-2)}$

于是 $\mu_1-\mu_2$ 的检验统计量计算公式为：

$$t=\frac{(\bar{x}_1-\bar{x}_2)-(\mu_1-\mu_2)}{\sqrt{s_p^2\left(\dfrac{1}{n_1}+\dfrac{1}{n_2}\right)}}\sim t(n_1+n_2-2)$$

如果 $|t|>|t_{\alpha/2}|$，则拒绝 H_0 的双侧假设检验；$t<-t_\alpha$ 或 $t>t_\alpha$，则拒绝 H_0 的左侧假设检测或右侧假设检测。

例 7.4　抽取某学校六年级两个班的语文期末考试卷，其中一个班随机抽取 10 份，其得分分别为 88,87,78,76,66,84,91,83,72,98。另一个班随机抽取 12 份，其得分分别为 76,97,88,86,76,78,91,93,82,93,95,83。试在 $\alpha=0.05$ 的显著水平下，假设两班级总体方差相等，检验六年级两班级语文期末考试平均成绩相等的假设。

解：由于两班级总体方差未知，但相等且为小样本。故采用独立样本 t 检验。

1. 此题为双侧假设检验，其零假设和备择假设为：

$H_0:\mu_1-\mu_2=0,\qquad H_1:\mu_1-\mu_2\neq 0$

2. 选择检验统计量：根据题意

$$t=\frac{(\bar{x}_1-\bar{x}_2)-(\mu_1-\mu_2)}{\sqrt{s_p^2\left(\frac{1}{n_1}+\frac{1}{n_2}\right)}}\sim t(n_1+n_2-2)$$

式中 $s_p^2=\dfrac{(n_1-1)s_1^2+(n_2-1)s_2^2}{(n_1+n_2-2)}$。

3. 检验统计量的观测值

根据两班样本得分，可计算出 $\bar{x}_1=82.3$，$\bar{x}_2=86.5$，$s_1^2=90.01$，$s_2^2=55.91$，又已知 $n_1=10$，$n_2=12$，所以

$$s_p^2=\frac{(n_1-1)s_1^2+(n_2-1)s_2^2}{(n_1+n_2-2)}=\frac{(9\times 90.01+11\times 55.91)}{20}$$
$$=71.26$$

$$t=\frac{82.3-86.5-0}{\sqrt{71.26\times\left(\frac{1}{10}+\frac{1}{12}\right)}}=-1.16$$

4. 显著性水平 α 等于 0.05 时，利用 Excel 2013 统计函数 T.INV.2T 可以计算 t 分布的双尾区间点，$t_{0.025}(20)$ = T.INV.2T(0.05,20) = −2.09。因为 $|t|<|t_{0.025}(20)|$，则接受 H_0 假设，即可认为六年级两班级语文期末考试平均成绩相等。

等方差两个总体均值之差的检验可通过 EXCEL 实现，现以本题加以说明。

用 2013 版 Excel 的【数据】→"数据分析"→"t 检验：双样本等方差假设"，检验 $\sigma_1^2=\sigma_2^2=\sigma^2$，但 σ^2 未知时两个总体的均值。

第 1 步，先将总体 1 的 10 个数据输入到工作表中的 $A_1:A_{10}$，总体 2 的 12 个数据输入到工作表中的 $B_1:B_{12}$。

第 2 步，点击【数据】，选择数据分析选项，在分析工具中选择"t 检验：双样本

等方差假设”。

第 3 步，当出现对话框时：

在【变量 1 的区域】方框内输入数据区域 $A_1:A_{10}$

在【变量 2 的区域】方框内输入数据区域 $B_1:B_{12}$

在【假设平均差】方框内输入 0

在【α】方框内输入 0.05

在【输出选项】中选择输出区域为新的工作表

选择【确定】

输出结果如表 7－4 所示。

表 7－4　双样本等方差假设检验输出表

t一检验：双样本等方差假设		
	变量 1	变量 2
平均	82.3	86.5
方差	90.01	55.91
观测值	10	12
合并方差	71.255	
假设平均差	0	
df	20	
t Stat	−1.16	
P(T≤t) 单尾	0.13	
t 单尾临界	1.72	
P(T≤t) 双尾	0.26	
t 双尾临界	2.09	

7.1.4 两总体均值之差的假设检验——方差未知且不等(独立样本 t 检验)

当 σ_1^2,σ_2^2 未知且 $\sigma_1^2\neq\sigma_2^2$ 时，只能用样本方差 s_1^2,s_2^2 分别估计 σ_1^2,σ_2^2，$\sigma_{\bar{x}1-\bar{x}2}$ 的估计为 $\sigma_{\bar{x}1-\bar{x}2}=\sqrt{\dfrac{s_1^2}{n_1}+\dfrac{s_2^2}{n_2}}$。

检验统计量 t 的计算公式为：

$$t=\frac{(\bar{x}_1-\bar{x}_2)-(\mu_1-\mu_2)}{\sqrt{\dfrac{s_1^2}{n_1}+\dfrac{s_2^2}{n_2}}}$$

此时抽样分布已不服从自由度为(n_1+n_2-2)的 t 分布，而是近似服从自由度为 p 的 t 分布，自由度 p 的计算公式为：

$$p=\frac{(s_1^2/n_1+s_2^2/n_2)^2}{(s_1^2/n_1)^2/(n_1-1)+(s_2^2/n_2)^2/(n_2-1)}$$

如果 $|t|>|t_{\alpha/2}|$，则拒绝 H_0 的双侧假设检验；$t<-t_\alpha$ 或 $t>t_\alpha$，则拒绝 H_0 的左侧假设检测或右侧假设检测。

例 7.5　为分析甲、乙两种安眠药的效果，某医院将 22 位失眠病人分成两组，每组 11 人，两组病人分别服用甲、乙两种安眠药作对比试验。试验结果如表 7—5 所示。

表 7—5　两种安眠药延长睡眠时间对比试验结果

单位：小时

安眠药＼病人	1	2	3	4	5	6	7	8	9	10	11
甲	1.9	2.8	1.1	3.3	−0.2	5.2	5.1	2.6	4.6	3.4	2.6
乙	1.2	1.5	−0.2	1.2	−0.1	3.4	3.7	0.8	1.5	2.0	1.7

请问哪种安眠药的疗效好？

解：因为甲、乙两种安眠药的效果总体方差未知，且不相等。故采用异方差独立样本 t 检验。

1. 假设甲安眠药延长睡眠的时间小于乙安眠药延长睡眠的时间，故零假设和备择假设为：$H_0:\mu_1-\mu_2\leqslant 0$，　　$H_1:\mu_1-\mu_2>0$

2. 选择检验统计量：根据题意

$$t=\frac{(\bar{x}_1-\bar{x}_2)-(\mu_1-\mu_2)}{\sqrt{\dfrac{s_1^2}{n_1}+\dfrac{s_2^2}{n_2}}}$$

此时抽样分布已不服从自由度为 (n_1+n_2-2) 的 t 分布，而是近似服从自由度为 p 的 t 分布，自由度 p 的计算公式为：

$$p=\frac{(s_1^2/n_1+s_2^2/n_2)^2}{(s_1^2/n_1)^2/(n_1-1)+(s_2^2/n_2)^2/(n_2-1)}$$

3. 检验统计量的观测值

根据两组病人分别服用甲、乙两种安眠药延长睡眠时间对比试验结果，可知 $\bar{x}_1=2.95$，$\bar{x}_2=1.52$，$s_1^2=2.74$，$s_2^2=1.49$，又已知 $n_1=11$，$n_2=11$，所以自由度 p 为：

$$p=\frac{(s_1^2/n_1+s_2^2/n_2)^2}{(s_1^2/n_1)^2/(n_1-1)+(s_2^2/n_2)^2/(n_2-1)}=\frac{0.15}{0.01}=15$$

$$t=\frac{2.95-1.52-0}{\sqrt{\dfrac{2.74}{11}+\dfrac{1.49}{11}}}=\frac{1.43}{0.62}=2.30$$

4. 当显著性水平 α 等于 0.05 时，利用 Excel 2013 统计函数 T. INV 可以计算出 t 分布的左尾区间点，T. INV(0.05,15)＝−1.75，因为 t 分布的右尾值与左尾值相等，只是符号相反，所以 $t_{0.05}(15)=1.75$。又因为它是右侧假设检测，而 $t>t_{0.05}(15)$，则拒绝 H_0 假设，接受 H_1 假设。即可以认为甲安眠药延长睡眠时间好于乙安眠药延长睡眠时间。

异方差两个总体均值之差的检验可通过 Excel 实现，现以本题加以说明

用 2013 版 Excel 的【数据】→"数据分析"→" t 检验:双样本异方差假设"检验 $\sigma_1^2 \neq \sigma_2^2$ 且都未知时两个正态总体的均值。

第 1 步，先将总体 1 的 11 个数据输入到工作表中的 $A_1:A_{11}$，总体 2 的 11 个数据输入到工作表中的 $B_1:B_{11}$。

第 2 步，点击【数据】，选择数据分析选项，在分析工具中选择"t 检验:双样本异方差假设"

第 3 步，当出现对话框时：

在【变量 1 的区域】方框内输入数据区域 $A_1:A_{11}$

在【变量 2 的区域】方框内输入数据区域 $B_1:B_{11}$

在【假设平均差】方框内输入 0

在【 α 】方框内输入 0.05

在【输出选项】中选择输出区域为新的工作表

选择【确定】

输出结果如表 7−6 所示。

表 7−6　双样本异方差假设检验输出表

t-检验：双样本异方差假设		
	变量 1	变量 2
平均	2.95	1.52
方差	2.74	1.49
观测值	11	11
假设平均差	0	
df	18	
t Stat	2.30	
$P(T\leqslant t)$ 单尾	0.02	
t 单尾临界	1.75	
$P(T\leqslant t)$ 双尾	0.03	
t 双尾临界	2.10	

7.1.5　两总体均值之差的推断——(匹配样本 t 检验)

如果两个样本是非独立的匹配样本(Paired-Sample),即两个样本中的数据是一一对应的,这时对两个总体的均值的比较,就是对两个样本对应数据之差的检验。令 d 为两样本对应数据之差,μ_d 表示两样本总体之差的平均值,零假设和备择假设为:

$H_0:\mu_d=0$,　　$H_1:\mu_d\neq 0$

μ_d 所对应的样本统计量为 $\bar{d}$,有 $\bar{d}=\frac{\sum d_i}{n}$ $s_d=\sqrt{\frac{\sum(d_i-\bar{d})^2}{n-1}}$

如果差值的总体服从正态分布,但方差未知时则构造 t 检验统计量,其计算公式为:

$$t=\frac{\bar{d}-\mu_d}{s_d/\sqrt{n}}\sim t(n-1)$$

如果 $|t|>|t_{\alpha/2}|$,则拒绝 H_0 双侧检验假设;$t<-t_\alpha$ 或 $t>t_\alpha$,则拒绝 H_0 的左侧检测假设或右侧检测假设。

例 7.6　某学校推广了一种新的教学方法,实施前和实施后用一套平行试卷分别测试了 14 名学生的学习成绩,结果如表 7—7 所示,试问这种教学方法是否有效?

表 7—7　新教学方法实施前后测试样本的学习成绩

实施前	68	71	58	92	74	84	60	63	78	79	96	60	80	83
实施后	69	77	66	95	77	81	59	68	75	86	98	72	85	86

解:令 d 为新教学方法实施前与实施后各学生学习成绩的差值,u_d 表示实施前后总体之差的平均值,它为 t 的双侧假设检验,其零假设和备择假设为:

$H_0:\mu_d=0$,　　$H_1:\mu_d\neq 0$

$$\bar{d}=\frac{\sum d_i}{n}=\frac{(-1-6-8-3-3+3+1-5+3-7-2-12-5-3)}{14}$$

$$=-3.43$$

$$s_d=\sqrt{\frac{\sum(d_i-\bar{d})^2}{n-1}}=4.2$$

$t=\frac{-3.43-0}{4.2/\sqrt{14}}=-3.06$,当显著性水平 α 等于 0.05 时,利用 Excel 2013 统计函数 T.INV.2T 可以计算出 t 分布的双尾区间点:$t_{0.025}(13)$ = T.INV.2T(0.05,13) = 2.16,因 $|t|>|t_{\alpha/2}|$,则拒绝 H_0 的双侧检验假设,接受 H_1 假

设。又因 $t<-t_{0.025}(13)$，故 t 落在拒绝域的左侧，所以可认为新教学方法是有效的。

匹配样本两总体均值之差的检验可通过 Excel 实现，现以本题加以说明

用 2013 版 Excel 的【数据】→"数据分析"→"t 检验：成对双样本均值分析"。

第 1 步，先将总体 1 的 14 个数据输入到工作表中的 $A_1:A_{14}$，总体 2 的 14 个数据输入到工作表中的 $B_1:B_{10}$。

第 2 步，点击【数据】，选择数据分析选项，在分析工具中选择"t 检验：双样本异方差假设"。

第 3 步，当出现对话框时：

在【变量 1 的区域】方框内输入数据区域 $A_1:A_{14}$

在【变量 2 的区域】方框内输入数据区域 $B_1:B_{14}$

在【假设平均差】方框内输入 0

在【 α 】方框内输入 0.05

在【输出选项】中选择输出区域为新的工作表

选择【 确定 】

输出结果如表 7—8 所示。

表 7—8 配对双样本均值分析输出表

t-检验：成对双样本均值分析		
	变量 1	变量 2
平均	74.71428571	78.14285714
方差	144.0659341	123.6703297
观测值	14	14
泊松相关系数	0.936805207	
假设平均差	0	
df	13	
t Stat	−3.053691395	
$P(T\leqslant t)$ 单尾	0.004617077	
t 单尾临界	1.770933396	
$P(T\leqslant t)$ 双尾	0.009234155	
t 双尾临界	2.160368656	

7.2 两总体比例之差的推断

假设二项分布总体中所包含的事件要么具有某种属性，要么不具有某种属

性。其中具有某种属性的事件出现的概率为 p，不具有某种属性的事件出现的概率为 $q=1-p$。设有两个二项分布总体，分别具有参数 p_1 和 p_2，从两总体中抽取含量为 n_1 和 n_2 的两个样本，出现某一类别的个体数分别为 x_1 和 x_2，$\bar{p}_1=\frac{x_1}{n_1}$，$\bar{p}_2=\frac{x_2}{n_2}$，判断 p_1 和 p_2 之间的差异是否显著？

7.2.1 两总体比例之差的点估计和区间估计

当样本容量 n 比较大，二项分布已经接近于正态分布，此时可以按照正态分布来估计总体比率的置信区间，这种方法叫做正态近似法。对于二项分布总体来讲当 $p=q$，无论 n 的大小；或者虽然 $p\neq q$，但 np 和 nq 都 $\geqslant 5$，这时二项分布接近正态分布，因此，可以对样本比率与总体比率的差异进行 Z 检验。

两个总体比例之差的点估计为 $\bar{p}_1-\bar{p}_2$

两个总体比例之差的区间估计为 $\bar{p}_1-\bar{p}_2\pm z_{\alpha/2}\sqrt{\frac{\bar{p}_1(1-\bar{p}_1)}{n_1}+\frac{\bar{p}_2(1-\bar{p}_2)}{n_2}}$

例 7.7 两个牙膏厂生产两种不同的药物牙膏。对使用 A 厂牙膏的 350 人及使用 B 厂牙膏的 325 人分别进行调查。发现在使用 A 厂牙膏的 350 人中 105 人效果明显，在使用 B 厂牙膏的 325 人中 130 人效果明显。试估计两个厂牙膏效果明显者所占比例之差，显著水平取 $\alpha=0.05$。

解：因为对两个牙膏厂药物牙膏的使用者抽取的样本比较大，此时二项分布已经接近于正态分布，可以按照正态分布来估计总体比率的置信区间。又已知

$$\bar{p}_1=\frac{105}{350}=0.3,\bar{p}_2=\frac{130}{325}=0.4$$

$$\sqrt{\frac{\bar{p}_1(1-\bar{p}_1)}{n_1}+\frac{\bar{p}_2(1-\bar{p}_2)}{n_2}}=\sqrt{\frac{0.3\times 0.7}{350}+\frac{0.4\times 0.6}{325}}=0.04$$

$$\alpha=0.05,\ z_{0.05/2}=1.96$$

因此，总体比率 p_1-p_2 的 95%的置信区间为：

$$\bar{p}_1-\bar{p}_2\pm z_{\alpha/2}\sqrt{\frac{\bar{p}_1(1-\bar{p}_1)}{n_1}+\frac{\bar{p}_2(1-\bar{p}_2)}{n_2}}$$

$$=[-0.1-1.96\times 0.04,-0.1+1.96\times 0.04]$$

即置信区间为 $[-0.18,-0.02]$。

7.2.2 两总体比例之差的假设检验

设 p_1，p_2 分别是两个独立总体的总体比例，$\bar{p}_1$，$\bar{p}_2$ 分别是它们的样本比例，n_1，n_2 分别是它们的样本容量。当样本容量比较大，两个总体比例之差 p_1-p_2

已经接近于正态分布。

两个总体比例之差 p_1-p_2 的假设检验：

1. 假设检验如下的三种形式：

(1) $H_0:p_1-p_2=0$，　$H_1:p_1-p_2\neq 0$　　双侧假设检验

(2) $H_0:p_1-p_2\geqslant 0$，　$H_1:p_1-p_2<0$　　左侧假设检验

(3) $H_0:p_1-p_2\leqslant 0$，　$H_1:p_1-p_2>0$　　右侧假设检验

2. 显著性水平：　一般取 $\alpha=0.01$ 或 $\alpha=0.05$

3. 检验统计量：

假定原假设为真，总体比例相等，且 $p_1=p_2=p$，但 p 未知时

$$\sigma_{\bar{p}_1-\bar{p}_2}=\sqrt{\frac{\bar{p}_1(1-\bar{p}_1)}{n_1}+\frac{\bar{p}_2(1-\bar{p}_2)}{n_2}}=\sqrt{\frac{p(1-p)}{n_1}+\frac{p(1-p)}{n_2}}$$

$$z=\frac{\bar{p}_1-\bar{p}_2-(p_1-p_2)}{\sqrt{p(1-p)(\frac{1}{n_1}+\frac{1}{n_2})}}$$

由于 p 未知，合并两个样本点估计量，以得到如下 p 的单一点估计量：

$$\bar{p}=\frac{n_1\,p_1+n_2\,p_2}{n_1+n_2}=\frac{x_1+x_2}{n_1+n_2}$$

当 n 足够大时，z 近似标准正态分布。p_1-p_2 的假设检验的检验统计量计算公式为：

$$z=\frac{p_1-p_2}{\sqrt{\bar{p}(1-\bar{p})(\frac{1}{n_1}+\frac{1}{n_2})}}\sim N(0,1)$$

如果 $|z|>|z_{\alpha/2}|$，则拒绝 H_0 的双侧假设检测；$z<-z_\alpha$ 或 $z>z_\alpha$，则拒绝 H_0 的左侧假设检测或右侧假设检测。

例 7.8　调查了 280 名中学生发现有 140 名学生睡眠不足，在减轻学生作业负担后，调查 120 中学生仍有 40 名睡眠不足，试问在 $\alpha=0.05$ 的显著水平下，减轻学生负担的效果是否显著？

解：设 p_1,p_2 分别是减轻学生作业负担前后，睡眠不足两个独立总体的总体比例，$\bar{p}_1,\bar{p}_2$ 分别是它们的样本比例。因样本容量比较大，两个总体比例之差 p_1-p_2 已经接近于正态分布，可进行 Z 检验。假设减轻学生负担后效果显著，故提出如下的零假设和备择假设：

$H_0:p_1\geqslant p_2$，　　$H_1:p_1<p_2$

$\bar{p}_1=\frac{140}{280}=\frac{1}{2},\bar{p}_2=\frac{40}{120}=\frac{1}{3},\bar{p}_1>\bar{p}_2$

$$\bar{p}=\frac{140+40}{280+120}=\frac{9}{20}$$

代入 z 统计量计算公式得：

$$z=\frac{\frac{140}{280}-\frac{40}{120}}{\sqrt{\frac{9}{20}\times\frac{11}{20}\times\left(\frac{1}{280}+\frac{1}{120}\right)}}=\frac{0.17}{0.05}=3.4$$

因此题为 z 统计量的左侧假设检验，当显著性水平 α 等于 0.05 时，利用 Excel 2013 统计函数 norm. s. inv 可得 $z_{\alpha}=$ norm. s. inv(0.95)＝1.64，$z>-z_{\alpha}$ 落在接受区域内，不拒绝 H_0 假设。即减轻学生负担后，学生的睡眠状况有明显改善。

思考与练习

1. 为评价两所小学教育质量差异，对两所小学六年级的学生进行了一次标准化考试。用考试平均分数的差异来评估两所小学教育质量的差异。具体数据如表 7—9 所示。根据以前所进行的标准化测试知道，两所小学考试分数都有近 10 分的标准差。规定该研究的显著性水平为 0.05，试问两所小学教育质量差异的区间估计？

表 7—9　两总体样本数据

来自总体 1 的样本	来自总体 2 的样本
$n_1=45$	$n_2=55$
$\bar{x}_1=83.2$	$\bar{x}_2=76.2$

2. 表 7—10 是由 6 对观察值组成的随机样本。设 μ_1 和 μ_2 分别为总体 1 和总体 2 的均值，试求 $\mu_1-\mu_2$ 的 95％ 的置信区间。

表 7—10　两配对样本数据

配对样本编号	来自总体 1 的样本	来自总体 2 的样本
1	3	1
2	11	8
3	6	13
4	9	16
5	22	10
6	37	22

3. 进行一项家庭经济情况的社会调查。从甲城市随机抽取了500户的家庭样本,每户每月的平均消费开支为600元。从乙城市随机抽取了300户的家庭样本,每户每月的平均消费开支为570元。根据历史资料,这两城市的家庭消费开支是服从正态分布的,标准差为100元。试在$\alpha=0.05$的水平上检验,这两城市一个家庭的月平均消费开支是否有差异?

4. 一个汽车轮胎制造商声称,某一等级的轮胎的平均寿命在一定的汽车重量和正常行驶条件下为20000公里,对一个由18个轮胎组成的随机样本作了试验,测得平均值为19000公里,标准差为5000公里。已知轮胎寿命的公里数服从正态分布,能否根据这些数据做出结论,在0.05的显著水平下该制造商的产品同他所说的标准相符?

5. 一个容量为10的样本来自一个正态总体,已知其平均数$\bar{y}_1=32$和均方$s_1^2=40$,一个容量为16的样本来自一个正态总体,得平均数$\bar{y}_2=26$,均方$s_2^2=45$,测验$H_0:\mu_1-\mu_2=4$和相对的$H_1:\mu_1-\mu_2>4$,取0.05的显著水平。

6. 从一个方差为24的正态总体中抽取一个容量为8的样本,求得其平均数$\bar{y}_1=13$,又从一个方差为80的正态总体中抽取一个容量为10的样本,并知$\bar{y}_2=15$,试取$\alpha=0.05$测验$H_0:\mu_1=\mu_2$和相对应的$H_1:\mu_1\neq\mu_2$。

7. 假设一家制造厂的员工可用两种方法完成一项生产任务(见表7-11)。为了使产品产量最大化,该公司想找出总体平均完成时间较短的方法。在不知道哪种方法更好的条件下,暂时假设两种方法具有相同的平均完成时间。试取$\alpha=0.05$测验$H_0:\mu_1-\mu_2=0,H_1:\mu_1-\mu_2\neq 0$

表7-11　匹配样本方案的任务完成时间

工人	方法1的完成时间(分)	方法2的完成时间(分)	完成时间的差值(d_i)
1	6.0	5.4	0.6
2	5.0	5.2	−0.2
3	7.0	6.5	0.5
4	6.2	5.9	0.3
5	6.0	6.0	0.0
6	6.4	5.8	0.6

8. 为了准备参加奥数竞赛,某校选取了17名学生进行奥数训练,这些学生在训练前与训练后都作了测试,成绩列于表7-12中。如果两次测试分数之差服从正态分布,在$\alpha=0.05$的显著水平上,能否作出"训练有效果"的断言?

表 7－12　训练前后的测试成绩

单位:分

训练后	80	82	76	90	91	81	88	77	80	78	72	86	74	70	64	69	73
训练前	82	76	74	85	90	83	87	75	79	80	70	82	72	66	62	65	71

9. 某人由于搬家,上班的路程也有了变化。现在他上班有 A、B 两条路径可以选择。为了探明哪条路径更为快捷,他做了一番试验。在头一周,他星期一、三、五选择路径 A 上班,星期二、四选择路径 B 上班。第二周则在星期一、三、五选择路径 B 上班,星期二、四选择路径 A 上班。表 7－13 是他在这两周中上班路程上所花时间的记录。试在 $\alpha=0.10$ 的显著水平上,以成对数据的检验方法判断沿 A、B 两条路径上班所花费时间是否相同?

表 7－13　上班路程所花费的时间

单位:分钟

	星期一	星期二	星期三	星期四	星期五
A 路径	27.7	25.2	24.1	25.1	29.3
B 路径	24.4	24.8	22.9	25.6	27.8

10. 在某个电视节目的收视率调查中,从农村随机调查了 300 人,有 32%的人收看了该节目;从城市随机调查了 400 人,有 43%的人收看了该节目。问以 95%的置信水平估计城市与农村收视率之差的置信区间。

11. 从甲乙两个学校中抽取本科生进行普通话测试。甲校 300 人中有 90 人成绩优良,乙校 350 人中有 140 人成绩优良,试判断两个学校本科生普通话优良率有无显著差异(取 $\alpha=0.05$)。

12. 某个保险公司想比较在两个城市所做的广告的效果,于是从两个城市分别随机地调查了 1000 个成年人,其中看过该广告的比例分别为 $p_1=0.26$ 和 $p_2=0.21$。试问在 $\alpha=0.05$ 的显著水平下,两城市成年人中看过该广告的比例是否一致?

第八章　总体方差的统计推断

在假设检验中，有时不仅需要检验正态总体的均值、比例，而且需要检验正态总体的方差。方差是总体分布的一个重要特征值，刻画了一个分布的离散程度，即表征总体的取值是相对集中还是比较分散。在经济生活中，对方差关注的例子比比皆是。例如，居民的平均收入说明了收入达到的一般水平，而收入的方差则反映了收入分配差异的情况，可以用于评价收入的合理性。在投资方面，收益率的方差更是评价投资风险的重要依据。

8.1　一个总体方差的统计推断

8.1.1. 一个总体方差的区间估计(χ^2分布)

设总体 $X \sim N(\mu,\sigma^2)$，$(X_1,X_2,\cdots,X_n)$ 为来自 X 的一个样本，已给定置信度(水平)为 $1-\alpha$，求 σ^2 的置信区间。

1. 当 μ 已知时，由于 $X_i \sim N(\mu,\sigma^2)$，因此

$$\frac{X_i-\mu}{\sigma} \sim N(0,1), \qquad i=1,2,\cdots,n$$

由 χ^2 分布的定义知：

$$\sum_{i=1}^{n}\frac{(X_i-\mu)^2}{\sigma^2} \sim \chi^2(n)$$

据 $\chi^2(n)$ 分布上 α 分位点的定义，有：

$$P\{\chi^2_{1-\alpha/2}(n) < \sum_{i=1}^{n}\frac{(X_i-\mu)^2}{\sigma^2} < \chi^2_{\alpha/2}(n)\} = 1-\alpha$$

从而 $P\left\{\frac{\sum_{i-1}^{n}(X_i-\mu)^2}{\chi^2_{\alpha/2}(n)} < \sigma^2 < \frac{\sum_{i=1}^{n}(X_i-\mu)^2}{\chi^2_{1-\alpha/2}(n)}\right\} = 1-\alpha$

故 σ^2 的置信度为 $1-\alpha$ 的置信区间为：$\left(\frac{\sum_{i=1}^{n}(X_i-\mu)^2}{\chi^2_{\alpha/2}(n)}, \frac{\sum_{i=1}^{n}(X_i-\mu)^2}{\chi^2_{1-\alpha/2}(n)}\right)$

2. 当 μ 未知时，据抽样分布有：

$$\frac{(n-1)S^2}{\sigma^2} \sim \chi^2(n-1)$$

当给定了置信度 $1-\alpha$，要求总体方差 σ^2 的区间估计，则可在 χ^2 分布表中，取自由度为 $n-1$，查找两个分位点值与 $\chi^2_{1-\alpha/2}$，$\chi^2_{\alpha/2}$ 它们分别满足：

$P(\chi^2 \leqslant \chi^2_{1-\alpha/2}) = 1-\alpha/2$，$P(\chi^2 \geqslant \chi^2_{\alpha/2}) = \alpha/2$

这样 σ^2 的置信度为 $1-\alpha$ 的置信区间即为

$$\left(\frac{(n-1)S^2}{\chi^2_{\alpha/2}(n-1)}, \frac{(n-1)S^2}{\chi^2_{1-\alpha/2}(n-1)}\right) \tag{8.1}$$

式中 S^2 为(8.1)式所给的 σ^2 的点估计。由于标准差是方差的算术平方根，所以自然地就将

$$\left(\sqrt{\frac{(n-1)S^2}{\chi^2_{\alpha/2}(n-1)}}, \sqrt{\frac{(n-1)S^2}{\chi^2_{1-\alpha/2}(n-1)}}\right) \tag{8.2}$$

作为标准差 σ 的置信度为 $1-\alpha$ 的置信区间。

例 8.1　食品厂从生产的罐头中随机抽取 30 个称量其重量，得样本方差 $s^2 = 1.65^2$(克^2)，设罐头重量服从正态分布，试求其方差的置信水平为 95%的置信区间?

解：此题为一个正态总体方差的区间估计，服从 χ^2 分布。又已知 $n=30$，$\alpha=0.05$，$1-\alpha/2=0.975$，$s^2=1.65^2$，利用 Excel 2013 提供的统计函数 chisq. inv 和 chisq. inv. rt 可以计算出给定概率的左尾和右尾卡方分布的区间点。

$$\chi^2_{1-0.025}(29) = \text{chisq. inv}(0.025, 29) = 16.05$$

$$\chi^2_{0.025}(29) = \text{chisq. inv. rt}(0.025, 29) = 45.72$$

因此方差置信水平为 95% 的置信区间为：

$$\frac{(30-1)\times 1.65^2}{45.72} \leqslant \sigma^2 \leqslant \frac{(30-1)\times 1.65^2}{16.05} \Rightarrow 1.73 \leqslant \sigma^2 \leqslant 4.92$$

故总体方差的置信水平为 95%的置信区间为[1.73, 4.92]。

8.1.2　一个正态总体的检验(χ^2 的双侧检验)

一个正态总体方差的双侧检验是指总体均值 μ 未知，检验样本方差与总体方差是否相等，即原假设为 $H_0: \sigma^2 = \sigma_0^2$，备择假设为 $H_1: \sigma^2 \neq \sigma_0^2$。检验统计量计算公式为：

$$\chi^2(n-1) = \frac{(n-1)s^2}{\sigma_0^2}$$

如果 $x^2 < x^2_{1-\alpha/2}$ 或 $x^2 > x^2_{\alpha/2}$，则拒绝 H_0 假设。

例 8.2　历史上，申请驾驶执照的个人考试分数的方差为 $\sigma^2 = 100$。现在推出

一种采用新型考题的考试。机动车辆管理处的官员希望新型考试的考分的方差保持历史水平。为评价新型考试考分的方差,提出下面的双边假设检验。

$H_0:\sigma^2=100$, $H_1:\sigma^2\neq 100$

一个由30名驾驶执照的申请者组成的样本将接受这种新型考试,样本方差为 $s^2=162$,显著性水平为0.05。

解:这是关于一个总体方差的双侧检验,它的零假设和备择假设为:

$H_0:\sigma^2=100$, $H_1:\sigma^2\neq 100$

检验统计量:

$$\chi^2(n-1)=\frac{(n-1)s^2}{\sigma_0^2}=\frac{(30-1)\times 162}{100}=46.98$$

利用 Excel 2013 提供的统计函数 chisq. inv 和 chisq. inv. rt 可以计算出给定概率的左尾和右尾卡方分布的区间点。

$$\chi^2_{1-0.025}(29)=\text{chisq. inv}(0.025,29)=16.05$$

$$\chi^2_{0.025}(29)=\text{chisq. inv. rt}(0.025,29)=45.72$$

因为 $\chi^2>\chi^2_{0.025}$,则拒绝 H_0 假设,即认为新型考试的考分方差不等于100。

8.1.3 一个正态总体的检验(χ^2 的单侧检验)

一个正态总体方差的单侧检验是指总体均值 μ 未知,检验样本方差是否小于等于总体方差,即原假设为 $H_0:\sigma^2\leqslant\sigma_0^2$ 备择假设为 $H_1:\sigma^2>\sigma_0^2$

检验统计量 $\chi^2(n-1)=\dfrac{(n-1)s^2}{\sigma_0^2}$

如果 $\chi^2>\chi^2_\alpha$,则拒绝 H_0。

例 8.3 某城市汽车公司最近通过鼓励其司机遵守时间,规定到达各汽车站时间的方差小于或等于4分钟。公司定期在各个车站收集到达时间数据以确定是否遵守守时制度。假定在某个特定的市中心车站抽取了由24辆公共汽车到达时间组成的样本,样本方差为 $s^2=4.9$。

解:这是关于一个总体方差的单侧假设检验,它的零假设和备择假设为:

$H_0:\sigma^2\leqslant 4$, $H_1:\sigma^2>4$

检验统计量:$\chi^2(n-1)=\dfrac{(n-1)s^2}{\sigma_0^2}=\dfrac{(24-1)\times 4.9}{4}=28.18$

利用 Excel 2013 提供的统计函数 chisq. inv 和 chisq. inv. rt 可以计算出给定概率的左尾和右尾卡方分布的区间点。知

$$\chi^2_{1-0.025}(23)=\text{chisq. inv}(0.025,23)=11.69$$

$$\chi^2_{0.025}(23)=\text{chisq. inv. rt}(0.025,29)=38.08$$

因为此题是右侧假设检测,而 $\chi^2<\chi^2_{0.025}$ 。则不拒绝 H_0假设,即认为公共汽

车到达各汽车站时间的方差小于或等于 4 分钟。

8.2 两个总体方差的统计推断

8.2.1 两个总体方差比的区间估计

设总体 $X_1 \sim N(\mu_1,\sigma_1^2)$，$X_2 \sim N(\mu_2,\sigma_2^2)$，且 X_1 与 X_2 相互独立，$(X_{11},X_{12},\cdots,X_{1n})$ 来自 X_1 的一个样本，$(X_{21},X_{22},\cdots,X_{2n})$ 为来自 X_2 的一个样本，且设 $\overline{X}_1,\overline{X}_2,S_1^2,S_2^2$ 分别为总体 X_1 与 X_2 的样本均值与样本方差，对给定置信水平 $1-\alpha$，求 σ_1^2/σ_2^2 的一个置信区间。

据抽样分布知：$\dfrac{S_1^2/S_2^2}{\sigma_1^2/\sigma_2^2} \sim F(n_1-1,n_2-1)$。由 F 分布的上 α 分位点的定义知，

$$P\left\{F_{1-\alpha/2}(n_1-1,n_2-1) < \frac{S_1^2/S_2^2}{\sigma_1^2/\sigma_2^2} < F_{\alpha/2}(n_1-1,n_2-1)\right\} = 1-\alpha$$

即 $P\left\{\dfrac{S_1^2/S_2^2}{F_{\alpha/2}(n_1-1,n_2-1)} < \sigma_1^2/\sigma_2^2 < \dfrac{S_1^2/S_2^2}{F_{1-\alpha/2}(n_1-1,n_2-1)}\right\} = 1-\alpha$

于是得 σ_1^2/σ_2^2 的一个置信水平为 $1-\alpha$ 的置信区间为：

$$\left(\frac{S_1^2/S_2^2}{F_{\alpha/2}(n_1-1,n_2-1)},\frac{S_1^2/S_2^2}{F_{1-\alpha/2}(n_1-1,n_2-1)}\right)$$

例 8.4 研究生产车间 A 和车间 B 员工的满意度，满意度测量采用 5 分制形式，5 分表示非常满意，4 分表示比较满意，3 表示一般，2 分表示不太满意，1 分表示非常不满意。随机抽取车间 A 的生产员工 31 人，测得满意度平均得分为 3.41 分，样本方差 $s_1^2=0.34$；抽取车间 B 的生产员工 32 人，测得满意度平均得分为 3.68 分，样本方差 $s_2^2=0.29$。设两车间员工样本相互独立，且假设两生产车间员工的满意度分别服从正态分布 $N(\mu_1,\sigma_1^2)$ 和 $N(\mu_2,\sigma_2^2)$，这里 $\mu_1,\mu_2,\sigma_1^2,\sigma_2^2$ 均未知，求方差比 σ_1^2/σ_2^2 的置信度为 0.95 的置信区间。

解：令生产车间 A 全体员工为总体 X_1，生产车间 B 全体员工为总体 X_2，由题意知，$X_1 \sim N(\mu_1,\sigma_1^2)$，$X_2 \sim N(\mu_2,\sigma_2^2)$，且来自 X_1 与 X_2 的两个样本相互独立，因此，σ_1^2/σ_2^2 的一个置信水平为 $1-\alpha$ 的置信区间为：

$$\left(\frac{s_1^2/s_2^2}{F_{\alpha/2}(n_1-1,n_2-1)},\frac{s_1^2/s_2^2}{F_{1-\alpha/2}(n_1-1,n_2-1)}\right)$$

此处，$1-\alpha=0.95$，$\alpha/2=0.025$，$1-\alpha/2=0.975$，$n_1=31$，$n_2=32$，利用 Excel2013 的统计函数 f. inv. rt 可求得 F 概率分布的逆函数值（右尾），$F_{0.025}(30,31)=$ f. inv. rt(0.025,30,31) $=2.06$

又由 F 函数的性质 $F_\alpha(m,n)=\dfrac{1}{F_{1-\alpha}(n,m)}$ 得

$$F_{0.975}(30,31)=\frac{1}{F_{0.025}(31,30)}=\frac{1}{2.07}$$

于是 σ_1^2/σ_2^2 的置信度为 95% 的置信区间为：

$$\left[\frac{0.34/0.29}{2.06},\frac{0.34}{0.29}\times 2.07\right]$$

即 [0.57,2.43] 。由于 σ_1^2/σ_2^2 的置信区间包含 1，在实际中我们认为 σ_1^2，σ_2^2 两者没有显著差别。

8.2.2 两个总体方差比的假设检验

当样本容量为 n_1 和 n_2 的独立简单随机样本分别取自两个正态分布总体时，则统计量

$$F=\frac{\dfrac{\dfrac{(n_1-1)S_1^2}{\sigma_1^2}}{(n_1-1)}}{\dfrac{\dfrac{(n_2-1)S_2^2}{\sigma_2^2}}{(n_2-1)}}=\frac{S_1^2/\sigma_1^2}{S_2^2/\sigma_2^2}\sim F(n_1-1,n_2-1)$$

服从分子自由度为 (n_1-1)，分母自由度为 (n_2-1) 的 F 分布。当两个总体方差相等时，有

$$\frac{S_1^2}{S_2^2}\sim F(n_1-1,n_2-1)$$

1. 两个总体方差比的双侧假设检验

两个总体方差比的双侧检验 $H_0:\sigma_1^2=\sigma_2^2$，$H_1:\sigma_1^2\neq\sigma_2^2$

检验统计量为：$\dfrac{S_1^2}{S_2^2}\sim F(n_1-1,n_2-1)$

F 服从分子自由度为 n_1-1，分母自由度为 n_2-1 的 F 分布 。

拒绝法则 ：如果 $F>F_{\alpha/2}$ 或者 $F<F_{1-\alpha/2}$，则拒绝 H_0。

2. 两个总体方差比的单侧假设检验

在单侧检验中，一般把提供最大样本方差的总体为总体 1，放在分子位置，此时 $F>1$，拒绝域在 F 分布的右侧 。因此两个总体方差的单侧假设检验的零假设和备择假设为：$H_0:\sigma_1^2\leqslant\sigma_2^2$，$H_1:\sigma_1^2>\sigma_2^2$

它实际是一个右侧假设检验，检验统计量为：

$$\frac{S_1^2}{S_2^2}\sim F(n_1-1,n_2-1)$$

拒绝法则 ：如果 $F>F_{\alpha/2}$，则拒绝 H_0。

例 8.5 用到达或运送时间的方差作为公共汽车公司服务质量的基本量度。

较低的方差说明服务质量比较稳定而且比较高。随机抽取总体 1 的 16 个到达时间组成的样本，以及总体 2 的 16 个到达时间组成的样本（如表 8—1 所示），问在显著水平 $\alpha=0.05$ 时，两总体的方差是否相等？

表 8—1　两总体的方差

样本编号 \ 总体	总体 1 的样本到达时间（单位：分钟）	总体 2 的样本到达时间（单位：分钟）
1	31	15
2	36	18
3	30	20
4	35	21
5	36	17
6	37	16
7	36	22
8	33	21
9	32	26
10	33	24
11	34	19
12	26	17
13	31	22
14	27	23
15	33	24
16	31	25

解：此题是关于两个总体方差比的双侧假设检验，它的零假设和备择假设为：$H_0:\sigma_1^2=\sigma_2^2$，$H_1:\sigma_1^2\neq\sigma_2^2$。根据表中 16 对样本数据，可计算出两总体样本均值、方差分别为 $\bar{x}_1=34.06$，$\bar{x}_2=20.63$，$s_1^2=14.46$，$s_2^2=11.32$。检验统计量 $\frac{S_1^2}{S_2^2}\sim F(16-1,16-1)=14.46/11.32=1.28$，当 $\alpha=0.05$ 时，利用 Excel 2013 的统计函数求得 $F_{0.025}(15,15)=$ f. inv. rt$(0.025,15,15)=2.86$。因为 $F<F_{0.05/2}$，接受 H_0 假设，即认为两总体的方差相等。

双样本方差分析可通过 Excel 实现，现以本题加以说明。

用 2013 版 Excel 的【数据】→“数据分析”→“F-检验 双样本方差分析”。

第 1 步，先将总体 1 的 16 个数据输入到工作表中的 $A_1:A_{16}$，总体 2 的 16 个数据输入到工作表中的 $B_1:B_{16}$。

第 2 步，点击【数据】，选择数据分析选项，在分析工具中选择“t 检验：双样本异方差假设”

第 3 步，当出现对话框时：

在【变量 1 的区域】方框内输入数据区域 $A_1:A_{16}$

在【变量 2 的区域】方框内输入数据区域 $B_1:B_{16}$

在【α】方框内输入 0.05

在【输出选项】中选择输出区域为新的工作表

选择【 确定 】

输出结果如表 8－2 所示。

表 8－2　双样本方差分析输出表

F－检验 双样本方差分析		
	变量 1	变量 2
平均	34.06	20.63
方差	14.46	11.32
观测值	16	16
df	15	15
F	1.28	
P(F<=f) 单尾	0.32	
F 单尾临界	2.40	

思考与练习

1. 某厂抽取 40 只某型灯泡，测得其平均使用寿命为 4800 小时，$S=300$ 小时。试以 95％的置信水平估计该型灯泡的方差及标准差。

2. 有一批袋装食盐，现从中随机地取出 16 袋，称得重量(单位：克)如下：

506	503	498	501	504	508	497	510
506	505	494	496	506	502	507	496

设袋装食盐重量近似服从正态分布，求总体标准差 σ 的置信水平为 95％的置信区间。

3. 为使顾客能接受，某种零件尺寸允许的方差非常窄。产品规格要求该零件长度的最大方差为 0.0004。假设 30 个零件的样本方差为 $s^2=0.0005$。取 $\alpha=0.05$，检验总体方差是否违背规格。

4. 为研究男女大学生在生活费支出上的差异，在某大学各随机抽取 50 名男学生和 50 名女学生，得到如下数据：男学生样本均值为 1520 元，样本方差为 260，女学生样本均值为 1480 元，样本方差为 280，试以 95％的置信水平估计男女大学生生活费支出方差比的置信区间。

5. 汽车平均每年的修理费依赖于汽车的使用年限，例如，已使用 4 年的汽车平均年修理费 3000 元，几乎是已使用 2 年的汽车平均年修理费 1500 元的两倍 。研究者想要知道，随着汽车使用年限的增长，年修理费的方差是否也增长。一个由 25 辆已使用 4 年的汽车组成的样本表明，年修理费的标准差为 1000 元；一个由 25 辆已使用 2 年的汽车组成的样本表明，年修理费的标准差为 600 元。试问较老的汽车修理费的方差是否也比较大？

6. 由 31 名男性和 41 名女性组成的样本将用于研究他们对工厂满意度的调查。显著性水平 0.05，女性的样本方差＝120，男性的样本方差＝80，问女性总体方差是否比男性总体方差更大？

7. 考虑下列假设检验：$H_0:\sigma_1^2=\sigma_2^2, H_1\ \sigma_1^2\neq\sigma_2^2$ 。如果 $n_1=25, s_1^2=4, n_2=21$ $s_2^2=8.2$，当 $\alpha=0.05$ 时，你有何结论？

第九章　分类数据的统计检验

这一章讨论的统计方法主要用于分类数据的分析。此外，在前一章中介绍了两个总体比例之差的检验，如果对更多的总体比例进行比较，也可以采用本章介绍的方法。对这类数据进行描述和分析，通常需要采用列联的方式进行，故一般称之为列联分析或列联表分析。

9.1　分类数据与列联表

9.1.1　分类数据

在第一章中曾介绍统计数据的类型有分类数据、顺序数据和数值型数据。分类数据和顺序数据都属于分类数据，其共同特征是，调查结果虽然是用数值表现的，但不同数值描述了调查对象的不同特征。例如，研究青少年家庭状况与行为之间的关系，青少年家庭状况是一个分类数据，可以分为“完整家庭”和“离异家庭”，如果调查结果为“1”，表示被调查者来自完整家庭，调查结果为“2”表示被调查者来自离异家庭。青少年行为也可以分为两类，“犯罪”和“未犯罪”，分别用“1”和“2”表示。对这类问题进行分析，是在对数据进行汇总的基础上进行的。例如，样本中有多少来自完整家庭和离异家庭，有多少属于犯罪和未犯罪。再例如，我们关心原料的质量与原料的产地是否存在相依关系，原料的质量是顺序数据，可以分为“一级品”“二级品”“三级品”等，原料的产地是分类数据，可以分为“甲地区”“乙地区”等。在对这些数据进行统计分析时，也要按上述方法先对原始数据进行处理，表现处理结果的表格通常采用列联的方式，故把这种表格称为列联表。

由第一章的讨论，我们还知道，数值型数据是可以转化为分类数据的。例如，“收入”是一个数值型数据，但可以按照一定的标准把不同收入的被调查者分为不同的类型如“高收入群”“较高收入群”“中等收入群”等。研究文化程度与收入间的关系，也可以采用列联分析的方式。

9.1.2　列联表的构造

列联表是由两个以上的变量进行交叉分类的频数分布表，例如，一家大型集团公司在不同的区域设有分公司，现该集团公司欲进行一项改革，此项改革可能涉及各分公司的利益，故采用抽样调查方法，从四个分公司共抽取420个样本单位，了解职工对此项改革的看法，其调查结果如表9－1。

表9－1 关于改革方案的调查结果

	一分公司	二分公司	三分公司	四分公司	合计
赞成改革方案	68	75	57	79	279
反对改革方案	32	45	33	31	141
合计	100	120	90	110	420

表中行是态度的变量，这里划分为两类：赞成改革方案或反对改革方案；表中的列是单位变量，这里划分为四类，即四个分公司。因此，表9－1是一个2×4列联表。表中的每个数据，都反映着来自态度和单位两个方面的信息，由于列联表中的每个变量都可以有两个或两个以上的类别，列联表会有多种形式。不妨将横向变量（行）的划分类别视为R，纵向变量（列）的划分类别视为C，则可以把每一个具体的列联表称为R×C列联表，如我们把表9－1称为2×4列联表。

9.1.3 列联表的分布

列联表的分布可以从两方面来看，一个是观察值的分布；一个是期望值的分布。先看观察值的分布。事实上，表9－1就是一个最简单的观察值的分布。表中的最右边显示了态度变量的总数，如赞成改革方案的共有279人，反对改革方案的共有141人，对此称为行边缘频数；表中的最下边显示了单位变量的总数。如四个分公司接受调查的人数分别为100人、120人、90人、110人，对此称为列边缘频数。这样，列联表所表现的就是在变量X条件下变量Y的分布，或是在变量Y条件下变量X的分布，因此又把列联表中的观察值分布称为条件分布，每个具体的观察值就是条件的频数。例如，一分公司赞成改革方案的职工有68人就是一个条件的频数。条件频数反映了数据的分布，但是不适合进行对比。例如，四分公司赞成该方案的有79人，三分公司有57人，但是，仅据此还不能说四分公司比三分公司更赞成该方案，因为四分公司接受调查的人数比三分公司接受调查的人数多，它们对比的基数不同。为了能在相同的基数上比较，使列联表中的数据提供更多的信息，可以计算相应的百分比。表9－2就是一个包含百分比的列联表。

表 9—2 一个包含百分比的列联表

	一分公司	二分公司	三分公司	四分公司	合计
赞成改革方案(人)	68	75	57	79	279
行百分数(%)	24.4	26.9	20.4	28.3	66.4
列百分数(%)	68.0	62.5	63.3	71.8	—
总百分数(%)	16.2	17.9	13.6	18.8	—
反对改革方案(人)	32	45	33	31	141
行百分数(%)	22.7	31.9	23.4	22.0	33.6
列百分数(%)	32.0	37.5	36.7	28.2	—
总百分数(%)	7.6	10.7	7.9	7.4	—
边缘频数合计(人)	100	120	90	110	420
边缘频数的百分数(%)	23.8	28.6	21.4	26.2	100.0

表中主栏的每个单元中有四个数据，各数据的含义分别为：条件频数，行百分数，列百分数，总百分数。如第一个单元(即一分公司赞成该方案)中，第一个数字 68 为观察值频数；第二个数字 24.4 为行百分数，即 68/279＝24.4%；第三个数字 68.0 为列百分数，即 68/100＝68%；第四个数字为总百分数，即 68/420＝16.2%。在最右边和最下边的合计栏中各有两行数据，第一行是边缘频数，第二行是边缘频数的百分数。如最右边的 66.4% ＝279/420，及最下边的 23.8＝100/420。包含百分数的列联表可以使我们对变量的联合分布的关系看得更清楚一些。

但是，仅仅依赖这样的表，还难以展开深入的分析，为此需要引入期望分布的概念。什么是期望分布呢？以前例为例。我们已经知道，在全部 420 个样本中，赞成改革方案的有 279 人，占总数的 66.4%，即从总体上看，有 2/3 的调查对象对改革方案表示赞同。但我们希望进一步了解各分公司对这项改革方案的看法是否存在着差异。从逻辑上讲，如果各分公司对这项改革方案的看法相同，那么对第一分公司来说，赞成该方案的人数应当为：0.664×100＝66 人，第二分公司赞成的人数应当为：0.664×120＝80 人，这 66 人和 80 人就是本例中的期望值。由此可以计算出期望值的分布，如表 9—3 所示。

表 9—3 期望值分布表

	一分公司	二分公司	三分公司	四分公司
赞成改革方案的期望值	0.664 ×100 66	0.664 ×120 80	0.664 ×90 60	0.664 ×110 73
反对改革方案的期望值	0.336 ×100 34	0.336 ×120 40	0.336 ×90 30	0.336 ×110 37

将表 9—1 与表 9—3 结合起来，便可以得到观察值和期望值频数对比分布表，

如表 9—4 所示。

表 9—4 观察值和期望值频数对比分布表

	一分公司	二分公司	三分公司	四分公司
赞成改革方案				
观察值	68	75	57	79
期望值	66	80	60	73
反对改革方案				
观察值	32	45	33	31
期望值	34	40	30	37

如果各个分公司对改革方案的看法相同，即各个分公司赞成改革方案的比例相同，就有 $\pi_1=\pi_2=\pi_3=\pi_4=0.664$（$\pi_i$ 为第 i 个分公司赞成改革方案的百分比），那么在表 9—4 中，观察值与期望值就应当非常接近。对于 $\pi_1=\pi_2=\pi_3=\pi_4=0.664$ 的假设，可以采用 χ^2 分布检验。在本章，主要讨论是用 χ^2 进行拟合优度检验和独立性检验。这里需要指出的是，利用观察值的有关信息计算期望值的分布，是进行 χ^2 检验的第一步。由于检验的具体内容不同，计算期望值的方法会有所不同，但表 9—4 关于观察值和期望值的内容，展示了进行 χ^2 检验的一般构造。

9.2 拟合优度检验

9.2.1 χ^2 统计量

前面的章节已经对 χ^2 有所介绍，这里主要讨论 χ^2 统计量的应用

χ^2 可以用于变量间拟合优度检验和独立性检验，可以用于测定两个分类变量之间的相关程度。若用 f_0 表示观察值频数，用 f_e 表示期望值频数，则 χ^2 统计量可以写为：

$$\chi^2=\sum\frac{(f_0-f_e)^2}{f_e} \tag{9.1}$$

由式(9.1)可以看出计算 χ^2 统计量的步骤：

第 1 步，观察值 f_0 减去期望值 f_e。

第 2 步，(f_0-f_e)之差平方。

第 3 步，$(f_0-f_e)^2$ 的结果除以 f_e。

第 4 步，将第三步的结果加总。

根据表 9—4，将 χ^2 统计量的计算过程列成表 9—5。

表 9—5 χ^2 计算表

f_0	f_e	第 1 步 f_0-f_e	第 2 步 $(f_0-f_e)^2$	第 3 步 $(f_0-f_e)^2/f_e$
68	66	2	4	0.0606
75	80	−5	25	0.3125
57	60	−3	9	0.1500
79	73	6	36	0.4932
32	34	−2	4	0.1176
45	40	5	25	0.6250
33	30	3	9	0.3000
31	37	−6	36	0.9730
				3.0319

第 4 步 $\chi^2=\sum\frac{(f_0-f_e)^2}{f_e}=3.0319$

χ^2 统计量有这样几个特征：首先，$\chi^2\geqslant 0$，因为它是对平方值结果的汇总。其次，χ^2 的大小与观察值和期望值的配对数，即 $R\times C$ 的多少有关。$R\times C$ 越多，在不改变分布的情况，χ^2 值越大，因此，χ^2 统计量的分布与自由度有关。最后，χ^2 统计量描述了观察值与期望值的接近程度。如果两者越接近，即 f_0-f_e 的绝对值越小，计算出的 χ^2 值也就越大。χ^2 检验正是运用 χ^2 的计算结果与 χ^2 分布中的临界值进行比较，做出对原假设的统计决策。

χ^2 统计量与自由度有密切的关系。在不同的自由度条件下，χ^2 分布不同。自由度越小，分布就越向左边倾斜，随着自由度的增加，χ^2 分布的偏斜程度趋于缓解，逐渐显露出对称性，随着自由度的继续增大，χ^2 分布将趋近于对称的正态分布。

χ^2 分布是一个概率分布，因此 χ^2 分布曲线与横轴围成的面积为 1。由于有如此多的 χ^2 分布曲线，因而不可能在一张表中显示所有与可能结果相对应的面积。

运用 χ^2 分布进行假设检验，需要确定 χ^2 分布的自由度。根据前面列联表的知识，χ^2 分布的自由度的计算公式可以写为：

$$
\begin{aligned}
\text{自由度} &= (\text{行数}-1)(\text{列数}-1) \\
&= (R-1)(C-1) \qquad (9.2)
\end{aligned}
$$

自由度是可以自由取值的数据的个数，假如现在我们有一个 3×4 列联表，如表 9—6 所示。

表 9－6　自由度计算说明表

	C_1	C_2	C_3	C_4	合计
R_1	V	V	V	*	RT_1
R_2	V	V	V	*	RT_2
R_3	*	*	*	0	RT_3
合计	CT_1	CT_2	CT_3	CT_4	

其中V表示可以自由取值的数据，*和0表示不能自由取值的数据。

由表 9－6 中知，RT_1，RT_2，RT_3 分别表示行的合计，CT_1，CT_2，CT_3 和 CT_4 分别表示列的合计。

首先考察列表中的第一行，在行合计 RT_1 已经确定的情况下，这一行可以自由取值的数据只有 3 个(这里假定取前 3 个)，用V表示，最后一个无法自由取值，用*表示；类似，在第二行中，在行合计 RT_1 已经确定的情况下，这一行可以自由取值的数据也只有 3 个，因此第 4 个不能自由取值的数据也用*表示。在第三行中，第一个数据(R_3，C_1)不能自由取值，因为在列合计 CT_1 已经确定的情况下，第一列的前两个数据已经自由取值，同理，第三行中的第二和第三个数据也不能自由取值，因此这一行的前三个数据均用*表示。第三行的第四个数据均是无法自由取值的，用0表示，因为不论从行或是列来看，它前面的数据均是无法自由取值的*，在行、列合计确定的情况下，这个值也无法自由选取。

表 9－6 是一个 3×4 列联表，自由度的个数为 6，即

$$
\begin{aligned}
\text{自由度} &= (R-1)(C-1) \\
&= (3-1)(4-1) \\
&= 6
\end{aligned}
$$

9.2.2　拟合优度检验

拟合优度检验是用 χ^2 分布进行统计显著性检验的重要内容之一。在假设检验中曾讨论对两个比例是否相等进行的检验。若要对多个比例是否相等就需要用到 χ^2 的检验方法。如果样本是从总体的不同类别中分别抽取，研究目的是对不同类别的目标量之间是否存在显著性差异进行检验，我们把它称之为拟合优度检验(Goodness of Fit Test)，也称一致性检验(Test of Homogeneity)。前面所举的某集团公司下属四个分公司对改革态度就是拟合优度检验的例子。如果四个分公司对改革方案的态度一样，那么四个分公司赞成改革方案的比例应当是一致的，即都是 66.4%；反之，如果这些比例不一致，表明不同的分公司对改革的态度上存在显著的差异，这或许是因为改革方案给各分公司的利益带来不同的影响。

例 9.1　某集团公司准备进行一项改革，从所属的四个分公司中共随机抽取

了 420 名职工,了解他们对改革方案的态度(见表 9－1),以 $\alpha=0.1$ 的显著性水平检验四个分公司对改革方案的看法是否存在差异。

解:如果不存在差异,四个分公司赞成改革方案的比例应该是一致的。于是原假设和备择假设分别为:

$H_0:\pi_1=\pi_2=\pi_3=\pi_4=0.664$,　　赞成比例一致

$H_1:\pi_1,\pi_2,\pi_3,\pi_4$ 全不相等,　　赞成比例不一致

由公式(9.1)得:

$$\chi^2=\sum\frac{(f_0-f_e)^2}{f_e}=3.0319$$

这个结果在表 9－5 中已经求出。

由公式(9.2)计算自由度,有

$$\begin{aligned}自由度&=(行数-1)(列数-1)\\&=(R-1)(C-1)\\&=(2-1)(4-1)=3\end{aligned}$$

$\alpha=0.1$,所以

$$\chi^2_{0.1}(3)=6.251$$

由于 $\chi^2<\chi^2_\alpha$,故不能拒绝原假设,即认为四个分公司对改革方案赞成的比例是一致的,调查数据中呈现的差异性是由于抽样过程中的随机性造成的。

拟合优度检验的另外一种情况是利用样本数据检验总体比例是否等于某个数值,请看下面的例子:

例 9.2　为了提高市场占有率,某行业两个最主要的竞争对手 A 公司和 B 公司同时开展了广告宣传战。在广告宣传战之前,A 公司的市场占有率为 45%,B 公司的市场占有率为 40%,其他公司的市场占有率为 15%。为了解广告战之后 A、B 和其他公司的市场占有率是否发生变化,随机抽取了 200 名消费者,其中 102 人表示准备购买 A 公司产品,82 人表示准备购买 B 公司产品,另外 16 人表示准备购买其他公司的产品。以 $\alpha=0.05$ 的显著性水平检验广告战后各公司的市场占有率是否发生了变化。

解:为了检验广告战之后各公司市场占有率的变化,把广告战之前各公司的市场占有率设为原假设。

$H_0:\pi_1=0.45,\pi_2=0.4,\pi_3=0.15$

H_1:原假设的等式至少有一个不成立

如果广告战之后各公司产品的市场占有率没有发生变化,即如果原假设仍然成立,则在 200 个被调查者中,喜欢各个公司产品人数的期望值应当是:

$$f_{e1}=200\times 0.45=90$$
$$f_{e2}=200\times 0.40=80$$
$$f_{e3}=200\times 0.15=30$$

一般说来，各类期望值的计算可以采用下式

$$f_{ei}=n\times \pi_i \tag{9.3}$$

观察值、期望值以及有关计算结果如表 9－7。

表 9－7 观察值、期望值及有关计算结果

公司	观察频率 f_a	期望频率 f_e	f_0-f_e	$\frac{(f_0-f_e)^2}{f_e}$
A	102	90	12	1.6
B	82	80	2	0.05
其他	16	30	－14	6.53
合计	200	200	—	8.18

由公式(9.1)计算 χ^2 为：

$$\chi^2=\sum\frac{(f_0-f_e)^2}{f_e}=8.18$$

当 $\alpha=0.05$，自由度 $=(R-1)(C-1)=(2-1)(3-1)=2$ 时，$\chi^2_{0.05(2)}=5.99147$，由于 $\chi^2>\chi^2_{0.05(2)}$，故拒绝原假设，可以认为广告战之后，各公司产品的市场占有率发生了显著的变化。

9.3 独立性检验

在研究问题时会遇到要求判断两个分类变量之间是否存在关系的问题。例如，产品质量与不同商标的厂家有关，对父母的孝敬程度与孩子遗传的基因有关，学习的时间与学习成绩有关，在这种情况下使用 χ^2 检验，判断两组或多组的资料是否有关联即第一章所说的分析不同因素间是否有数量间的因果关系。如果没有任何关联，可称之为独立。例如学习的时间对学习的成绩没有任何影响，则这二者间可以看作独立。通常人们把这类问题的处理称之为独立性检验（Test of Independence）。

列联表是多行多列、纵横交错的一个表体。我们以例子说明如何将独立性检验化为列联表并进行检验分析程序。

例 9.3 一种原料来自三个不同的地区，原料质量被分成三个不同的等级。从这批原料中随机抽取 500 个进行检验，结果如表 9－8。

表 9－8 原料抽样结果

	一级	二级	三级	合计
甲地区	52	64	24	140
乙地区	60	59	52	171
丙地区	50	65	74	189
合计	162	188	150	500

要求检验各个地区和原料质量之间是否存在关联。

解：H_0：地区和原料等级之间是独立的(不存在关联)

H_1：地区与原料等级之间不独立（有关联）

这里的关键问题是计算期望值。

在第一行，甲地区合计为 140，用 140/500 作为甲地区原料比例的估计值。在第一列，一级原料合计为 162，用 162/500 作为一级原料的比例估计值。如果地区和原料之间是独立的，我们可以用公式(9.4)估计第一个单元(甲地区，一级)中的期望比例。

令：A＝样本单位来自甲地区的事件

B＝样本单位属于一级原料的事件

根据独立性的概率乘法公式，有

$$\begin{aligned} P(\text{第一单元}) &= P(AB) \quad (9.4)\\ &= P(A)P(B)\\ &= \left(\frac{140}{500}\right)\left(\frac{162}{500}\right)\\ &=0.09072 \end{aligned}$$

0.09072 是第一个单元中的期望比例，其相应的频数期望值为：

$$0.09072\times 500=45.36$$

一般地，可以采用下式计算任何一个单元中频数的期望值：

$$f_e=\frac{RT}{n}\times\frac{CT}{n}\times n=\frac{RT\times CT}{n} \quad (9.5)$$

其中 f_e 为给定单元中的频数期望值；RT 为给定单元所在行的合计；CT 为给定单元所在列的合计；n 为观察值的总个数，即样本量。

由表 9－8 和式(9.5)，将计算过程列成表 9－9。

表 9－9　3×3 列表期望值计算过程

行	列	f_0	f_e	f_0-f_e	$(f_0-f_e)^2$	$(f_0-f_e)^2/f_e$
1	1	52	45.36	6.64	44.09	0.97
1	2	64	52.64	11.36	129.05	2.45
1	3	24	42.00	－18	324	7.71
2	1	60	55.40	4.60	21.16	0.38
2	2	59	64.30	－5.3	28.09	0.44
2	3	52	51.30	0.7	0.49	0.01
3	1	50	61.24	－11.24	126.34	2.06
3	2	65	71.06	－6.06	36.72	0.52
3	3	74	56.70	17.30	299.29	5.28
						19.82

$$\chi^2=\sum\frac{(f_0-f_e)^2}{f_e}=19.82$$

$$\chi^2\text{ 的自由度}=(R-1)(C-1)$$

取 $\alpha=0.05$，则 $\chi^2_{0.05}(4)=9.488$

由于 $\chi^2>\chi^2_{0.05}(4)$，故拒绝 H_0，即地区和原料之间存在关联，原料的质量受地区的影响。

从表面上看，一致性检验和独立性检验不论在列联表的形式上，还是在计算 χ^2 统计量的公式上都是相同的，所以有时也并不严格区分，笼统将其称为 χ^2 检验。但是这两种还是有如下的区别：

首先，两种检验抽取样本的方法或对观察值进行测定的方法有所不同。如果抽取样本是在各类别中分别进行，如例题 9.1 中那样，从各分公司分别抽取，或者抽取出样本后，依照各类别分别计算其比例，如例 9.2 那样，分别计算 A 公司、B 公司和其他公司的市场占有率，则属于拟合优度的检验；如果抽取样本时并未事先分类，抽取样本后根据研究内容，把入选单位按两变量进行分类，形成列联表的形式，如例 9.3 就是独立性的检验。

其次，两种检验假设的内容有所差异，例如，对于拟合优度检验，原假设通常是假设各类别总体比例等于某个期望概率，如例 9.1 和例 9.2；而对于独立性检验来讲，原假设是两个变量间相互独立，如例 9.3。

最后，计算频数期望时，在拟合优度检验中利用原假设的期望概率，用观察频数乘以期望概率，直接得到期望频数，如例 9.1 和例 9.2；而如果是独立性检验，则假设两个变量的分类是独立的，因而两个水平的联合概率是两个单独概率的乘积，期望频数按式(9.5)的方法计算，如例9.3。

思考与练习

1. 简述列联表的构造和列联表的分布。

2. 说明 χ^2 统计量的计算步骤。

3. 欲研究不同收入群体对某种特定商品是否有相同的购买习惯，市场研究人员调查了4个不同收入组的消费者共520人，购买习惯分别为：经常购买，不购买，有时购买，调查结果如表9—10所示：

表9—10

项目	低收入组	偏低收入组	偏高收入组	高收入组
经常购买	25	40	47	46
不购买	69	51	74	57
有时购买	35	23	16	37

(1)提出假设；

(2)计算 χ^2 值；

(3)以 $\alpha=0.1$ 的显著水平进行检验。

4. 某大学关注阅读习惯与文化程度有关，随机抽取250位读者进行调查，得到数据如表9—11：

表9—11

阅读习惯	大学以上	大学和大专	高中	高中以下
早上看	6	10	14	15
中午看	12	19	8	8
晚上看	36	40	10	6
有空看	23	22	10	11

以 $\alpha=0.05$ 的显著性水平检验读者的阅读习惯与文化程度是否有关。

5. 随机投掷骰子102次，将得到的点数记录如表9—12：

表9—12

点数	1	2	3	4	5	6	合计
出现的次数	19	16	20	15	14	18	102

以显著性水平0.05检验筛子是否均匀。

6. 抽样调查某地区 500 名待业人员，这些人员中文化程度为高中及以上的人有 104 人(男 44 人)，初中的有 96 人(男 36 人)，小学及以下的有 300 人(男 140 人) 其调查结果的数据如表 9－13：

表 9—13

性别＼文化程度	高中及以上	初中	小学及以下	合计	比重
男	44(46)	36(42)	140(132)	220	0.44
女	60(58)	60(54)	160(168)	280	0.56
合计	104	96	300	500	—
比重	0.208	0.192	0.600	—	1

问此调查结果能否说明待业人员的文化程度与性别是相互独立的。

第十章 方差分析

许多调查表明，犯罪是当今人们关注的重要问题之一。在政治辩论、新闻报导以及朋友邻居的争论中，都是一个经常被涉及的话题。我们不禁要问：是犯罪率高得太危险了，还是我们在杞人忧天？其中一个我们经常争论的问题就是犯罪率是否与地区有关，即住在一个地方是否比住在另一个地方安全？我们应该怎么给自己找点证据呢？来自联合国的一份报告[①]记录了 1980 年以来，世界各国每年的十万人报告犯罪率(Total recorded crime per 100,000 population)。例如，1997 年的部分亚洲国家的数据如下：中国 131 起、印度 179 起、马来西亚 649 起，泰国 464 起。其他各年度的数据也可以在 UNCJIN 的官方网站上查询。那么，如何对这四个国家的犯罪率进行横向比较呢？[②]

假设某犯罪学家希望对亚洲四国的犯罪率进行国际比较。作为一项严谨的学术研究，他认为仅比较某一年度的犯罪率不够合理，应当综合比较各年度的犯罪率数据。因此，他提出以下假设：

H_0：中、印、马、泰四国的年均十万人犯罪率相同

H_1：四国的犯罪率不完全相同

以上原假设实际是在比较来自四个总体的数据，其总体均值是否相等的问题。利用英国统计学家费希尔爵士[③]创立的方差分析方法(Analysis of Variance, ANOVA)，可以帮助分析这一问题。

10.1 方差分析的基本假设

对于前面提到的国际犯罪率比较的案例。有的同学或许会疑惑，为什么需要方差分析方法？如果我们直接采用前面学习的 t 检验，两两比较，也可以解决这一

① 详见 United Nations Crime and Justice Information Network 的官方网站，www.uncjin.org。

② 由于报告犯罪率不等同于实际犯罪率，实际情况更为复杂。

③ Sir R. A. Fisher(1890－1962)，著名英国统计学家。为了纪念他对现代统计学的贡献，F 检验以其名字首字母命名。

问题。例如，首先比较中国与印度的年均犯罪率，再比较印度与马来西亚，马来西亚与泰国[①]。只需进行 3 次双总体均值的假设检验，就可以解决这一问题。

理论上，两两比较的方法可以实施。但是，它在实际操作中存在一个严重的弊病，称为显著性水平扭曲。那么，什么是显著性水平扭曲？当连续进行多次假设检验时，每一次假设检验都有一定概率发生第一类错误。当这些假设检验的结果联合在一起时，发生第一类错误会被放大。譬如，在上述案例中指定每一次假设检验的显著性水平为 5%，即每次检验有 5%的概率出现第一类错误，有 95%的概率不发生第一类错误。此时，当我们拒绝三个检验的联合检验的原假设时，实际上不出现第一类错误的概率只有

$$P\text{（正确地不拒绝原假设）}=95\%\times95\%\times95\%=85.74\%$$

换而言之，此时有 1－85.74%＝14.26%的概率出现第一类错误。或者说，联合检验的显著性水平为 14.26%，而非 5%，此即显著性水平扭曲。在这种情况下，方差分析是更为合适的方法。

10.1.1 多总体均值假设检验的一般形式

假设有 k 个不同的总体，其均值记为 $\mu_1,\mu_2,\cdots,\mu_k$ 。多总体均值假设检验的一般形式为：

$H_0:\mu_1=\mu_2=\cdots=\mu_k$

H_1:至少有一个总体均值与其他的不同

为了检验上述命题，从 k 个总体中分别抽样，获得一些样本数据。为了后文行文方便，首先定义一些常用的变量符号。定义：

x_{ij} ＝第 j 个总体中的第 i 个观测

n_j ＝第 j 个总体的样本容量

$\bar{x}_j$ ＝第 j 个总体的样本均值

s_j^2 ＝第 j 个总体的样本方差

s_j ＝第 j 个总体的样本标准差

定义第 j 个总体[②]的样本均值与样本方差如下：

$$\bar{x}_j=\frac{\sum_{i=1}^{n_j}x_{ij}}{n_j},\quad s_j^2=\frac{\sum_{i=1}^{n_j}(x_{ij}-\bar{x}_j)^2}{n_j-1}$$

注意到样本方差中的分母需减去 1。

① 更严谨的方法是对任意两个国家进行假设检验，共计 6 次。

② 注意：第 j 个总体有时也称为第 j 组，或者第 j 种处理。“处理”一词来源于科学实验。

定义 $\bar{\bar{x}}$ 为所有 k 个总体的样本数据之和除以 k 个总体的总样本容量，即：

$$\bar{\bar{x}}=\frac{\sum_{j=1}^{k}\sum_{i=1}^{n_j}x_{ij}}{n_T},\quad n_T=n_1+n_2+\cdots+n_k$$

如果所有 k 个总体的样本数相同，即 $n_1=n_2=\cdots=n_k=n, n_T=kn$；此时上式可以简化为：

$$\bar{\bar{x}}=\frac{\sum_{j=1}^{k}\sum_{i=1}^{n_j}x_{ij}}{n_T}=\frac{\sum_{j=1}^{k}\bar{x}_j}{k}$$

换而言之，如果所有 k 个总体的样本数相同，那么全样本均值就是各组样本均值的平均。

下面看一个实际案例。

例 10.1 某一 GMAT① 培训班吸引了许多学员参加，他们被分为 3 个培训小组。在培训结束后，有一场结业测验。测验结束后，课程负责人希望分析三个小组的平均成绩是否存在差异，即：

$H_0:\mu_1=\mu_2=\mu_3$

H_1：至少有一个小组的平均成绩不同于其他小组

随机从第 1、2 小组中挑选 3 位学员，从第 3 小组挑选 4 位学员。发现他们的测验成绩如下②（参见数据文件 GMAT_mini）：问题：根据以上信息判断，三个小组的平均成绩是否存在差异？

Group 1	Group 2	Group 3
63.33	72.85	82.33
68.32	88.17	89.69
86.66	80.82	81.01
		85.09

分析：上述问题是比较多个总体的总体均值是否相等的问题。其中，每一个

① Graduate Management Admission Council（GMAC）是由全球领先的商学院组成的非营利性教育组织，是 GMAT 考试的所有者，GMAT 考试已被全球近 5300 个商科管理专业研究生课程采用。GMAC 总部位于弗吉尼亚州雷斯顿，在伦敦、新德里和香港设有地区办事处。GMAT 考试是全球唯一的专为商科和管理专业研究生入学设计的标准化考试，目前在超过 110 个国家设立了 550 多个考试中心。如需了解更多关于 GMAT 考试的信息，请访问网站：www.mba.com。（资料来源：教育部考试中心。）

② 为了便于手工计算，本案例的样本容量较小，实际应用中应扩大样本容量，以增加检验效率。数据文件 GMAT 的数据类型与本例相同，但样本容量增加。

培训小组是一个总体，共有 $k=3$ 个总体。各总体的样本容量分别为 3、3、4。通过比较样本均值，可以间接地比较总体均值。

10.1.2　方差分析的基本假设

实施方差分析需要满足以下三个基本假设：

假设 1：对于每一个总体，样本数据服从正态分布。

假设 2：每一个总体，各自的总体方差，等于全样本的总体方差。

假设 3：不同观测互相独立。

在 GMAT 培训问题中，假设 1 的含义是任意一个学习小组中，学员的成绩服从正态分布。假设 2 的含义是任意小组中成绩的离散程度，与将所有小组视为一个总体，其成绩离散的程度相等。换而言之，不会出现诸如第一小组所有人都是 80 分，而第二小组有 100 分、有 60 分的现象。假设 3 说明不同学员之间的成绩互相独立。如果学员中有双胞胎姐妹，其智商水平相当，这会破坏独立性假设。或者，如果测验过程存在抄袭现象，也会导致成绩不独立。

如果以上三个基本假设都满足，就可以采用方差分析方法求解。如果研究者怀疑以上条件不完全满足，也可以采用后面章节介绍的非参数检验方法。

10.2　方差分析检验

10.2.1　方差分析的基本思想

前文的假设 2 假定，不同总体的方差相等。方差分析方法就是利用了这一假定。在方差分析中，我们用两种不同方式计算总体方差。其中，一种计算方式假定不同总体的均值相等，另一种计算方式不做此假定。如果原假设 $H_0:\mu_1=\mu_2=\cdots=\mu_k$ 成立，不同总体的均值相等，那么，两种方法得到的总体方差应当差距不大。反之，如果两种方法得到的结果相差较大，则说明原假设不成立。

10.2.2　组间方差的估计

假设 $H_0:\mu_1=\mu_2=\cdots=\mu_k$ 成立，那么将不同总体的样本数据合并，得到的样本均值 $\bar{\bar{x}}$ 就是总体均值的估计。因此可以利用它估计总体方差。定义 MSTR（组间方差，Mean Squares due to Treatments）为：

$$MSTR=\frac{\sum_{j=1}^{k}n_j\ (\bar{x}_j-\bar{\bar{x}})^2}{k-1}$$

其中，k 为总体数。

统计学家证明，如果原假设 $H_0:\mu_1=\mu_2=\cdots=\mu_k$ 成立，那么 MSTR 是总体方差 σ^2 的一个无偏估计。反之，如果 k 个总体的均值不完全相等，那么 MSTR 会高估总体方差。

此外，定义 SSTR(处理平方和，Sum of Squares due to Treatments)为：

$$SSTR = MSTR \cdot (k-1) = \sum_{j=1}^{k} n_j \ (\bar{x}_j - \bar{\bar{x}})^2$$

在 GMAT 案例中，各组的组均值分别为：

$$\bar{x}_1 = (63.33 + 68.32 + 86.66)/3 = 72.7700$$

$$\bar{x}_2 = (72.85 + 88.17 + 80.82)/3 = 80.6133$$

$$\bar{x}_3 = (82.33 + 89.69 + 81.01 + 85.09)/4 = 84.5300$$

合并所有小组计算出的均值为：

$$\bar{\bar{x}} = \frac{3\bar{x}_1 + 3\bar{x}_2 + 4\bar{x}_3}{3+3+4} = 79.8261$$

因此

$$\begin{aligned} SSTR &= \sum_{j=1}^{k} n_j \ (\bar{x}_j - \bar{\bar{x}})^2 \\ &= 3(72.7700 - 79.8261)^2 + 3(80.6133 - 79.8261)^2 + 4(84.5300 - 79.8261)^2 \\ &= 239.7316 \end{aligned}$$

进而得到

$$MSTR = \frac{SSTR}{k-1} = \frac{239.7316}{3-1} = 119.8658$$

10.2.3　组内方差的估计

另一方面，我们也可以分别利用各组的组均值，估计总体方差。定义 MSE(组内方差，Mean Squares due to Error)如下：

$$MSE = \frac{\sum_{j=1}^{k} (n_j - 1) s_j^2}{n_T - k}$$

其中，s_j^2 为第 j 组的方差。上式的含义是首先分别计算各组的方差，再利用利用各组方差计算总的方差。上式的分子称为 SSE(误差平方和，Sum of Squares due to Error)，也称为组内平方和，即：

$$SSE = MSE \cdot (n_T - k) = \sum_{j=1}^{k} (n_j - 1) s_j^2$$

由于 MSE 计算各组数据相对于本组组均值的距离，原假设是否成立，并不影响其计算结果。

在 GMAT 案例中，各组的样本方差分别为：

$$s_1^2 = 150.869, \qquad s_2^2 = 58.700, \qquad s_3^2 = 14.701$$

据此计算 SSE：

$$SSE = \sum_{j=1}^{k} (n_j - 1) s_j^2$$
$$= 2 \times 150.869 + 2 \times 58.700 + 3 \times 14.701 = 463.2410$$

进而计算 MSE：

$$MSE = \frac{SSE}{n_T - k} = \frac{463.2410}{10 - 3} = 66.1773$$

10.2.4　建立判断规则

上面用两种不同方法计算样本数据的离散程度。如果 $H_0:\mu_1 = \mu_2 = \cdots = \mu_k$ 成立，不同总体的均值相等，那么，两种方法得到的方差应当差距不大。定义：

$$F = \frac{MSTR}{MSE}$$

如果原假设成立，二者的比值 F 应当接近 1。反之，如果二者的比值与 1 相差很大，那么说明原假设可能有误。那么，应当如何判断它们的计算结果是否接近 1?

前文曾经介绍过 F 检验，它可以比较两个总体的方差是否相同。在方差分析中，我们也可以利用 F 检验比较均值。统计学家证明，如果方差分析的三个基本假定满足，那么上式计算的 F 服从 F 分布，有

$$F = \frac{MSTR}{MSE} \sim F(k - 1, n_T - k)$$

F 分布的分子自由度为 $k-1$，分母自由度为 $n_T - k$ 。反之，如果原假设为伪，此时不服从 F 分布，则易于出现一些“异常数值”，F 会偏大。据此可以建立判断规则。给定置信水平 α，可以查表得到其临界值 F_α 。如果上式计算的 F 值大于临界值，则拒绝原假设。临界值方法的判断规则如下：

如果 $F > F_\alpha$，则拒绝原假设 H_0。

此外，也可以采用 p 值方法建立判断规则，但由于纸质版的 F 分布表仅列出少量关键点的数值，需要计算机辅助方可查询出 F 统计量对应的 p 值。

在 GMAT 培训案例中，

$$F = \frac{MSTR}{MSE} = \frac{119.8658}{66.1773} = 1.8113$$

如果原假设为真，F 应当服从分子自由度为 3－1＝2，分母自由度为 10－3＝7 的 F 分布，查询 F 分布表可知，在 5％的显著性水平上临界值为 4.74，F 小于临界值，因此不拒绝原假设。

10.2.5　方差分析表

为了使得方差分析的计算过程更加直观，统计学家将方差分析过程以表格形

式列出，称为方差分析表。

在介绍方差分析表之前，首先定义一个新的统计量 SST（总平方和，Total Sum of Squares），定义：

$$SST = \sum_{j=1}^{k}\sum_{i=1}^{nj}(x_{ij} - \bar{\bar{x}})^2$$

分母自由度	上侧面积	1	2
6	.10	3.78	3.46
	.05	5.99	5.14
	.025	8.81	7.26
	.04	13.75	10.92
7	.10	3.59	3.26
	.05	5.59	4.74
	.025	8.07	6.54
	.01	12.25	9.55

可以证明，SST 可以分解为两个部分，处理平方和 $SSTR$ 与误差平方和 SSE，即：

$$SST = SSTR + SSE$$

此外，总平方和的自由度为 $n_T - 1$，它恰好是处理平方和 $SSTR$ 的自由度 $k-1$，误差平方和 SSE 的自由度 $n_T - k$ 之和。利用以上关系，统计学家设计了如下形式的方差分析表：

	平方和 Sum of Squares	自由度 df	均方 Mean Square	F	p 值 Sig.
组间 Between Groups	$SSTR$	$k-1$	$MSTR = \frac{SSTR}{k-1}$	$F = \frac{MSTR}{MSE}$	
组内 Within Groups	SSE	$n_T - k$	$MSE = \frac{SSE}{n_T - k}$		
Total	$SST = SSTR + SSE$	$n_T - 1$			

在 GMAT 案例中，方差分析表的形式如下：

ANOVA

	Sum of Squares	df	Mean Square	F	Sig.
Between Groups	2525.691	2	1262.846	12.048	.000
Within Groups	5974.724	57	104.820		
Total	8500.415	59			

注意到，在 GMAT 案例中，该抽样调查收集了共计 10 位学员的样本数据。假设检验的结论为不能拒绝原假设，这或许是由于样本容量比较少。为了进行更准确的分析，课程负责人将调查的样本容量扩大为 60，3 个小组各抽选 20 位学员的成绩（参见数据文件 GMAT）。在扩大样本容量之后，方差分析表的内容如下：

ANOVA

	Sum of Squares	df	Mean Square	F	Sig.
Between Groups	2525.691	2	1262.846	12.048	.000
Within Groups	5974.724	57	104.820		
Total	8500.415	59			

可以发现，扩大样本容量后，F 统计量增加到 12.048，检验的 p 值降低到 .001 以下。在万分之一的显著性水平上拒绝原假设。

10.3　单因子方差分析的软件实现

10.3.1　Excel 方差分析

下面以 Excel 2010 软件为例，介绍方差分析的操作步骤。

1. 预备工作

如果是第一次使用 Excel 软件进行方差分析，首先需要加载“分析工具库”加载宏程序。步骤如下：

(1)依次单击“文件”选项卡、“选项”和“加载项”类别。

(2)在“管理”框中，选择“Excel 加载宏”，再单击“转到”。

(3)在“可用加载宏”框中选中“分析工具库”复选框，然后单击“确定”。如果出现一条消息，指出计算机上当前没有安装分析工具库，请单击“是”进行安装。

2. 数据要求

采用 Excel 2010 软件实施方差分析，需要数据具有如下图的格式。其中，不同列的数据长度可以不相同。

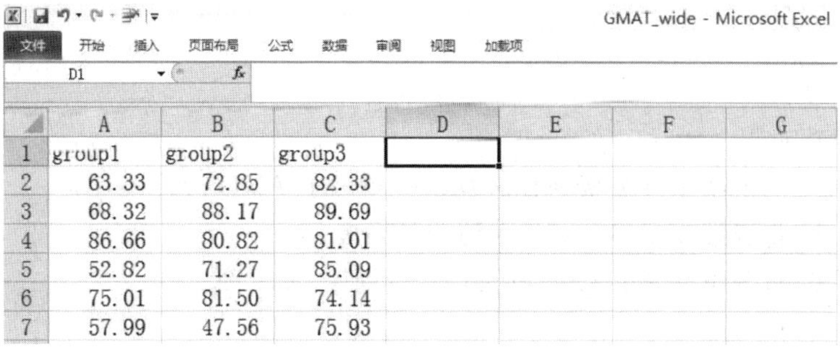

	A	B	C	D	E	F	G
1	group1	group2	group3				
2	63.33	72.85	82.33				
3	68.32	88.17	89.69				
4	86.66	80.82	81.01				
5	52.82	71.27	85.09				
6	75.01	81.50	74.14				
7	57.99	47.56	75.93				

3. 计算步骤

完成数据预处理后，就可以使用 Excel 软件进行方差分析。单击“数据”选项卡上“分析”组中的“数据分析”。

(1)点击 Excel 中的数据菜单，点击数据分析。

(2)选择方差分析：单因子方差分析，点击确定。

(3)在输入区域中，框选所有数据。

(4)点击确定，完成分析。

4. 计算结果

	A	B	C	D	E	F	G	H	I
1	方差分析：单因素方差分析								
2									
3	SUMMARY								
4	组	观测数	求和	平均	方差				
5	列 1	20	1271.5954	63.579769	182.48174				
6	列 2	20	1471.3533	73.567663	112.55103				
7	列 3	20	1585.5849	79.279243	19.426401				
8									
9									
10	方差分析								
11	差异源	SS	df	MS	F	P-value	F crit		
12	组间	2525.691	2	1262.8455	12.047785	4.325E-05	3.1588427		
13	组内	5974.7243	57	104.81973					
14									
15	总计	8500.4153	59						

Excel 方差分析输出结果

10.3.2　SPSS 方差分析

1. 数据要求

采用 SPSS 软件实施方差分析，需要数据具有如下图的格式。请和 Excel 数据格式对照，注意区别它们的差异。

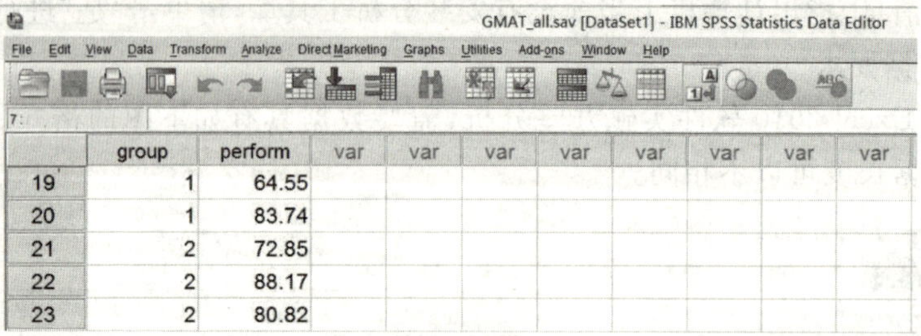

2. 计算步骤

第 1 步，点击菜单→分析→比较均值→单因子 ANOVA。

第 2 步，将成绩变量 Score 放入因变量列表。

第 3 步，将分组变量 Group 放入自变量列表，如下图。

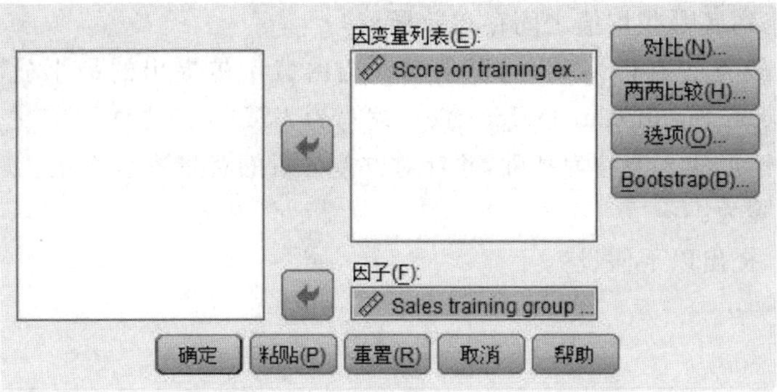

第 4 步，点击确定，得到方差分析结果。

3. 计算结果

ANOVA

	Sum of Squares	df	Mean Square	F	Sig.
Between Groups	2525.691	2	1262.846	12.048	.000
Within Groups	5974.724	57	104.820		
Total	8500.415	59			

4. 补充说明：数据格式转化

对于单因子方差分析，不同软件对数据格式的要求存在差异。其中，Excel 软件要求数据为分组排列的宽式数据；SPSS 软件要求的数据格式则为长式数据。因此，在不同软件之间交换数据时，将会涉及数据格式转化问题。利用 SPSS 软件的数据重组功能，可以实现不同格式数据的转换。

如需将适用于 Excel 的宽式数据转化为适用于 SPSS 的长式数据，操作步骤如下：点击菜单→数据→重组，将选定变量重组为个案。

如需将适用于 SPSS 的长式数据转化为适用于 Excel 的宽式数据，在 SPSS 中需要两个操作步骤[①]。第 步，点击菜单→数据→重组，将选定个案重组为变量。第二步，点击数据→转置，实现行列互换。

10.4　多重比较方法

在 GMAT 培训测验案例中，原假设为 $H_0:\mu_1=\mu_2=\mu_3$。当检验结果拒绝原假设时，我们知道，三个小组的平均测验成绩不完全相同。但究竟哪些均值不相

① 详情参考《IBM SPSS statistics 20 Core System User's Guide》第九章，File Handling and File Transformations。

等？此时，可采用多重比较方法(Multiple Comparison Procedures)，进行进一步的分析，确定到底哪些均值之间存在差异。

多重比较方法有许多种，这里主要介绍由费希尔提出的最小显著差异方法(Fisher's Least Significant Difference)，缩写为 LSD。该方法以前文介绍的双总体均值比较情形的 t 检验为基础，并针对方差分析的背景进行修正。LSD 进行检验的具体步骤为：

第 1 步，提出以下假设：

$H_0:\mu_i=\mu_j$

$H_1:\mu_i\neq\mu_j$

第 2 步，确定显著性水平 α。

第 3 步，计算检验统计量：

$$|\bar{x}_i-\bar{x}_j|$$

第 4 步，计算 LSD：

$$LSD=t_{\alpha/2}(n_T-k)\sqrt{MSE\cdot\left(\frac{1}{n_i}+\frac{1}{n_j}\right)}$$

其中，$t_{\alpha/2}(n_T-k)$ 为自由度为 n_T-k 的 t 分布的临界值；MSE 为组内方差；n_i、n_j 为第 i 组、第 j 组的样本量。

第 5 步，如果 $|\bar{x}_i-\bar{x}_j|>LSD$，拒绝原假设；如果 $|\bar{x}_i-\bar{x}_j|<LSD$，则不拒绝原假设。

下面结合实际案例进行说明。

例 10.2 对 GMAT 测验进行多重比较，找出与其他组别均值相异的处理组。($\alpha=0.05$)

解答第 1 步，提出以下 3 组假设：

假设 1：$H_0:\mu_1=\mu_2$，$H_1:\mu_1\neq\mu_2$

假设 2：$H_0:\mu_1=\mu_3$，$H_1:\mu_1\neq\mu_3$

假设 3：$H_0:\mu_2=\mu_3$，$H_1:\mu_2\neq\mu_3$

第 2 步，确定显著性水平，$\alpha=0.05$。

第 3 步，计算检验统计量。首先计算各组的组均值 $\bar{x}_1=63.5798$，$\bar{x}_2=73.5677$，$\bar{x}_3=79.2792$。进而计算均值差：

$$|\bar{x}_1-\bar{x}_2|=|63.5798-73.5677|=9.98789$$

$$|\bar{x}_1-\bar{x}_3|=|63.5798-79.2792|=15.69947$$

$$|\bar{x}_2-\bar{x}_3|=|73.5677-79.2792|=5.71158$$

第 4 步，计算 LSD。一般情况下，LSD 的个数等于检验个数。本例有 3 起

LSD 检验，分别是组 1－组 2、组 1－组 3、组 2－组 3，因此应该计算 3 个检验的 LSD 值。但是，注意到本例中三个小组的样本容量均为 20，对照 LSD 的计算可知，3 个检验的 LSD 值相等。有

$$LSD = t_{\alpha/2}(n_T - k)\sqrt{MSE \cdot \left(\frac{1}{n_i} + \frac{1}{n_j}\right)}$$

$$= t_{0.025}(60-3)\sqrt{104.820\left(\frac{1}{20} + \frac{1}{20}\right)}$$

$$= 6.4832$$

因此，只需计算一个 LSD，可以减少计算工作量。

第 5 步，比较均值差与 LSD，有

$|\bar{x}_1 - \bar{x}_2| = 9.98789 > LSD$，拒绝原假设

$|\bar{x}_1 - \bar{x}_3| = 15.69947 > LSD$，拒绝原假设

$|\bar{x}_2 - \bar{x}_3| = 5.71158 < LSD$，不拒绝原假设

上述结果表明，有比较充分的证据认定，第一组与第二组、第一组与第三组的平均成绩存在差异，但现有证据不足以证明第二组与第三组的平均成绩存在差异。

LSD 的软件实现：

现有 Excel 软件尚无计算 LSD 的功能，或许会在未来版本增加此功能。如需使用 Excel 软件计算 LSD，可以参考 LSD 的计算公式，自行在工作簿中编程。

在 SPSS 软件中计算 LSD，只需在方差分析对话框中点击“Post Hoc”①选项，如下图：

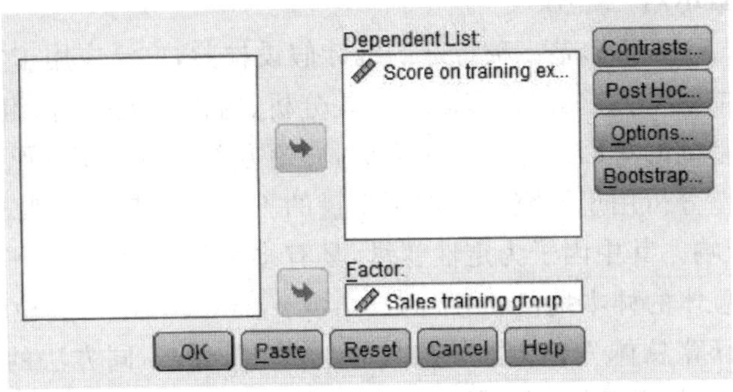

之后在“LSD”选择前打勾即可，如下图。图中，空白框用于修改显著性水平。

① 在此之后，因此，此处含义为事后分析。

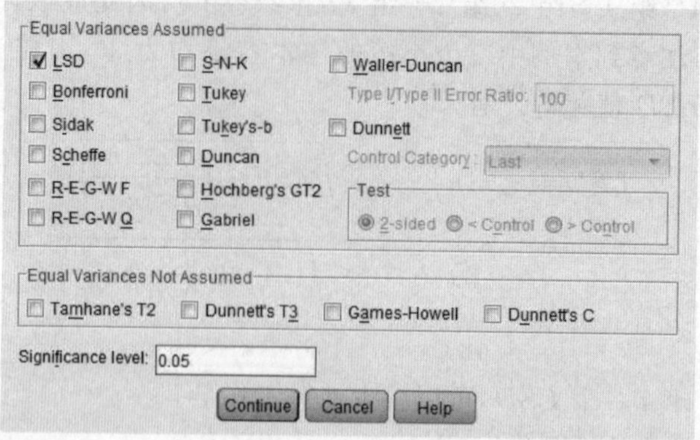

LSD 的计算结果参见下图。图中可见，第二组与第三组的在 5%水平上不存在显著差异。这与手工计算的结果一致。

Multiple Comparisons

Dependent Variable: perform
LSD

(I) group	(J) group	Mean Difference (I-J)	Std. Error	Sig.	95% Confidence Interval Lower Bound	Upper Bound
1	2	-9.98789*	3.23759	.003	-16.4711	-3.5047
	3	-15.69947*	3.23759	.000	-22.1826	-9.2163
2	1	9.98789*	3.23759	.003	3.5047	16.4711
	3	-5.71158	3.23759	.083	-12.1947	.7716
3	1	15.69947*	3.23759	.000	9.2163	22.1826
	2	5.71158	3.23759	.083	-.7716	12.1947

*. The mean difference is significant at the 0.05 level.

10.5 本章小结

方差分析(ANOVA)是一种特殊的统计假设检验，广泛应用于实验数据分析。方差分析包括单因子方差分析、多因子方差分析、组内方差分析、组内组间方差分析等。本章以基础的单因子方差分析为例，介绍方差分析的基本原理与应用。

单因子方差分析用于研究一个控制变量的不同水平是否对观测变量(响应变量)产生显著影响。其中因子为定性变量，具有多个处理、或称水平。方差分析的原假设是不同总体的样本均值相等，$H_0:\mu_1=\mu_2=\cdots=\mu_k$ 。其检验思路是，利用两种不同方式计算总体方差。如果原假设为真，那么，不同方法的计算结果应当差异不大。反之，如果不同方法的结果相差较大，则说明原假设可能不成立。方差分析的手工计算过程较为繁琐，为了使得计算过程更为清楚，统计学家设计了方差分析表。

有时，需要识别与其他处理组别均值相异的处理组，这需要利用多重比较方法。最小显著差异法(LSD)是一种常用的多重比较方法。

附录　术语对照表

中文名称	英文名称	符号缩写
方差分析	Analysis of Variance	ANOVA
单因子方差分析	One-way ANOVA	
因子、因子	Factor	
处理、处理组、水平	Treatment, Level	
处理内估计	Within-treatment Estimate	
处理间估计	Between-treatment Estimate	
处理均方,组间均方	Mean Squares due to Treatments	MSTR
处理平方和,组间平方和	Sum of Squaresdue to Treatments	SSTR
误差均方,组内均方	Mean Squares due to Error	MSE
误差平方和,组内平方和	Sum of Squaresdue to Error	SSE
总平方和、总变差	Total Sum of Squares	SST
多重比较方法	Multiple Comparison Procedures	
最小显著差异法	Fisher's Least Significant Difference	LSD

思考与练习

1. 2014年7月,国家食品药品监督管理总局印发《国家药品计划抽验质量分析指导原则》),其中指出:

超过两组数据的均数比较应使用方差分析(F检验)。

两组以上完全随机设计数据的均数比较应使用完全随机设计资料的方差分析。完全随机设计资料的方差分析结果只能反映出各组数据均数是否有差异,如有差异,不能说明两两之间都有差异。如需进一步分析两两之间是否有差异,则应进行多组样本均数间的多重比较分析。

用完全随机设计资料的方差分析结果显示多组数据均数有差异时,用LSD t 检验和SNK-q 检验进行两两之间的比较。

结合上述资料,回答以下问题:

(1)为什么说"超过两组数据的均数比较应使用方差分析(F检验)"?

(2)解释多重比较分析的含义,并解释LSD的计算步骤。

2. 有下列3组数据:

组 1:4,7,8,2

组 2:6,7,3,7

组 3:16,8,11

试对其进行单因素方差分析。

3. 测定 4 种密度下某种玉米的千粒重(g)各 4 次,得结果如下表。试运用方差分析方法,对 4 种密度下的千粒重进行比较(数据文件 CORN)。

种植密度(株/亩)	千粒重(g)			
2000	247	258	256	251
4000	238	244	246	236
6000	214	227	221	218
8000	210	204	200	210

4. 某 SARS 研究所对 31 名被试进行某项生理指标测试,结果如下(数据文件:SARS):

SARS 患者	1.8	1.4	1.5	2.1	1.9	1.7	1.8	1.9	1.8	1.8	2.0
疑似者	2.3	2.1	2.1	2.1	2.6	2.5	2.3	2.4	2.4		
非患者	2.9	3.2	2.7	2.8	2.7	3.0	3.4	3.0	3.4	3.3	3.5

问:(1)这三类人的该项生理指标有差别吗($\alpha=0.05$)?

(2)如果有差别,请进行多重比较分析($\alpha=0.05$)?

5. 证明:$SST=SSTR+SSE$ 。

第十一章 非参数检验

不同的体育锻炼方式减肥效果是否有差异?

每天坚持 40 分钟的锻炼有助于减肥,这是个被广泛认可的事实。一项研究想知道游泳,网球,骑车这三项运动的减肥效果是否有区别。研究人员选取了 15 名试验参加人员,其中 5 人游泳,5 人打网球,5 人骑车。研究人员记录了每名参加者 40 分钟的运动期间燃烧的热量,数据如下表

游泳	网球	骑车
408	415	385
380	485	250
425	450	295
400	420	402
427	530	268

根据以上数据,如何判断三种运动方式减肥效果有无区别(三种运动方式 40 分钟内燃烧的热量有无显著差异)呢?上述问题从统计学角度可以转换为检验 3 个总体之间是否相同。如果采用方差分析方法判断不同运动方式燃烧热量是否有差异需要有很多假定条件,比如数据满足正态性、方差齐性、独立性等。当数据不满足这些条件时,方差分析就可能失效。在这章里,我们将介绍一些非参数检验方法。这一类方法可以应用到之前参数检验方法不能适用的一些场合。非参数检验方法不要求数据的计量尺度局限于数值型数据,对样本数据的总体概率分布也不需要事先设定特定的形式。

在实际中,考虑使用参数检验或是非参数检验的因素之一是数据类型。数据可以分为分类数据,顺序数据和数值型数据。大多数的参数检验方法只能适用于数值型数据。只有针对数值型数据,代数运算才有意义,均值、方差、标准差等相关度量才可以被计算和解释。而对于分类数据或顺序数据,计算它们的均值、方差和标准差是不合适的,因而参数检验方法通常也就难以适用。非参数检验通常

是对分类数据和顺序数据进行统计检验仅有的途径。

另外一个决定使用参数检验还是非参数检验的考虑因素是对样本数据的总体所做的假设。例如，本书第七章介绍了关于两总体均值差的假设检验方法。在小样本情形下，如果我们假设样本的抽样总体服从正态分布，且两个总体方差相等，则 t 分布（t 检验）可以用来检验相关统计假设。如果关于抽样总体的假设不正确，即使样本数据是数值型数据，基于 t 分布的参数检验方法往往也会失效，而此时可以采用非参数检验方法。非参数检验由于不依赖于总体的概率分布，也称为与分布无关的检验。

通常来说，如果样本数据是数值型数据且样本总体的概率分布假设合理正确，此时参数检验方法会更有效和更有辨别能力。在许多参数检验和非参数检验方法都适用的场合下，非参数检验和参数检验方法有着差不多的表现。当数据是非数值类型时，只有非参数检验方法能够适用。由于对数据类型和样本总体概率分布的要求比较宽松，非参数检验方法通常比参数检验更能被广泛地运用。下面我们将要介绍几种常用的非参数检验方法。

11.1 符号检验

符号检验也称正负号检验，是比较简单的一种非参数统计方法。其基本思想是分析正负号出现的频率而忽略具体量的差异，以确定它们是否有显著差异。这种方法的特点是：①对于总体分布和方差等都不作限制性假设；②只考虑符号正负方向而不计算具体数值，适用于分类数据；③忽略了差异的程度，在某些情况下可能会失去有用的信息。

11.1.1 中位数的符号检验

将总体中位数记作 η，考虑如下假设

$$H_0:\eta=\eta_0,\quad H_1:\eta\neq\eta_0 \tag{11.1}$$

若原假设为真，则总体中任一观察值大于（或小于）η_0 的概率是 0.5。将总体中的每个观察值减去 η_0，并记录差值的符号（差数为 0 时略去不计），可建立一个由正号和负号组成的总体。对这样的总体进行独立重复贝努里实验，每次实验出现正号的概率是 $p=0.5$。容量为 n 的样本中（n 是指正号和负号个数之和，不含差数为 0 的个数），记正号个数为 n_1。则在原假设成立的前提下，n_1 服从二项分布，即 $n_1\sim b(n,p)$，且其期望值 $E(n_1)=np=0.5n$，方差 $V(n_1)=np(1-p)=0.25n$。由于参数 $p=0.5$ 的二项分布呈对称性，与以往大样本定义稍不一样的是，当 $n>20$[①]，便可把 n_1 的分布当成正态分布来近似，即 $n_1\sim$

① 当样本量小于 20 时可借助于二项分布计算出相关的临界值和 p 值。

$N(0.5n, 0.25n)$。

检验时，可根据样本中正号的数目来决定是否拒绝原假设：若样本中正号与负号的数目大体相等，这时没有理由拒绝原假设；如果出现了太少或太多的正号，则有理由拒绝所提原假设。当样本量大于 20 时，n_1 近似服从正态分布，定义如下检验统计量：

$$Z = \frac{n_1 - 0.5n}{\sqrt{0.25n}} \sim N(0,1) \tag{11.2}$$

实际中，如果出现了太少（n_1 较小）或太多（n_1 较大）的正号，即 Z 的值太小或太大我们就有理由拒绝原假设。给定显著性水平 α，结合标准正态分布的临界值 $z_{\alpha/2}$，若 $|Z| > z_{\alpha/2}$ 则拒绝 H_0，反之则没有理由拒绝 H_0。我们也可以将(11.1)中的双侧检验推广到单侧检验，这时候拒绝域的形式就变成 $Z > z_\alpha$ 或 $Z < -z_\alpha$ 的形式。

例 11.1　某市国土局宣称该市一手楼住宅价格的中位数是 13000 元/平方米。一研究机构抽取了 62 个一手楼住宅样本进行调查研究，其中有 34 个楼盘价格高于 13000 元/平方米，26 个低于 13000 元/平方米，有 2 个刚好是 13000 元/平方米。根据样本验证国土局的说法是否合理（$\alpha = 0.05$）。

解：令该市一手楼价格的中位数是 η，依据题意可建立如下假设

$$H_0: \eta = 13000, \quad H_1: \eta \neq 13000$$

已知 62 个数据中有 34 个高于 13000，样本量 $n = 60 > 20$，(只计算正号(大于 13000)和负号(小于 13000)的个数和作为样本量)，正号个数 $n_1 = 34$，根据(11.2)

$$Z = \frac{34 - 0.5 \times 60}{\sqrt{0.25 \times 60}} = \frac{34 - 30}{3.87} = 1.03$$

已知 $|1.03| < z_{0.025} = 1.96$，从而在显著性水平 $\alpha = 0.05$ 上不拒绝原假设。即有理由表明该市国土局的说法是合理的。

11.1.2　成对样本的假设检验

符号检验也适用于在成对样本情形下，检验两总体分布在位置特征上是否有差异。应用两总体符号检验时，针对成对样本分别计算差异，确定正号与负号的数目，无差异的记为 0。把差异为 0 的样本剔除并相应的减少样本容量 n，把正负号数日之和视为样本总个数。我们以如下例子来说明其具体检验步骤。

例 11.2　某消费者协会决定对 A、B 两种品牌饮料受欢迎程度进行调查。随机抽取了 60 名消费者，每名消费者被蒙上眼睛，让他们尝试两种饮料，然后说出更喜欢哪一种。每名消费者首先尝试的饮料也是随机的。如果消费者更喜欢品牌 A，则记录一个正号；如果消费者更偏爱品牌 B，则记录一个负号；如果消费者不能

区分更偏好哪一种品牌，则记录 0。表 11－1 列出了这一调查部分记录。

表 11－1　A、B 两种品牌饮料偏好记录

品尝者	偏好的饮料品牌	记录数据
1	B	－
2	A	＋
3	B	－
4	不能区分	0
5	B	－
⋮	⋮	⋮

汇总其得分结果："＋"号为 35 个，"－"号为 15 个，"0"号为 10 个，总计为 60。令 p 表示任一消费者偏好品牌 A 的概率（即记录数据为正号的概率）。若想知道两种品牌的饮料是否同等受欢迎，等价于考虑如下假设检验：

$$H_0: p = 0.5, \quad H_1: p \neq 0.5 \tag{11.3}$$

若原假设为真，则任一消费者偏好品牌 A 的概率是 0.5。对 n 个消费者进行检测，相当于进行 n 重贝努里实验，每次实验出现正号的概率是 $p=0.5$。容量为 n 的样本中（n 是指正号和负号个数之和，不含差数为 0 的个数），记正号个数为 n_1。则在原假设成立的前提下，n_1 服从二项分布，即 $n_1 \sim b(n,p)$，且期望值 $E(n_1)=np=0.5n$，方差 $V(n_1)=np(1-p)=0.25n$。当 $n>20$，便可把 n_1 的分布当成正态分布来近似，即 $n_1 \sim N(0.5n, 0.25n)$。

如前所述，符号为"0"的个数应该从样本中剔除。因此对于本例子用于检验的符号个数由 35 个"＋"号和 15 个"－"号所构成，即样本容量为 50。根据(11.2)可以计算出检验统计量

$$Z=\frac{35-25}{\sqrt{50\times 0.25}}=2.82$$

实际中，如果出现了太少（n_1 较小）或太多（n_1 较大）的正号，即 Z 的值太小或太大我们就有理由拒绝原假设，否则不能拒绝原假设。设定显著性水平 $\alpha=0.05$，则 $|Z|>1.96$，从而拒绝原假设。

11.2　威尔科克森符号秩检验

上一节中的符号检验方法虽然简单明了，但它没有充分利用样本所提供的全部信息，未免显得粗略。而威尔科克森符号秩检验（Wilcoxon Signed-Rank Test）不但考虑了正负号，还采用了其差别大小的信息。因此当成对观测值之间的差别可以从数量上来测定时，威尔科克森符号秩检验比符号检验更有效。

设 X，Y 是两个连续的总体，且具有对称分布，从两个总体分别随机抽取 n 个观测值，组成 n 个数据对。令 M_d 表示两个总体中位数的差。如果关心两个总体的中位数是否相同时，则可以建立如下假设：

$$H_0:M_d=0,\quad H_1:M_d\neq 0 \tag{11.4}$$

对上述假设采用威尔科克森符合秩检验的具体做法如下：首先计算成对样本观测值之间的差 $d_i=x_i-y_i$ 并按照其绝对值 $|d_i|$ 的大小递增排列，并找出它们的秩①（最小的为 1，最大的为 n）。如果出现差值项 0，就略去该项，对这样的项不给秩次，并相应地减少样本量 n。如果出现差值相同的项，则用这些项所在位置的秩的简单算术平均数来代替原来的秩。其次，计算检验统计量。对于正的 d_i 对应的秩加总得到正秩和 T^+，对负的 d_i 对应秩次加总得到负秩和 T^-。威尔科克森符号秩检验的统计量是 T^+ 和 T^- 中的较小者，即 $T=\min(T^+,T^-)$。

原假设成立的前提下，威尔科克森检验统计量 $T=\min(T^+,T^-)$ 的期望和方差分别是

$$E(T)=\frac{n(n+1)}{4} \tag{11.5}$$

$$V(T)=\frac{n(n+1)(2n+1)}{24} \tag{11.6}$$

当样本量 $n\geqslant 10$ 时，威尔科克森检验统计量 T 近似服从正态分布。这时，可构造 Z 统计量：

$$Z=\frac{T-E(T)}{\sqrt{V(T)}} \tag{11.7}$$

给定显著性水平 α，当 $|Z|>z_{\alpha/2}$，就拒绝原假设。

例 11.3　一家工厂想知道两种制造方法在耗时上是否有差异。随机选取了 11 名工人且每名工人都用两种方法分别生产一件产品，记录每种方法完成产品的时间。因此每名被抽取的工人提供了一对观测数据（用两种方法完成单件产品的时间）。表 11－2 给出了这 11 个人的观测数据。检验两种方法完成一件产品的时间是否有显著差异（$\alpha=0.05$）。

解：这里有两个总体，一个是对应于方法 1，一个对应于方法 2。由于关心的是两种方法生产单件产品的时间是否有差异，令 M_d 表示两个总体中位数的差，从而可以考虑如下假设：

$$H_0:M_d=0,\quad H_1:M_d\neq 0$$

① 秩（Rank）是一组数据按照从小到大的顺序排列之后，每一个观测值所在的位置。假定一组数 x_1，…，x_n，按照从小到大的顺序排列，x_i 在所有观测值中排第 R_i 位，那么 x_i 的秩即为 R_i。

表 11－2　不同方法生产一件产品的所需时间　　单位:分钟

工人序号	方法 1(x_i)	方法 2(y_i)	差($x_i - y_i$)
1	10.2	9.5	0.7
2	9.6	9.8	−0.2
3	9.2	8.8	0.4
4	10.6	10.1	0.5
5	9.9	10.3	−0.4
6	10.2	9.3	0.9
7	10.6	10.5	0.1
8	10.0	10.0	0
9	11.2	10.6	0.6
10	10.7	10.2	0.5
11	10.6	9.8	0.8

应用威尔科克森符号秩检验的第一步，丢弃差值为 0 的项(表中 11－2 第 8 对观测值)，然后是把两种方法下每对观测值差的绝对值从小到大排列并找出对应的秩。容易发现第 7 个工人两种方法下的用时差异最小，所以对应的秩为 1。第 3 个和第 5 个工人用时差异一样，均为 0.4。该数值在表 11－3 第三列所处位置是第 3 和第 4 的位置(按照从小到大)，所以根据之前的陈述，它们的秩应均为 3.5，即为对应位置的简单算术平均。类似的还有第 4 个和第 10 个工人。把所有 $(x_i - y_i)$ 为正值所对应的秩求和可以得 $T^+ = 49.5$，把所有 $(x_i - y_i)$ 为负值所对应的秩求和可以得 $T^- = 5.5$。从而可得 $T = \min(T^+, T^-) = 5.5$。

表 11－3　不同方法生产一件产品的所需绝对值时间差的秩

工人序号	($x_i - y_i$)	$\lvert x_i - y_i \rvert$	秩	负号秩	正号秩
1	0.7	0.7	8		8
2	−0.2	0.2	2	2	
3	0.4	0.4	3.5		3.5
4	0.5	0.5	5.5		5.5
5	−0.4	0.4	3.5	3.5	
6	0.9	0.9	10		10
7	0.1	0.1	1		1
8	0	0	—		—
9	0.6	0.6	7		7
10	0.5	0.5	5.5		5.5
11	0.8	0.8	9		9
				$T^- = 5.5$	$T^+ = 49.5$

由于本例样本量为10(删去第8个工人的观测值),可以利用正态分布来近似计算。根据(11.5—11.7),有

$$E(T)=\frac{10(10+1)}{4}=27.5,V(T)=\frac{10(10+1)(20+1)}{24}=96.25$$

$$Z=\frac{5.5-27.5}{\sqrt{96.25}}=-2.242<-1.96$$

从而在 $\alpha=0.05$ 的显著性水平上拒绝原假设,认为两种方法完成单件产品所需时间有差异。

11.3　曼—惠特尼 U 检验

曼—惠特尼 U 检验(Mann－Whitney U Test)方法的思路与威尔科克森符号秩检验基本一致。不同之处在于威尔科克森符号秩检验适用成对样本数据,而曼—惠特尼 U 检验适用于来自两个独立样本的数据。曼—惠特尼 U 检验的原假设是两个独立样本的数据来自相同分布的总体,其特点是用顺序数据而非正负号。因此它比符号检验对数据的运用更为充分。

设 X,Y 是两个总体,从两个总体分别抽取两个独立的随机样本 $(x_1,\cdots,x_{n_1})$ 和 $(y_1,\cdots,y_{n_2})$。如果关心两个总体是否相同时,则可以建立如下假设:

$$H_0:\text{两个总体相同},\quad H_1:\text{两个总体不同} \tag{11.8}$$

对上述假设采用曼—惠特尼 U 检验的具体做法如下:

1. 将 (n_1+n_2) 个观测样本按大小顺序排列,指定1为最小(或最大)观测值的秩,指定2为第二个最小(或第二个最大)观察值的秩,依次类推。如果存在相同的观察值,则用它们位序的平均数作为秩。

2. 计算两个样本的秩和 T_1 和 T_2。

3. 根据 T_1 和 T_2 即可给出曼—惠特尼 U 检验的公式。计算得:

$$U_1=n_1n_2+n_1(n_1+1)/2-T_1 \tag{11.9}$$

$$U_2=n_1n_2+n_2(n_2+1)/2-T_2 \tag{11.10}$$

曼—惠特尼 U 检验统计量为 $U=\min(U_1,U_2)$。

4. 给定显著性水平 α,当样本量较小时(n_1,n_2 至少有一个小于10),U 的临界值已编制成表(见附表7)。若 U 大于临界值,接受原假设;若 U 小于临界值,则拒绝原假设。当样本量满足 $n_1>10,n_2>10$,U 的抽样分布接近正态分布,均值和标准差分别为

$$\mu_U=\frac{n_1n_2}{2},\quad \sigma_U=\sqrt{\frac{n_1n_2(n_1+n_2+1)}{12}} \tag{11.11}$$

将 U 标准化可得如下 Z 检验统计量

$$Z=\frac{U-\mu_U}{\sigma_U}=\frac{U-n_1n_2/2}{\sqrt{n_1n_2(n_1+n_2+1)/12}} \tag{11.12}$$

给定显著性水平 α：①双侧检验时，若 $|Z|>z_{\alpha/2}$，则拒绝原假设。②右侧检验时，若 $Z>z_\alpha$ 时，则拒绝原假设；左侧检验时，若 $Z<-z_\alpha$ 时则拒绝原假设。

例 11.4 某工厂管理人员为考察装配线上的男职工和女职工的技能有无差异，随机抽取 9 名男职工和 5 名女职工进行技能测试。9 名男职工的分数为：1500、1600、670、800、1100、800、1320、1150、600；5 名女职工分数为：1400、1200、780、1350、890。现在要问男女职工的技能有无显著差异（$\alpha=0.05$）？

解：将上述男女职工的得分按照大小顺序排列计算对应的秩，结果如表 11－4 所示。

表 11－4 男女职工技能测试分数

秩	分数	性别	秩	分数	性别
1	1600	男	8	1100	男
2	1500	男	9	890	女
3	1400	女	10.5	800	男
4	1350	女	10.5	800	男
5	1320	男	12	780	女
6	1200	女	13	670	男
7	1150	男	14	600	男

用 n_1 表示男职工的样本数，用 n_2 表示女职工的样本数。$n_1=9$，$n_2=5$。用 T_1 表示 n_1 男职工样本中各项的秩和，T_1 表示 n_2 女职工样本中各项的秩和。即 T_1 是 1、2、5、7、8、10.5、10.5、13、14 相加的值，为 $T_1=71$，类似地，$T_2=34$。根据(11.9－11.10)

$$U_1=n_1n_2+n_1(n_1+1)/2-T_1=9\times5+9\times10/2-71=19$$

$$U_2=n_1n_2+n_2(n_2+1)/2-T_2=9\times5+5\times6/2-34=26$$

现在要检验的是男女职工技能有没有显著差异，所以建立假设：

H_0：男女职工技能没有差异； H_1：男女职工技能有差异

这是双侧检验。设定显著性水平 $\alpha=0.05$，$n_1=9$，$n_2=5$，查书后附表得 U 的临界值

$$U_{0.025}=7<U=\min(U_1,U_2)=19$$

故在 $\alpha=0.05$ 的置信水平上接受原假设，认为男女职工技能没有显著差异。

例 11.5 某巧克力生产公司的质量检验人员，从公司生产的同一规格不同颜

色的巧克力块中，分别抽取了21块黑色和26块白色的巧克力，对每块巧克力进行了称重，并按重量最轻的巧克力给予秩为1，重量最重的巧克力给予秩47的顺序加以排序，得到黑色巧克力的秩和为469.5，白色巧克力的秩和为658.5。现在，该检验人员想用曼—惠特尼U检验法，判断这两种颜色巧克力的重量是否具有相同的分布，设定的显著性水平为$\alpha=0.05$。

解：根据题意，可建立假设：

H_0:黑色和白色巧克力的重量服从相同的分布

H_1:黑色和白色巧克力的重量服从不同的分布

用n_1表示黑色巧克力的样本数，用n_2表示白色巧克力的样本数则有$n_1=21$，$n_2=26$。$T_1=469.5$，$T_2=658.5$。根据(11.9—11.10)

$U_1=n_1n_2+n_1(n_1+1)/2-T_1=21\times26+21\times22/2-469.5=307.5$

$U_2=n_1n_2+n_2(n_2+1)/2-T_2=21\times26+26\times27/2-658.5=238.5$

由于两组样本数都超过10，根据(11.12)可计算检验统计量

$$Z=\frac{U-\mu_U}{\sigma_U}=\frac{U-n_1n_2/2}{\sqrt{n_1n_2(n_1+n_2+1)/12}}$$

$$=\frac{238.5-21\times26/2}{\sqrt{21\times26\times(21+26+1)/12}}=-0.7383$$

此例为双侧检验，$\alpha=0.05$。查书后附表得$Z_{0.025}=1.96>|Z|=0.7383$，故不能拒绝原假设，即无法否定黑色和白色巧克力的重量具有相同分布的假设。

11.4 克鲁斯卡尔—沃利斯检验

克鲁斯卡尔—沃利斯检验(Kruskal－Wallis Test)是由 William H. Kruskal 和 W. Allen－Wallis 于1952年提出的。它是用于检验多个总体是否相同的一种非参数检验方法。第十章介绍的方差分析是用于检验多个独立总体均值是否相等的参数方法。但方差分析中假设各总体服从正态分布且方差相等，而克鲁斯卡尔—沃利斯检验则不需要这些假设。因此当方差分析的假设不能满足时，可使用克鲁斯卡尔—沃利斯检验。该检验可用于顺序数据，也可用于数值型数据。

设有k个总体，要研究k个总体是否相同，可提出如下假设：

H_0:所有总体都相同；H_1:并非所有总体都相同　　(11.13)

为了检验上述假设，从每个总体中抽出一组样本，共有k组独立样本，每组样本的样本量分别为$n_1,n_2,\cdots,n_k$。将所有样本数据按从小到大排列合成一列，全部观察值的总数为$n=n_1+n_2+\cdots+n_k$。找出每个观察值的秩，从1到n，对于n个观察值来说，平均的秩为：

$$n\text{个数的平均秩}=\frac{1+2+\cdots n}{n}=\frac{n+1}{2}$$

对于含有 n_i 个观察值的第 i 组样本来说，设其实际的秩和为 R_i，秩的总和的期望值应为 $n_i(n+1)/2$，那么第 i 组样本实际秩和与期望秩和的差值为 $R_i-n_i(n+1)/2$。如果原假设为真，对于所有观察值混合成的一个随机样本来说，秩的次序应该在 k 组样本之间均匀分布，也就是说，$R_i-n_i(n+1)/2$ 的差值应该很小，否则应怀疑原假设。

克鲁斯卡尔—沃利斯检验的具体步骤为：

第1步，将所有样本的观测值混合在一起，找出每个观察值在 n 个数中的秩。

第2步，计算检验统计量。克鲁斯卡尔—沃利斯检验统计量是建立在实际秩和与期望秩和差值 $R_i-n_i(n+1)/2$ 的基础上，计算公式为：

$$H=\frac{12}{n(n+1)}\sum_{i=1}^{k}\frac{R_i^2}{n_i}-3(n+1) \tag{11.14}$$

第3步，计算出统计量值并与临界值比较，做出决策。当每组样本数均大于等于5时，检验统计量的抽样分布近似服从自由度为 $k-1$ 的 χ^2 分布。给定显著性水平 α，当 $H>\chi_\alpha^2$ 时拒绝原假设，否则不能拒绝原假设。

例 11.6 一家公司的雇员来自3家学校的毕业生。最近公司人事部门随机抽取20名员工调查他们的年终考核成绩(百分制)。其中来自A大学的毕业生有7人，B大学的毕业生有6人，剩下的7人来自C大学。他们的年终考核成绩如表11－5。

表 11－5 员工年终考核成绩

A 大学	B 大学	C 大学
25	60	50
70	20	70
60	30	60
85	15	80
95	40	90
90	35	70
80		75

试利用上述数据分析不同学校毕业生年终考核成绩是否有显著差异($\alpha=0.05$)?

解：依据题意可提出如下假设：

H_0：3所学校毕业生员工考核成绩来自相同的总体

H_1：3所学校毕业生员工考核成绩并非全部来自相同的总体

利用表 11－5，我们将各组数的秩和计算过程显示在表 11－6 中。把三组数放在一起形成一组数时候，容易发现 B 大学毕业生有个考核成绩是 15，是最小值，所以给秩为 1；类似地，A 大学有个毕业生考核成绩是 95 分，是最高的，所以给秩为 20；把各组数放在一起时，成绩 80 出现两次，且按从小到大排对应的位置是 15，16，所以它们的秩为 15.5；类似地，考核成绩 90 对应的秩为 18.5。赋好秩之后，计算各组数的秩和。如表 11－6 所示。

$$n_1=7,\quad n_2=6,\quad n_3=7,\quad R_1=95,\quad R_2=27,\quad R_3=88$$

表 11－6 三组数据的秩和

A 大学	秩	B 大学	秩	C 大学	秩
25	3	60	9	50	7
70	12	20	2	70	12
60	9	30	4	60	9
85	17	15	1	80	15.5
95	20	40	6	90	18.5
90	18.5	35	5	70	12
80	15.5		秩和27	75	14
	秩和 95				秩和 88

根据公式(11.14)可以计算得

$$H=\frac{12}{20(21)}\left[\frac{(95)^2}{7}+\frac{(27)^2}{6}+\frac{(88)^2}{7}\right]-3(20+1)=8.92$$

查表可得临界值 $\chi^2_{0.05}(2)=5.99$。容易发现检验统计量的值大于临界值，从而在 $\alpha=0.05$ 的置信水平上拒绝原假设，认为 3 所学校毕业生的考核成绩并非来自相同的总体。

11.5 秩相关系数

两变量之间皮尔森相关系数(Pearson Correlation Coefficient)是用来测量两个数值型变量之间的线性相关系数。当变量数据不是数值型数据时，皮尔森相关系数方法不再适用，这时候我们需要采用新的方法来进行相关性分析。在这一节，我们将学习适用于顺序变量之间相关关系的测度。斯皮尔曼秩相关系数(Spearman Rank－correlation Coefficient)正是基于此种目的被提出的。

11.5.1 斯皮尔曼秩相关系数

斯皮尔曼秩相关系数形式如下：

$$r_s = 1 - \frac{6\sum_{i=1}^{n} d_i^2}{n(n^2+1)} \tag{11.15}$$

其中：

n =样本中观测值的个数

x_i =第一个变量中第 i 个观测值对应的秩

y_i =第二个变量中第 i 个观测值对应的秩

$d_i = x_i - y_i$

数学上可以证明 $-1 \leqslant r_s \leqslant 1$。类似于皮尔森相关系数的性质，当 $r_s = 1$ 时，说明两组样本秩完全正相关；当 $r_s = -1$ 时，说明两组样本秩完全负相关；当 $r_s = 0$ 时，说明两组样本秩不相关；r_s 越接近 1 时，说明两组样本秩正相关程度越高；r_s 越接近 -1 时，说明两组样本秩负相关程度越高。

11.5.2 斯皮尔曼秩相关系数的统计检验

设 ρ_s 为两个随机变量的总体斯皮尔曼秩相关系数，类似于皮尔森相关系数情形，ρ_s 的显著性检验也着很强的实际意义。考虑如下假设检验问题：

$$H_0: \rho_s = 0, \quad H_1: \rho_s \neq 0 \tag{11.16}$$

在样本量较大时候（$n \geqslant 10$），在原假设成立的前提下，(11.15)中的 r_s 近似服从正态分布 $N(0,1/(n-1))$。因此可以建立下面的检验统计量

$$Z = \frac{r_S}{\sqrt{1/(n-1)}} \sim N(0,1) \tag{11.17}$$

给定显著性水平 α：①双侧检验时，若 $|Z| > z_{\alpha/2}$，则拒绝原假设。②右侧检验时，若 $Z > z_\alpha$ 时，拒绝原假设；左侧检验时，若 $Z < -z_\alpha$ 时，拒绝原假设。

例 11.7 从一群棋手中随机抽选 10 人，分别对他们下围棋的能力与下象棋的能力排序。能力最高为 1 级，能力次之为 2 级，等等。排序结果如下表 11－7 所示。试检验棋手总体中下围棋的能力与下象棋的能力是否统计相关（显著性水平 0.05）。

表 11－7 两种棋类能力排序

人员	A	B	C	D	E	F	G	H	I	J
围棋能力排序	2	4	7	1	6	3	10	9	8	5
象棋能力排序	1	3	5	6	7	4	10	8	9	2

解：

表 11—8　两组样本秩

人员	A	B	C	D	E	F	G	H	I	J
围棋能力排序 x	2	4	7	1	6	3	10	9	8	5
象棋能力排序 y	1	3	5	6	7	4	10	8	9	2
$d=x-y$	1	1	2	−5	−1	−1	0	1	−1	3
d^2	1	1	4	25	1	1	0	1	1	9

利用式(11.15)和式(11.17)得：

$$\sum d_i^2=44,\quad r_s=1-\frac{6\sum_{i=1}^{n}d_i^2}{n(n^2+1)}=1-\frac{6(44)}{10(100-1)}=0.733$$

$$Z=\frac{r_s}{\sqrt{1/(n-1)}}=\frac{0.733}{0.333}=2.2>1.96$$

因此在显著性水平 $\alpha=0.05$,可以认为棋手总体中下围棋的能力与下象棋的能力是相关的。

11.6　本章小结

本章介绍了几种主要的非参数检验方法。当总体分布能满足参数检验所需要的假设时,参数检验方法的效率要比非参数检验高。但当假设得不到满足时,非参数检验则更为有效。其中：

1. 符号检验,可以用于检验单总体中位数是否等于特定值,也可以用于检验成对数据的总体位置参数是否相同；

2. 威尔科克森符号秩检验可以用于检验成对数据的总体位置参数是否相同,与普通符号检验相比,威尔科克森符号秩检验(Wilcoxon Signed-Rank Test)不但考虑了正负号,还采用了其差别大小的信息；

3. 曼—惠特尼 U 检验可以用于检验两个独立样本的数据是否来自相同分布的总体。其思路与威尔科克森符号秩检验基本一致,不同之处在于威尔科克森符号秩检验适用成对样本数据,而曼—惠特尼 U 检验适用于来自两个独立样本的数据。

4. 克鲁斯卡尔—沃利斯检验可以用于检验多个总体是否相同。斯皮尔曼秩相关系数可以用来度量顺序变量之间的相关性,弥补了皮尔森相关系数只适用于数值型变量的情形。

软件应用

SPSS 应用

用 SPSS 进行中位数符号检验

第 1 步：选择【Analyze】→【Nonparametric Test－Binomial】，进入主对话框。

第 2 步：将待检验的变量选入【Test Variable List】。

第 3 步：点击【Define Dichotomy】并选中【Cut Point】，在框中输入总体中位数的假设值；在【Test Proportion】框内输入二项分布的参数 p＝0.5。点击【Ok】。

用 SPSS 进行威尔科克森符号检验

第 1 步：选择【Analyze】→【Nonparametric Test－2 Related Samples】，进入主对话框。

第 2 步：将两个变量同时选入【Test Pair(s) List】。

第 3 步：在【Test Type】下选择【Wilcoxon】，点击【Exact】并选择【Exact】，返回主对话框。点击【Ok】。

用 SPSS 进行曼—惠特尼 *U* 检验

先把两个样本的观测值作为一个变量输入，然后设计另一个分组变量用于标记每个观测值所属的样本，然后按下列步骤操作。

第 1 步：选择【Analyze】→【Nonparametric Test－2 Independent Samples】。

第 2 步：将待检验变量选入【Test Variable List】，将分组变量选入【Grouping Variable】框内，点击进入【Define Groups】并分别输入类别代码，返回主对话框。

第 3 步：在【Test Type】下选择【Mann－Whitney U】，点击【Ok】。

用 SPSS 进行克鲁斯卡尔—沃利斯检验

先把多个样本的观测值作为一个变量输入，然后设计另一个分组变量用于标记每个观测值所属的样本，然后按下列步骤操作。

第 1 步：选择【Analyze】→【Nonparametric Test－k Independent Samples】。

第 2 步：将待检验变量选入【Test Variable List】，将分组变量选入【Grouping Variable】框内，点击进入【Define Groups】并分别输入类别代码，返回主对话框。

第 3 步：在【Test Type】下选择【Kruskal－Wallis】，点击【Ok】。

用 SPSS 进行斯皮尔曼秩相关检验

第 1 步：选择【Analyze】→【Correlate】→【Bivariate】，并进入主对话框。

第 2 步：将两个变量选入【Variable】，在【Correlation Coefficients】下选择【spearman】，在【Test of Significance】下选择双侧【Two－tailed】或单侧检验【One－tailed】。点击【Ok】。

思考与练习

一、思考题

1. 非参数检验与参数检验有什么不同?

2. 威尔科克森符号秩检验与普通的符号检验有什么不同?

3. 曼—惠特尼 U 检验和克鲁斯卡尔—沃利斯检验各用于什么场合?

4. 斯皮尔曼秩相关系数与皮尔森相关系数有什么不同?

二、练习题

5. 某城市统计局宣称该城市家庭年收入的中位数是 56200 元。一研究机构为了验证此说法,在该市主要区域随机调查了 50 个家庭,记录他们的年收入。记录的数据如下表,试用符号检验方法来验证该市统计局的结论是否合理($\alpha=0.05$)。

66300	60200	49900	75400	73700
65700	61100	123800	57300	48500
74000	146300	92200	43700	86900
59700	64200	56200	48900	109600
39800	60900	79700	42300	52600
60900	43500	61700	54700	95200
70400	43800	57800	83500	56500
51300	42900	87500	43600	67200
48700	79100	61900	53400	56200
57000	49600	109500	42100	74600

6. 请 60 名品酒人对甲乙两种品牌的啤酒进行品尝打分。分数是从 1 到 5。1 代表味道最好,5 代表味道最差。经过蒙目品尝,打分结果如下:

甲品牌得分与乙品牌得分之差的符号	品酒人人数
+	38
—	15
0	7
合计	60

试用符号检验法检验两种品牌啤酒受欢迎程度是否一样($\alpha=0.05$)。

7. 某洗涤厂对其产品覆盖的全部 10 个地区,观测各地区实行广告宣传前后的月销量如下表

各地区月销售量

单位：千公斤

广告宣传前	22	16	15	32	18	11	15	25	17	19
广告宣传后	30	19	13	28	17	10	17	28	16	14

试用威尔科克森符号秩检验法，分析进行宣传后是否扩大了月销售量（$\alpha=0.05$）。

8. 某种品牌的彩电在两个城市销售，其中在A城市有6个商场销售，在B城市有8个商场销售，下表是各商场一年的销售量（单位：台）。采用曼—惠特尼U检验分析两个城市的销售量是否有显著差异（$\alpha=0.05$）。

商场序号	A城市	B城市
1	545	560
2	489	551
3	505	535
4	585	479
5	539	476
6	449	545
7		602
8		495

9. 下面是18个消费者对3家商场服务状况的综合评分。采用克鲁斯卡尔—沃利斯检验分析3家商场的服务质量之间是否有显著差异（$\alpha=0.05$）。

商场A	商场B	商场C
57	80	50
58	95	62
30	98	75
45	87	48
60	54	82
73	61	64

10. 抽选9个厂家生产的智能手机，得到销售价格和质量评定的名次如下表：

厂家	A	B	C	D	E	F	G	H	I
质量评定名次	6	9	2	8	5	1	7	4	3
售价（元）	780	695	875	850	810	845	700	765	720

计算价格与质量评定级别之间的斯皮尔曼秩相关系数并进行显著性检验（$\alpha=0.05$）。

第十二章　相关与回归分析

我们在第十章方差分析中探讨了分类变量与数值型变量之间的关系，对于数值型变量与数值型变量之间的关系，可以采用相关与回归分析进行研究。

12.1　相关关系的度量

相关与回归分析是指数值型自变量和数值型因变量之间关系的分析。相关与回归是处理变量之间关系的一种统计方法。在相关分析中，相关系数能够确定两个变量之间的相关方向和相关的密切程度；而回归分析就是对具有相关关系的两个或者两个以上变量之间数量变化的一般关系进行测定。对于研究的变量多少来看，如果研究的是两个变量之间的关系，则称为简单相关与简单回归分析；如果研究的是两个以上变量之间的关系，称为多元相关与多元回归分析。对于研究的变量之间的关系形态上看，有线性相关与线性回归分析及非线性相关与非线性回归分析。本节主要是讨论线性相关与线性回归的基本原理与方法。

12.1.1　变量间的关系

现实世界中的各种现象之间是相互联系、相互制约与相互依存的。在生产经营中，经营者、消费者经常要对变量之间的关系进行分析，以做出精明的决策。比如，商品的价格发生变化时，会刺激消费者的需求，引起销售量的变化；在商业活动中，经营者需要对广告费、服务费等与销售量之间的关系进行分析，等等。从数量上研究这些现象之间的依存关系，找出它们之间量变的规律，是统计分析的重要内容之一。各种变量相互之间的依存关系可以分为两种类型：一种是确定性的函数关系；一种是不确定的统计关系，即相关关系。

1. 函数关系

函数关系(Functional Relation)：当一个或几个变量取一定的值时，另一个变量有确定值与之相对应，我们称这种关系为确定性的函数关系。比如，某种水果的总销售额 S 、该水果的销售量 Q 及该水果的单位价格 P 之间的关系可用 $S=PQ$ 表达，其中 S 是因变量，P 与 Q 是自变量，这就是一种函数关系。通常把影响因素的变量称为自变量，把被影响因素的变量称为因变量。

2. 相关关系

相关关系(Correlation)是指变量之间存在一定的相依关系，但又不是确定的和严格依存的。当变量 x 取某个值时，变量 y 的取值可能有几个，对这种关系不确定的变量显然不能用函数关系进行描述。比如，家庭收入与消费支出的关系、父母亲身高与儿女身高的关系等都属于相关关系。在统计中所研究的就是这种相关关系。

例 12.1 居民的可支配收入 x 与居民的消费支出 y 之间的关系，是不确定的函数关系，即相关关系。通常具有相同收入水平的居民的消费支出并不完全相同，因为除了居民的可支配收入 x 以外，还存在许多其他的因素也会影响居民消费支出 y。所以居民的可支配收入 x 与居民的消费支出 y 之间呈现出不确定性的相关关系。

由于涉及的变量数量、相关性质及相关程度的不同，变量之间的相关关系可以分成以下几种不同的类型：

(1)按相关关系的程度划分，可分为完全相关、不完全相关和不相关。

如果一个变量的变化是由其他变量的数量变化所唯一确定，此时变量间的关系就是完全相关。即因变量 y 的数值完全随自变量 x 的变动而变动，它在相关图上表现为所有的观察点都落在同一条直线上，这种情况下，相关关系实际上是函数关系。所以，函数关系是相关关系的一种特殊情况。当两个变量之间互不影响，其数量变化各自独立时，称这两个变量为不相关。如果两个变量处于完全相关与不相关之间的，就称为不完全相关。

(2)按相关的方向划分，可分为正相关和负相关。

正相关是指两个变量变动方向相同，一个变量由大到小或由小到大变化时，另一个变量亦由大到小或由小到大变化。即其数据曲线的切线斜率始终大于零。比如，身高与体重，身高越长，体重就越重。也就是说，在正相关的情况下，一个变量随着另一个变量的变化而发生相同方向的变化(两个变量同时变大或变小)。负相关是指在回归与相关分析中，因变量值随自变量值的增大(减小)而减小(增大)的现象。在这种情况下，表示相关程度的相关系数为负值。

(3)按相关形式划分，可以分为线性相关和非线性相关。

两个变量之间存在一次函数关系，就称它们之间存在线性关系。正比例关系是线性关系中的特例，反比例关系不是线性关系，则为非线性关系。当变量之间相关关系的散点图中的点接近一条直线，称为线性相关，如图 12－1(a)；当变量之间相关关系的散点图中的点接近于一条曲线，称为非线性相关，如图 12－1(b)。

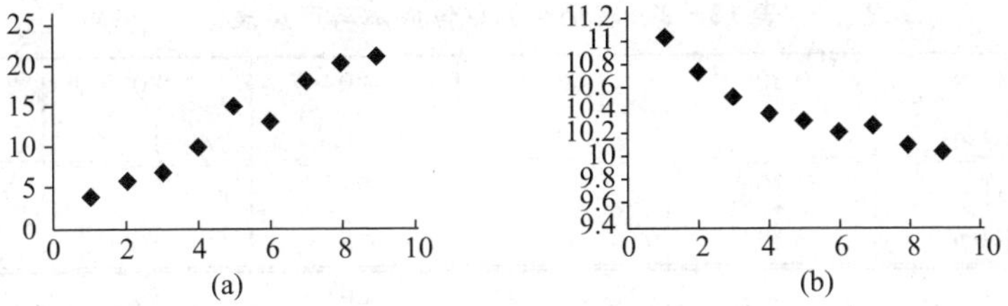

图 12—1 各种相关关系的散点图

(4)按相关关系涉及的因素多少划分,分成单相关、复相关和偏相关。

两个因素之间的相关关系叫做单相关,即研究时只涉及一个自变量和一个因变量。三个或三个以上因素的相关关系叫做复相关,即研究涉及两个或两个以上的自变量和因变量。偏相关是一个多要素系统,一个要素的变化要影响到其他要素的变化,因此它们之间存在着不同的相关关系。两个要素同时消除了其余要素影响后的相关,称为偏相关。偏相关系数是度量偏相关程度和方向的指标,它可以通过相关系数法来计算。

上述的函数关系与相关关系之间并不存在严格的界限,由于有测量误差等原因,函数关系在实际中往往通过相关关系表现出来;反之当对现象之间的内在关系和规律性了解得更清楚的时候,相关关系也可能转化为函数关系,因此,相关关系通常可以用一定的函数关系表达式去近似地描述。

12.1.2 相关关系的描述与测度

相关分析就是对两个变量之间线性关系的描述与测度,要判别变量之间有无相关关系,可以通过编制相关表、相关图,以便直观地判断变量之间相关的方向、形态及大致的密切程度;同时也可以通过采用各种相关系数来度量变量之间的相关程度。

1. 相关表

相关表(Correlation Meter)是一种显示变量之间相关关系的统计表。通常将两个变量的对应值平行排列,且其中某一变量按其取值大小顺序排列,便可得到简单的相关表。简单相关表是现象标志之间相关研究初步结果的表现。表中 x 与 y 两标志的标志值(变量值),如表 12—1。

表 12—1 *X* 与 *Y* 两标志的标志值

x	x_1	x_2	…	x_n
y	y_1	y_2	…	y_n

例 12.2 为研究分析产量(件)和单位成本(元)的关系,设有 30 个同类企业调查得到的原始资料,如表 12—2。

表 12—2　该企业的单位成本与产量表

产量(件)	20	30	20	20	40
单位成本(元)	18	16	16	15	16
产量(件)	20	50	20	30	50
单位成本(元)	16	16	18	16	15
产量(件)	30	40	80	80	50
单位成本(元)	15	15	14	14	15
产量(件)	20	50	40	20	80
单位成本(元)	18	15	14	16	14
产量(件)	40	30	20	80	50
单位成本(元)	15	16	18	14	14
产量(件)	40	20	50	80	30
单位成本(元)	15	16	14	15	15

请描述一下单位成本与产量之间的关系。

解:根据上述资料,编制如下简单相关表。

表 12—3　该企业的单位成本与产量的简单相关表

产量(件)	20	20	20	20	20
单位成本(元)	15	16	16	16	16
产量(件)	20	20	20	20	30
单位成本(元)	18	18	18	18	15
产量(件)	30	30	30	30	40
单位成本(元)	15	15	16	16	14
产量(件)	40	40	40	40	50
单位成本(元)	15	15	15	16	14
产量(件)	50	50	50	50	50
单位成本(元)	14	15	15	15	16
产量(件)	80	80	80	80	80
单位成本(元)	14	14	14	14	15

从表中可以直观地发现,随着产量的增加,单位成本也有降低的趋势。尽管在同样产量的情况下,单位成本存在差异,但是仍然体现两者存在一定的依存关系。

2. 相关图

相关图(Correlation Diagram)是用来反映两个变量之间相关关系的图,又称散点图、散布图。在质量管理中,常常遇到两个变量之间存在着相互依存的关系,但这种关系又不足确定的定量关系。在这种情况下,相关图就可将两种有关的数据成对地以点子形式描在直角坐标图上，以观察与分析两种因素之间的关系，完成对产品或工序进行有效控制。

例 12.3 根据例 12.2 的原始数据，请编制该企业的单位成本与产量的相关图。

解：如下图：

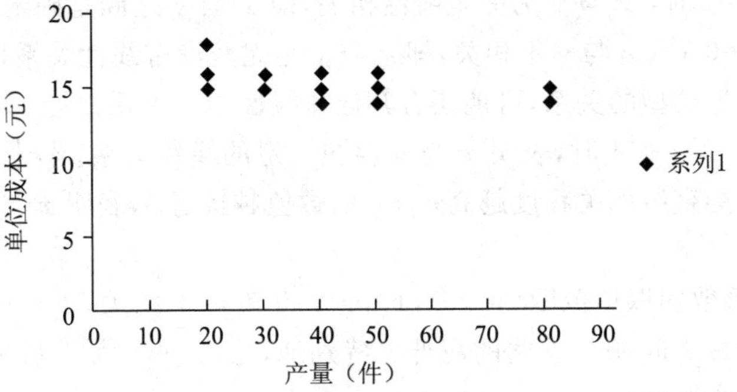

图 12—2 单位成本与产量的相关图

由上图可知该企业的单位成本和产量之间呈现负的线性相关关系。

3. 相关系数

在各种相关中，单相关是基本的相关关系，它是复相关和偏相关的基础。单相关有线性相关和非线性相关两种表现形式。测定线性相关系数的方法是最基本的相关分析，是测定其他相关系数方法的基础。本节主要研究线性的单相关系数，即简单相关系数(Correlation Coefficient)，或称线性相关系数、皮氏积矩相关系数等，它是衡量两个随机变量之间线性相关程度的指标。它由卡尔·皮尔森(Karl Pearson)在 19 世纪 80 年代提出，现已广泛地应用于科学的各个领域。通常用 r 表示，其基本公式为：

$$r=\frac{\sigma_{xy}{}^{2}}{\sigma_{x}\sigma_{y}} \tag{12.1}$$

式中：

$\sigma_{xy}{}^{2}=\dfrac{\sum(x-\bar{x})(y-\bar{y})}{n}$，是变量 x 和 y 的协方差；

$\sigma_{x}=\sqrt{\dfrac{\sum(x-\bar{x})^{2}}{n}}$，是变量 x 的标准差；

$\sigma_{y}=\sqrt{\dfrac{\sum(y-\bar{y})^{2}}{n}}$，是变量 y 的标准差。

所以，相关系数的计算公式为：

$$r=\frac{\sum(x-\bar{x})(y-\bar{y})}{\sqrt{\sum(x-\bar{x})^2(y-\bar{y})^2}} \tag{12.2}$$

由公式(12.1)和公式(12.2)可知,相关系数 r 有以下性质:

(1)当 $r=1$ 时,x 与 y 为完全线性相关,即 x 与 y 之间是确定的函数关系;

(2)当 $r=0$ 时,x 与 y 不相关,即 x 与 y 是完全没有线性关系,但是并不表示它们不存在其他类型的关系,可能还有其他非线性相关关系;

(3)当 $0<|r|<1$ 时,表明 x 与 y 存在一定的线性关系。$|r|$ 的数值越接近 1,表明 x 与 y 的直线相关程度越高;$|r|$ 的数值越接近 0,表明 x 与 y 的直线相关程度越低;

(4)相关系数的取值范围为 $[-1,1]$,$r>0$ 表示正相关,$r<0$ 表示负相关,$|r|$ 表示了变量之间相关程度的高低。特别地,通常 $|r|$ 大于 0.8 时,认为两个变量有很强的线性相关性;

(5)若 X 与 Y 统计上独立,则它们之间的相关系数为零;但 $r=0$ 不等于说两个变量是独立的。即零相关并不一定意味着独立性;

(6)相关系数是线性关联或线性相依的一个度量,它不能用于描述非线性关系;

(7)相关系数只是两个变量之间线性关联的一个度量,不一定有因果关系的含义。

例 12.4 下表 12－4 是关于珠江三角洲及粤东、粤北的 15 个地区某种蔬菜的年需求量与人口增加量的资料,请计算其相关系数。

表 12－4 人口增加量与年需求量的相关系数表

编号	人口增加量	年需求量	x^2	y^2	xy
1	274	162	75076	26244	44388
2	180	120	32400	14400	21600
3	375	223	140625	49729	83625
4	205	131	42025	17161	26855
5	86	67	7396	4489	5762
6	265	169	70225	28561	44785
7	98	81	9604	6561	7938
8	330	192	108900	36864	63360
9	195	116	38025	13456	22620

续表

编号	人口增加量	年需求量	x^2	y^2	xy
10	53	55	2809	3025	2915
11	430	252	184900	63504	108360
12	372	234	138384	54756	87048
13	236	144	55696	20736	33984
14	157	103	24649	10609	16171
15	370	212	136900	44944	78440
合计	3626	2261	1067614	395039	647851

解：根据公式(12.2)可得：

$$r=\frac{\sum(x-\bar{x})(y-\bar{y})}{\sqrt{\sum(x-\bar{x})^2(y-\bar{y})^2}}$$

$$=\frac{\sum xy-\frac{1}{n}\sum x\sum y}{\sqrt{\left(\sum x^2-\frac{1}{n}\left(\sum x\right)^2\right)\left(\sum y^2-\frac{1}{n}\left(\sum y\right)^2\right)}}$$

$$=\frac{101291.9333}{\sqrt{191088.9333\times 54230.9333}}=0.9950$$

由于相关系数为0.9950，说明该蔬菜的年需求量与人口增加量之间存在着高度的正相关关系。

12.1.3 相关系数的显著性检验

显著性检验(Significance Testing)就是事先对总体(随机变量)的参数或总体分布形式做出一个假设，然后利用样本信息来判断这个假设(原假设)是否合理，即判断总体的真实情况与原假设是否有显著性差异。或者说，显著性检验要判断样本与我们对总体所做的假设之间的差异是纯属机会变异，还是由我们所做的假设与总体真实情况之间不一致所引起的。显著性检验是针对我们对总体所做的假设做检验，其原理就是"小概率事件实际不可能性原理"来接受或否定假设。

要对样本的相关系数进行显著性检验，必须明确其抽样分布性质。如果 x 与 y 都服从正态分布，在总体相关系数为0的情况下，即原假设 $H_0:\rho=0$(总体两变量间线性相关性不显著)，备择假设 $H_1:\rho\neq 0$(总体两变量间线性相关性显著)。

当 $H_0:\rho=0$ 成立时，如下与样本相关系数 r 有关的 t 统计量服从自由度为$(n-2)$的 t 分布：

$$t=\frac{r\sqrt{n-2}}{\sqrt{1-r^2}}\sim t(n-2) \tag{12.3}$$

根据给定的显著性水平 α 和自由度 $df=(n-2)$ 查 t 分布表，查出 $t_{\alpha/2}(n-2)$ 的临界值。若 $|t|>t_{\alpha/2}$，则拒绝原假设 H_0，表明总体的两个变量之间存在显著的线性关系。

例 12.5 某饮料公司的广告费与销售数量的资料如下表 12－5：

表 12－5 饮料公司的广告费与销售数量表

广告费(百万元)x	销售量(百万箱)y
131.4	1929.2
92.4	1384.6
60.4	811.4
55.7	541.5
40.2	546.9
29	535.6
11.6	219.5

请检验广告费与销售数量之间的相关系数是否显著($\alpha=0.05$)。

解：提出假设：$H_0:\rho=0$；$H_1:\rho\neq 0$

计算检验的统计量：根据公式(12.3)得：$t=|r|\sqrt{\dfrac{n-2}{1-r^2}}=10.51997$

根据显著性水平 $\alpha=0.05$，查出 $t_{\alpha/2}(n-2)$ 的临界值为 2.015。由于 10.51997＞2.015，所以拒绝原假设，说明广告费与销售数量之间存在线性相关关系。

12.2 简单线性回归分析

回归分析(Regression Analysis)是一种统计学上分析数据的方法，主要是希望探讨数据之间是否有一种特定关系。回归分析是建立因变量 Y 与自变量 X 之间关系的模型。复回归(Multiple Regression)指的是超过一个自变量。回归分析的目的在于了解两个或多个变量间是否相关、相关方向与强度，并建立数学模型以便观察特定变量来预测研究者感兴趣的变量。回归分析也分为线性回归分析与非线性回归分析。本节主要是研究两个变量的简单线性回归分析。

1. 简单线性回归方程

一个自变量与因变量之间最简单的关系为线性关系，为了更加明确自变量与因变量的关系，我们可以利用线性回归分析。一元线性回归模型可表示如下：

$$y_i=\alpha+\beta x_i+\varepsilon_i \tag{12.4}$$

其中，y_i 表示因变量的第 i 个观察值，$i=1,\cdots,n$；x_i 表示对应于第 i 个观察值的自变量数值；α 表示截距；β 表示斜率，即自变量每增加一单位时，因变量的平均改变量；α 与 β 称之为回归系数；ε_i 为随机误差项。

若满足：对于所有取值的 $x_i(i=1,\cdots,n)$，误差项具有相同方差，$Var(\varepsilon_i)=\sigma^2$。且 ε_i 是相互独立、服从正态分布 $N(0,\sigma^2)$ 的随机变量，则根据最小二乘法，我们可以得到一元线性回归方程：

$$\hat{y}_i = a + bx_i \tag{12.5}$$

其中 $\hat{y}_i$ 为在特定 x_i 下 y 的平均值，a 与 b 分别为 α 与 β 的估计值。观察值与其预测值之间的差异（$e_i = y_i - \hat{y}_i$）称为残差。根据最小二乘法计算 a 与 b 如下：

$$b = \frac{\sum(x_i-\bar{x})(y_i-\bar{y})}{\sum(x_i-\bar{x})^2} \tag{12.6}$$

$$a = \bar{y} - b\bar{x} \tag{12.7}$$

在配合回归直线的时候，一般希望这条直线和实际数据的误差比任何其他直线的误差都要小。数学证明，最小二乘法（The Least Square Method）所配合的直线就是最优的理想直线，它是一种数学优化技术。它通过最小化误差的平方和寻找数据的最佳函数匹配。利用最小二乘法可以简便地求得未知的数据，并使得这些求得的数据与实际数据之间误差的平方和为最小。

回归分析的一般流程如下：

步骤 1，搜集 n 组自变量与因变量的样本数据，如：$(x,y)=$（施肥量，农作物收成）或 $(x,y)=$（烤箱温度，点心成功率）等，建立回归模型。

步骤 2，对回归模型进行显著性检验：

(1)观察散点图，看数据是否与回归曲线相适配。

(2)利用判定系数 r^2。

(3)利用 F 检验或 t 检验。

步骤 3，应用回归模型：

(1)解释自变量与因变量之间的关系。

(2)给定 X 值以估计 Y 值，或给定 Y 值以找出最适合的 X 值。

例 12.6　根据例 12.5 的资料，请计算其回归直线。

解：根据公式(12.6)(12.7)得：

$$b = \frac{\sum xy - \frac{1}{n}\sum x\sum y}{\sum x^2 - \frac{1}{n}\left(\sum x\right)^2} = \frac{101291.933}{191088.933} = 0.5301$$

$$a = \bar{y} - b\bar{x} = \frac{2261}{15} - 0.5301 \times \frac{3626}{15} = 22.5905$$

所以，其回归直线为：$\hat{y} = a + bx = 22.5905 + 0.5301x$

2. 回归方程的拟合优度与评价

拟合优度(Goodness of Fit)是指回归直线对观测值的拟合程度。度量拟合优度的统计量是可决系数(亦称判定系数) R。R 的取值范围是[0,1]。R 的值越接近 1，说明回归直线对观测值的拟合程度越好；反之，R 的值越接近 0，说明回归直线对观测值的拟合程度越差。

(1)判定系数

判定系数(Coefficient of Determination)是用于判断回归分析模型拟合程度的一个指标。设回归分析模型的总体平方和为 SST，回归平方和为 SSR，残差平方和为 SSE，那么称

$$R^2 = \frac{SSR}{SST} = 1 - \frac{\sum (y_i - \hat{y}_i)^2}{\sum (y_i - \bar{y})^2} \tag{12.8}$$

为模型的判定系数。判定系数是对回归方程的拟合程度的度量，其取值范围为[0,1]；判定系数越高说明回归模型的拟合程度越高，判定系数为 1 表示回归方程和数据点完全拟合。

例 12.7 根据例 12.5 的资料，请计算广告费对销售数量回归的判定系数，并解释其意义。

解：由 Excel 输出的回归分析得知：总平方和 $SST = 2135329$，回归平方和 $SSR = 2043172$，残差平方和 SSE=92157.23，则：

$$R^2 = \frac{SSR}{SST} = \frac{2043172}{2135329} = 0.957 = 95.7\%$$

实际意义是：在广告费的变差中，有 95.7%可以由广告费与销售数量之间的线性关系来解释。

(2)估计标准误差

标准误差(Standard Error)在相同测量条件下进行的测量称为等精度测量，例如在同样的条件下，用同一个游标卡尺测量铜棒的直径若干次，这就是等精度测量。对于等精度测量来说，还有一种更好的表示误差的方法，就是标准误差。标准误差定义为各测量值误差的平方的平均值的平方根，故又称为均方误差的平方根。标准误差用 S_e 表示，其计算公式为：

$$S_e = \sqrt{\frac{\sum (y_i - \hat{y}_i)^2}{n-2}} = \sqrt{\frac{SSE}{n-2}} \tag{12.9}$$

例 12.8 根据例 12.5 的资料，请计算广告费对销售数量回归的估计标准误差，并解释其意义。

解：由 Excel 输出的回归分析得知：残差平方和 $SSE=92157.23$，则：

$$S_e=\sqrt{\frac{\sum(y_i-\hat{y}_i)^2}{n-2}}=\sqrt{\frac{SSE}{n-2}}=\sqrt{\frac{92157.23}{5}}=135.7625$$

实际意义是：根据销售数量来估计广告费时，平均的估计误差为 135.7625。

(3)统计检验——F 检验和 t 检验

如果 X 与 Y 之间完全无关，即在预测 Y 值时 X 几乎不提供任何有用的信息，那么在线性模型 $y=\alpha+\beta x$ 中，β 值应该等于零。因此我们可以对 β 进行检验。若 $H_0:\beta=0$ 被推翻，则可下结论：有足够的证据显示 X 与 Y 之间存在显著的线性关系，或 X 在对 Y 的预测上提供有用的信息。

对于 $H_0:\beta=0$ 的检验有两种方式：

方式一：F 检验——对于整个回归方程的显著性检验。

表 12—6

变差来源	平方和	自由度	均方	F 统计量
回归 误差	SSR SSE	1 $n-2$	$SSR/1=MSR$ $SSE/(n-2)=MSE=\hat{\sigma}^2$	MSR/MSE
总和	SST	$n-1$		

检验程序：

①假设：$\varepsilon_i\sim NID(0,\sigma^2)$ 即 ε_i 是随机误差，且服从 $N(0,\sigma^2)$ 的独立随机变量①。

②$H_0:\beta=0$(X 与 Y 之间没有线性关系；或回归无法提供有用信息)

$H_1:\beta\neq 0$(X 与 Y 之间有线性关系；或回归方程有用)

③检验统计量：$F=\dfrac{MSR}{MSE}$

④拒绝域：查 F 分布临界值表(见附表 5)，自由度$=(1,n-2)$或 p-值

方式二：t 检验——对于回归系数的显著性检验。

检验程序：

①假设：$\varepsilon_i\sim NID(0,\sigma^2)$

① 注："NID"简写为"N"，表示有 N 个随机变量 ε_i($i=1,2,3,\cdots,N$)。目前"NID"已经作为专用名词"网络识别码"和"联合创新图"(Networked Innovation Drawing)的缩写词等多种含义，与本文含义不同。

②$H_0:\beta=0$，$H_1:\beta\neq 0$

③检验统计量：$t=\dfrac{b-\beta}{\sqrt{MSE/(\sum x_i-\bar{x})^2}}$

④拒绝域：查 t 分布临界值表（见附表 3），自由度 $=n-2$ 或 p-值。

在一元线性回归中，F 检验与 t 检验的零假设相同，并存在 $F_{(1,r)}=t_{(r)}^2$ 的关系。

例 12.9 某产品的合格率会随着温度的增加而降低，经实验获得如下数据：

表 12－7 某产品的合格率实验数据

温度(F)	190	191	193	195	198	187	199	200
合格率(%)	88	88	86	85	83	89	84	83

(1)分别指出本例中的自变量和因变量；

(2)画出 $x-y$ 的散点图并初步判断自变量与因变量的关系；

(3)求线性回归方程；

(4)判断回归方程的显著性；

(5)解释回归系数在本例中的意义；

(6)预测温度为 192 华氏度时，估计的平均合格率为多少？

解：(1)本例中合格率随温度变化而变化，而不是相反，因此合格率为因变量，为自变量。

(2)使用 Excel 绘制散点图，初步判断自变量温度与因变量合格率之间存在负线性相关关系。

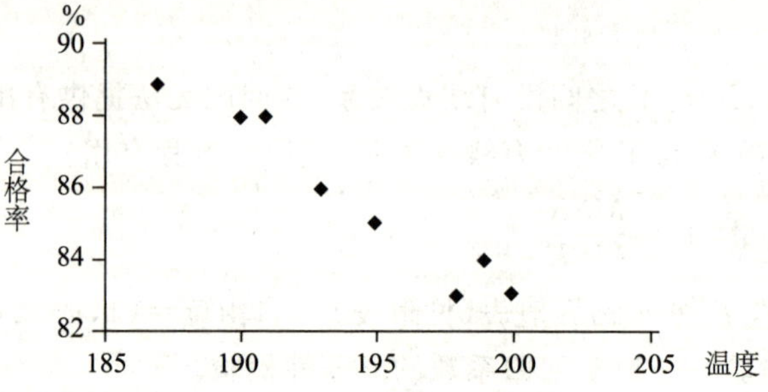

图 12－3 合格率与温度的散点图

(3)根据式(12.6)(12.7)

$$b=\frac{\sum(x_i-\bar{x})(y_i-\bar{y})}{\sum(x_i-\bar{x})^2}=\frac{-75.75}{152.875}=-0.4955$$

$$a=\bar{y}-b\bar{x}=85.75-(-96.189)=181.939$$

得到回归方程：

$$\hat{y}=a-bX=181.939-0.4955X$$

(4)观察散点图：初步判断回归方程与样本数据拟合较好。

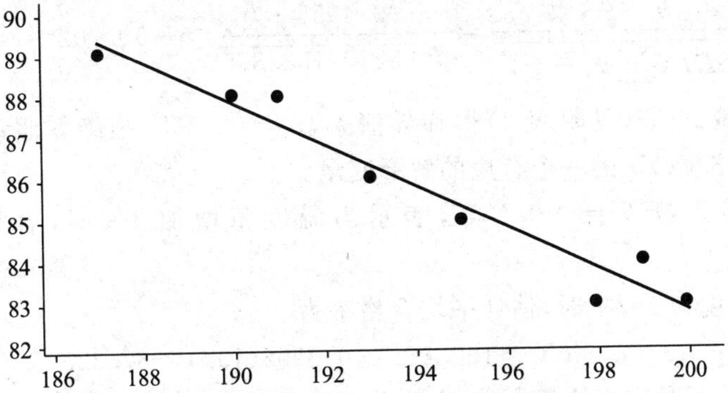

图 12—4 回归方程直线与散点图

判定系数 r^2：计算判断系数 $r^2=\frac{SSR}{SST}=\frac{37.5341}{39.5}\cong 0.95$，显示温度（$X$）的变动会引起 95%合格率的变化，说明温度确实是影响合格率的一个重要因素。计算相关系数 r，$r=-\sqrt{r^2}\cong-0.975$。表明温度与合格率之间存在非常强的负线性相关，因此，本例中的一元线性回归能很好的解释变量之间的关系。

统计检验—F 检验：利用 F 检验判断回归方程的显著性。

表 12—8

变差来源	平方和	自由度	均方	F 统计量
回归 误差	37.5341 1.966	1 6	37.5341 0.3277	$MSR/MSE=114.54$
总和	39.5	7		

①假设：$\varepsilon_i \sim NID(0,\sigma^2)$

②H_0：$\beta=0$（X 与 Y 之间没有线性关系）

H_1：$\beta\neq 0$（X 与 Y 之间有线性关系，斜率不为 0）

③检验统计量：$F=114.54$

④拒绝域：查表（见附表 5）得临界值 $F_{0.05,1,6}=5.99$，拒绝零假设。可以判断回归方程非常显著。

统计检验—t 检验：利用 t—test 检验温度（X）是否为合格率（Y）的一个有用

的解释变量。

①假设：$\varepsilon_i \sim NID(0,\sigma^2)$

② $H_0:\beta=0$，　$H_1:\beta\neq 0$

③检验统计量：

$$t=\frac{b-\beta}{\sqrt{MSE/(\sum x_i-\bar{x})^2}}=\frac{-0.4955-0}{\sqrt{0.3277/152.875}}\cong -10.702 \tag{12.10}$$

④拒绝域：查表（见附表3）得临界值 $t_{0.025,7}=2.365$，拒绝零假设，表明温度（X）确是合格率（Y）的一个有用的解释变量。

(5)回归系数 $b=-0.4955$，表示当温度每增加1℉时，合格率平均下降0.4955%。

(6)当温度为192℉时，估计平均合格率为

$$\hat{y}=a-bX=182.461-0.4955(192)=87.325$$

做回归分析时应当注意，回归方程并不能揭示自变量与因变量之间的因果关系，要确立因果关系，必须借助其他理论依据。

12.3　多元线性回归

一元线性回归模型是最基础的线性回归模型，而在实际问题中，影响因变量的因素往往有多个，针对一个因变量与多个自变量的回归就是多元回归。若因变量与自变量的关系为线性的，则成为多元线性回归。例如：房地产中介希望利用商品房所在的地区（X_1）、房龄（X_2）、有无电梯（X_3）、是否小区（X_4）等多个变量来建立一个多元线性回归模型来预测房价（Y）。又例如：工程师想要利用温度（X_1）、压力（X_2）、催化剂种类（X_3）等多个变量来建立一个回归模型以预测化学实验的成功率（Y）。

多元线性回归模型的一般形式如下：

$$y=\alpha+\beta_1x_1+\cdots+\beta_ix_i+\beta_kx_k+\varepsilon \tag{12.11}$$

其中，y 表示因变量数值；α 表示截距；x_i，$i=0,1,\cdots,k$，表示自变量数值；β_i，$i=0,1,\cdots,k$，表示对应于各自变量的回归系数；ε 为随机误差项。

多元线性回归模型的一般假设：对于所有取值的 $X_{i1},X_{i2},\cdots,X_{ik}$（$i=1,\cdots,n$），误差项具有相同方差，$Var(\varepsilon_i)=\sigma^2$。且 ε_i 是相互独立、服从正态分布 $N(0,\sigma^2)$ 的随机变量。若模型满足以上假设，则根据最小二乘原理，我们可以得到多元线性回归方程：

$$\hat{y}=\hat{\alpha}+\hat{\beta}_1x_1+\cdots+\hat{\beta}_ix_i+\hat{\beta}_kx_k \tag{12.12}$$

多元线性回归分析的原理同一元线性回归基本相同，但计算上要复杂得多，因此一般借助计算机完成。

例 12.10 某洗洁精制造商希望研究洗洁精销售量与广告费用及促销费用间的关系，以了解广告与促销费用对销售量的影响。现搜集相关变量数据如下，试进行多元线性回归分析。

表 12—9 相关变量数据

单位：万元

时间周期	销售量	广告费用	促销费用
1	70	16	14
2	63	15	16
3	51	8	9
4	71	12	27
5	79	20	22
6	81	16	37
7	80	23	25
8	44	5	7
9	59	10	10
10	61	17	8
11	60	7	12
12	69	13	21
13	70	14	22
14	74	11	25
15	50	8	6
16	62	11	17

解：(1)本例中因变量为销售量，自变量为广告费用与促销费用。

解读使用 Excel 2010 进行回归分析的结果：

回归统计	
Multiple R	0.961128
R Square	0.923767
Adjusted R Square	0.912039
标准误差	3.258815
观测值	16

方差分析

	df	SS	MS	F
回归分析	2	1672.94164	836.47082	78.76466
残差	13	138.058365	10.619874	
总计	15	1811		

	Coefficients	标准误差	t Stat	p－value
截距	37.89669	2.44370138	15.507906	9.15E－10
X_1(广告费用)	1.052025	0.20281026	5.1872355	0.000175
X_2(促销费用)	0.794733	0.11320794	7.0201204	9.06E－06

获知截距及回归系数之后，可得到多元线性回归方程：

销售量＝37.9＋1.05×(广告费用)＋0.795×(促销费用)　　(12.13)

截距为37.9，表示当广告费用与促销费用均为零时，平均销售量约为37.9万元。广告费用的系数为1.05，表示当促销费用不变时，广告费用每增加1万元，平均销售量约增加1.05万元。促销费用的系数为0.795，表示当广告费用不变时，促销费用每增加1万元，平均销售量约增加0.795万元。

由上述回归统计表可知，$r^2=92.4\%$，$r^2(adj)=91.2\%$，说明广告费用与促销费用的变量可以解释约91%的总销售量的变化。

而F统计量为78.76，且其p值无限接近零，说明此回归模型非常显著，即两个自变量中至少有一个变量对因变量有显著影响。广告费用与促销费用的两个自变量的t检验的p值均无限接近零，说明广告费用与促销费用对销售量的变异均有显著的解释能力。

(3)使用回归方程进行预测：当广告费用与促销费用分别为10万元与20万元时，平均销售量的预测值＝37.9＋1.05×10＋0.795×20＝64.3，即平均销售量估计可达64.3万元。

思考与练习

一、思考题

1. 解释相关与线性相关。
2. 简述最小二乘估计的基本原理。
3. 一元线性回归模型中有哪些基本假定？
4. 解释判定系数的含义和作用。
5. 在回归分析中，F检验和t检验各有什么作用？

二、练习题

6. 下面列出了不同重量下线圈的长度：

重量X(克)	5	10	15	20	25	30
长度Y(厘米)	7.25	8.12	8.95	9.90	10.9	11.8

(1)作出Y与X的散点图，判断其是否存在线性相关；

(2)求出 Y 关于 X 的一元线性回归方程；

(3)对所求得的回归方程进行显著性检验。

7. 设销售收入 x 为自变量，销售成本 y 为因变量。现已根据某百货公司某年 12 个月的有关资料计算出下面的数据(单位：万元)

$$\sum(x_i-\bar{x})^2=425053.73$$

$$\sum(y_i-\bar{y})^2=262855.25$$

$$\sum(x_i-\bar{x})(y_i-\bar{y})=334229.09$$

$$\bar{x}=647.88$$

$$\bar{y}=549.8$$

(1)请拟合简单线性回归方程，并对方程中的回归系数的经济意义作出解释；

(2)计算判定系数和回归估计的标准误差；

(3)对 β_2 进行显著性水平为 5%的显著性检验。

8. 美国各航空公司业绩的统计数据中，航班正点率与每 10 万名乘客投诉的次数的数据如下表所示。

美国各航空公司的航班正点率与投诉率

航班正点率(%)	投诉率(次/10 万名乘客)
81.8	0.21
76.6	0.58
76.6	0.85
75.7	0.68
73.8	0.74
72.2	0.93
71.2	0.72
70.8	1.22
68.5	1.25

(1)试画出这些数据的散点图；

(2)这个散点图表明了两个变量之间存在什么关系呢？

(3)试求出估计的回归方程，并对回归方程的斜率作出解释。

9. 某农场通过试验取得玉米收获量与降雨量和温度的数据如下：

收获量 Y (kg)	降雨量 X_1 (mm)	温度 X_2 (℃)
2250	25	6
3450	33	8

续表

收获量 Y (kg)	降雨量 X_1 (mm)	温度 X_2 (℃)
4500	46	10
6750	105	13
7200	110	14
7500	115	16
8250	120	17

(1)指出自变量与因变量；

(2)试建立二元线性回归方程；

(3)对回归模型的线性关系和回归系数进行显著性检验（$\alpha=0.05$）。

10. 某饼干师傅为了了解烘焙事件及烤箱温度对苏打饼干成功率的影响，他搜集了12批不同条件下的烘焙时间、烤箱温度及苏打饼干的成功率，数据如下：

次数	苏打饼成功率(%)	烘培时间(10秒)	烤箱温度(℃)
1	87	92	257
2	93	87	252
3	80	93	262
4	90	89	254
5	98	85	250
6	83	92	260
7	93	88	253
8	95	86	251
9	88	91	256
10	99	84	249
11	84	92	259
12	90	90	255

(1)指出自变量与因变量；

(2)试建立二元线性回归方程；

(3)对回归模型的线性关系和回归系数进行显著性检验（$\alpha=0.05$）。

第十三章　统计指数

统计指数方法是经济统计理论及其实践中独特的研究领域，它主要用于反映事物数量的相对变化，被广泛应用于证券投资分析、生产经营和居民生活等社会经济问题研究的各个领域。通过本章的学习了解统计指数的基本概念与分类，理解统计指数的编制原理；熟练掌握综合指数和平均数指数的编制方法及其应用；熟练运用统计指数体系对社会经济现象进行因素分析，重点掌握总量指标和平均指标的两因素分析方法；基本了解统计指数在实际工作中的几种应用。

13.1　统计指数概述

13.1.1　统计指数的含义

18世纪中叶，由于金银大量流入欧洲，欧洲的物价飞涨，引起社会不安，于是产生了反映物价变动的要求，这就是物价指数产生的根源，后来，逐渐扩大到产量、成本、劳动生产率等指数的计算，即由最初计算一种商品的价格变动，逐渐扩展到计算多种商品价格的综合变动。有些指数，如消费品价格指数、生活费用价格指数，同人们的日常生活休戚相关；有些指数，如生产资料价格指数、股票价格指数等，则直接影响人们的投资活动，至今，已被广泛应用于社会经济生活各方面，一些重要的指数已成为社会经济发展的晴雨表。

统计指数作为一种对比性的统计指标具有相对数的形式，通常用百分数来表示，即若把作为对比基准的水平（基数）视为100，则所要考察的现象水平相当于基数的多少。例如，已知某年全国的零售物价指数为103%，这就表示：若将基期年份（通常为上年）的一般价格水平看成是100%，则当年全国的价格水平就相当于基年的103%，或者说，当年的价格上涨了3%。从对比性质来看，统计指数通常是不同时间的同一指标水平的对比，它表明现象在时间上的变动情况（动态）。此外，统计指数还可以是不同空间（如不同国家、地区、部门、企业等）的同一指标水平的对比，或者，是现象的实际水平与计划（规划或目标）水平的对比，这些可以看成是动态对比指数方法的拓展。可见，指数在经济分析上具有十分广阔的应用领域。

迄今为止,统计界认为,统计指数的涵义有狭义和广义之分。狭义指数指反映不能直接相加的复杂社会经济现象在数量上综合变动情况的相对数。例如,要说明一个国家或一个地区商品价格综合变动情况,由于各种商品的经济用途、规格、型号、计量单位等不同,不能直接将各种商品的价格简单对比,而要解决这种复杂经济总体各要素相加问题,就要编制统计指数综合反映它们的变动情况。广义指数是泛指社会经济现象数量变动的比较指标,是对有关现象进行比较分析的一种相对比率。即用来表明同类现象在不同空间、不同时间、实际与计划对比变动情况的相对数。包括用于空间上的比较(空间指数)、反映计划完成情况(计划完成指数)和狭义指数。本章所要介绍的统计指数理论和分析方法主要是指狭义的指数。

13.1.2 统计指数的性质

正确应用统计指数理论和分析方法,必须要对统计指数特性有深刻的了解,概括地讲,统计指数具有以下性质。

1. 相对性

统计指数是总体各变量在不同场合下对比形成的相对数,可以度量一个变量在不同时间或不同空间的相对变化,如一种商品的价格指数或数量指数,这种指数称为个体指数;也可用于反映一组变量的综合变动,如消费价格指数反映一组指定商品和服务的价格变动水平,这种指数称为综合指数。总体变量在不同时间上对比形成的指数称为时间性指数,在不同空间上对比形成的指数称为区域性指数。

2. 综合性

统计指数是反映一组变量在不同场合下的综合变动水平,这是就狭义的指数而言的,它也是指数理论和方法的核心问题。实际中所计算的主要是这种指数。没有综合性,统计指数就不可能发展成为一种独立的理论和方法论体系。综合性说明指数是一种特殊的相对数,它是由一组变量或项目综合对比形成的。比如,由若干种商品和服务构成的一组消费项目,通过综合后计算价格指数,以反映消费价格的综合变动水平。

3. 平均性

统计指数是总体水平的一个代表性数值:一是指数进行比较的综合数量是作为个别量的一个代表,这本身就具有平均的性质;二是两个综合量对比形成的指数反映了个别量的平均变动水平,比如物价指数反映了多种商品和服务项目价格的平均变动水平。

13.1.3 统计指数的作用

1. 综合反映社会经济现象总变动方向及变动幅度

在统计实践中，经常要研究多种商品或产品的价格综合变动情况，多种商品的销售量或产品产量的总变动，多种产品的成本总变动，多种股票价格综合变动等。这类问题由于各种商品或产品的使用价值不同、各种股票价格涨跌幅度和成交量不同，所研究总体中的各个个体不能直接相加。指数法的首要任务，就是把不能直接相加总的现象过渡到可以加总对比，从而反映复杂经济现象的总变动方向及变动幅度。

2. 分析现象总变动中各因素变动的影响方向及影响程度

利用指数体系理论可以测定复杂社会经济现象总变动中，各构成因素的变动对现象总变动的影响情况，并对经济现象变化作综合评价。任何一个复杂现象都是由多个因子构成的，如商品销售总额是商品价格与销售量相乘的结果，运用指数法编制商品价格指数和销售量指数，可分析它们的变动对商品销售总额变动的影响。又如影响利润总额变化的各种因素有产品产量、产品销售量、产品成本、产品销售价格等，可以编制产品产量指数、产品销售量指数、产品成本指数和产品销售价格指数等并分别对它们进行分析，根据各因素变动影响，可综合评价利润总额变动的情况。

在对现象的总平均数进行动态分析时，利用指数法，可以测定各组平均水平的变动和各组在总量中所占比重的变动，以及它们对总平均水平变动的影响程度。

3. 反映同类现象变动趋势

编制一系列反映同类现象变动情况的指数形成指数数列，可以反映被研究现象的变动趋势。例如，根据1981－2013年共33年的零售商品价格资料，编制32个环比价格指数，从而构成价格指数数列。这样，就可以揭示价格的变动趋势，研究物价变动对经济建设和人民生活水平的影响程度。此外，利用统计指数还可以进行地区经济综合评价、对比，研究计划执行情况。

13.1.4 统计指数的分类

统计指数的种类很多，从不同的角度可以作出以下几种分类：

1. 按其反映对象范围的不同，分为个体指数和总指数。

(1)个体指数——说明个别事物(例如某种商品或产品等)数量变动的相对数叫做个体指数。个体指数通常记作 K，例如：

个体物量指数 $$K_q=\frac{q_1}{q_0} \tag{13.1}$$

个体物价指数 $$K_p = \frac{p_1}{p_0} \tag{13.2}$$

其中 q 代表物量，p 代表商品或产品的单价；下标1代表报告期，下标0代表基期。

可见，个体指数就是同一种现象的报告期指标数值与基期指标数值对比而得的发展速度指标。

(2)总指数——说明度量单位不相同的多种事物数量综合变动的相对数，例如工业总产量指数、零售物价总指数等。总指数与个体指数有一定的联系，可以用个体指数计算相应的总指数，用个体指数加权平均求得的总指数，称为加权指数。

2. 按其所反映的社会经济现象特征不同，分为数量指标指数和质量指标指数。

(1)数量指标指数——简称数量指数，主要是指反映现象的规模、水平变化的指数，例如商品销售量指数、工业产品产量指数等。

(2)质量指标指数——简称质量指数，是指综合反映生产经营工作质量变动情况的指数，例如物价指数、产品成本指数等。

3. 按其采用基期的不同，分为定基指数和环比指数。

(1)定基指数——将不同时期的某种指数按时间先后顺序排列，形成指数数列。在同一个指数数列中，如果各个指数都以某一个固定时期作为基期，就称为定基指数，即为各期的定基发展速度。

(2)环比指数——如果各个指数都是以报告期的前一期作为基期，则称之为环比指数。即为各期的环比发展速度。

4. 按其对比内容的不同，分为动态指数和静态指数。

(1)动态指数——由两个不同时期的同类经济变量值对比形成的指数，说明现象在不同时间上发展变化的过程和程度。

(2)静态指数——包括空间指数和计划完成情况指数两种。

空间指数(地域指数)是将不同空间(如：不同国家、地区、部门、企业等)的同类现象进行比较的结果，反映现象在不同空间的差异程度。计划完成程度指数是由同一地区、单位的实际指标值与计划指标数值对比而形成的指数，反映计划的执行情况或完成与未完成的程度。

本章主要介绍述动态指数，动态指数是出现最早、应用最多的指数，也是理论上最为重要的统计指数。静态指数则是动态指数在实际应用中的扩展。

5. 按照常用的计算总指数的方法或形式，可以分为综合指数和平均指数。

(1)综合指数——从数量上表明不能直接相加的社会经济现象的总指数。

(2)平均指数——以个体指数为基础，采取平均形式编制的总指数。

13.2　统计指数的编制方法

13.2.1　个体指数的编制方法

个体指数是反映个别现象(即简单现象总体)数量变动的相对数,按指数化指标的性质不同可分为数量指标个体指数和质量指标个体指数。

例 13.1　某企业生产甲乙两种产品,某年 7、8 月份单位产品成本和产量资料如下表 13—1:

表 13—1　某年 7、8 月份单位产品成本和产量资料

产品	单位	产　量		单位成本(元)	
		7 月份	8 月份	7 月份	8 月份
甲	件	520	600	50	45
乙	公斤	200	500	120	110

如例,要反映甲产品的产量及单位成本 8 月份比 7 月份的变化情况,则需分别编制甲产品的产量个体指数和甲产品的单位成本个体指数。

$$\text{甲产品的产量个体指数:} K_q = \frac{q_1}{q_0} = \frac{600}{520} = 115.38\%$$

说明甲产品产量 8 月份比 7 月份增长了 15.38%,绝对值增加:600－520＝80(件)即甲产品的产量 8 月份比 7 月份增加了 80 件。

$$\text{甲产品的单位成本个体指数:} K_p = \frac{p_1}{p_0} = \frac{45}{50} = 90\%$$

说明甲产品单位成本 8 月份比 7 月份下降了 10%(90%－100%＝－10%),绝对值:45－50＝－5(元),即甲产品的单位成本 8 月份比 7 月份下降 5 元。

同样可编制乙产品的产量个体指数和单位成本个体指数。

$$\text{乙产品的产量个体指数:} K_q = \frac{q_1}{q_0} = \frac{500}{200} = 250\%$$

说明乙产品产量 8 月份比 7 月份增长 150%(250%－100%＝150%),绝对值增加:500－200＝300(公斤),即乙产品的产量 8 月份比 7 月份增加了 300 公斤。

$$\text{乙产品的单位成本个体指数:} K_p = \frac{p_1}{p_0} = \frac{110}{120} - 92\%$$

说明乙产品的单位成本 8 月份比 7 月份下降了 8%(92%－100%＝－8%),绝对值:110－120＝－10(元),即乙产品的单位成本 8 月份比 7 月份减少 10 元。

在编制个体指数时要注意分子采用报告期数值,分母采用基期数值,指数数值表明报告期水平是基期水平的多少,通常用百分数表示。

13.2.2 总指数的编制方式

总指数是说明度量单位不相同的多种事物数量综合变动的相对指数，编制总指数可以考虑两种方式。一是先综合后对比，二是先对比后平均。

1. 先综合、后对比的方式

如果我们知道某几种商品价格和销售量资料，研究全部商品的价格和销售量变动情况。首先将各种商品的价格或销售量资料加总起来，然后通过对比得到相应的总指数，这种方法通常称为综合(总和)指数法。此时我们会遇到这样两个问题(如引例)：一是不同商品的数量和价格不能直接加总，或者说，直接加总的结果没有实际经济含义。二是简单综合法编制的指数明显地受到商品计量单位的影响。

因此，简单综合指数难以成为现象变动程度的一种客观测度，因为不同商品的价格或销售量都是"不同度量"的现象，它们构成了不能直接加总的"复杂现象总体"，倘若不解决有关现象的同度量问题就将其直接加总，显然难以得到适当的指数计算结果。

2. 先对比、后平均的方式

首先将各种商品的价格或销售量资料进行对比(计算个体指数)，然后通过个体指数的平均得到相应的总指数，这种方法通常称为"平均指数法"。这样当我们将各种商品的个体指数作简单平均时，没有适当地考虑不同商品的重要性程度。

从经济分析的角度看，各种商品的重要性程度是有差异的，简单平均指数不能反映这种差异，因而难以满足分析的要求。

归纳起来，简单综合指数与简单平均指数都存在方法上的缺陷。但是，迄今为止，综合指数法与平均指数法仍然是编制统计指数的两个基本方法。

为了运用综合法编制总指数，必须首先考虑被比较的诸现象是否同度量、怎样同度量的问题；因此说，编制综合指数的基本问题是"同度量"的问题，解决这一问题的方法就是编制加权综合指数。而为了运用平均法编制总指数，又必须首先考虑被比较诸现象的重要性程度是否相同、怎样衡量的问题(此外，还有选择何种平均数形式的问题)；因此说，编制平均指数的基本问题之一是合理加权的问题，解决这一问题的方法就是编制加权平均数。

13.2.3 综合指数的编制原理

综合指数是通过"先综合，后对比"的方式编制得到的总指数。

例 13.2 某商店销售以下四种商品，有关数据资料如表 13－2，请计算说明该商店 2015 年全部商品的价格的变化程度。

表 13—2　某商店销售以下四种商品情况

商　　品	计量单位	商品价格(元)		销售量	
		2014 年 p_0	2015 年 p_1	2014 年 q_0	2015 年 q_1
甲	双	300	360	2400	2600
乙	公斤	18	20	84000	95000
丙	件	100	130	24000	23000
丁	台	2500	2000	510	612

全部商品的价格指数　$K_p=\dfrac{\sum p_1}{\sum p_0}=\dfrac{360+20+130+2000}{300+18+100+2500}$

全部商品销售量指数　$K_q=\dfrac{\sum q_1}{\sum q_0}=\dfrac{2600+95000+23000+612}{2400+84000+24000+510}$

由于复杂现象总体的指数化指标通常是不能直接加总的，也就是说例 2 中各种商品由于计量单位和使用价值不同，直接相加计算是无法进行的，要使得不同度量的指数化指标具有可加性，就必须寻找一个适当的媒介因素，称其为同度量因素，利用这个同度量因素，将不同度量的指数化指标转换为具有相同度量的指标，从而解决复杂现象总体内部指数化指标的加总综合问题。

即对全部商品价格 p 加总时，先考虑选择一个销售量为同度量因素 q，相乘后变成销售额 pq，然后再相加对比，公式如下：

全部商品的价格指数　$K_p=\dfrac{\sum p_1q_1}{\sum p_0q_0}$　(13.3)

同理，对全部商品销售量 q 加总时，先考虑选择一个价格为同度量因素 p，相乘后变成销售额 qp，然后再相加对比，公式如下：

全部商品销售量指数　$K_q=\dfrac{\sum q_1p_1}{\sum q_0p_0}$　(13.4)

以上综合指数的编制引进同度量因素后只解决了不能直接加总的问题，如果要进一步分析，还须确定同度量因素所固定的时期，历史上有两位学者提出了以下的解决方法。

1. 拉氏指数

由德国经济统计学家拉斯配雷斯(E.Laspeyres)在 1864 年提出，该指数的主要特点是将同度量因素固定在基期水平上，其公式如下：

拉氏数量指标指数 $\bar{K}_q = L_q = \dfrac{\sum p_0 q_1}{\sum p_0 q_0}$ (13.5)

拉氏质量指标指数 $\bar{K}_p = L_p = \dfrac{\sum p_1 q_0}{\sum p_0 q_0}$ (13.6)

2. 帕氏指数

由德国经济统计学家帕舍(H.Paasche)在 1874 年提出,该指数将同度量因素固定在报告期水平上,其公式如下:

帕氏数量指标指数 $\bar{K}_q = P_q = \dfrac{\sum p_1 q_1}{\sum p_1 q_0}$ (13.7)

帕氏质量指标指数 $\bar{K}_p = P_p = \dfrac{\sum p_1 q_1}{\sum p_0 q_1}$ (13.8)

3. 拉氏指数和帕氏指数的区别

各自选取的同度量因素不同。只有在两种特殊情形下,两者才会恰巧一致:

(1)如果总体中所有的指数化指标都按相同比例变化(即所有个体指数都相等);

(2)如果总体中所有的同度量因素都按相同比例变化。

例 13.3 假设有某工业企业三种产品产量和价格变动资料如表 13－3 所示,要求利用拉氏指数和帕氏指数分别编制计算这三种产品的产量总指数和价格总指数,以及由于三种产品产量的变动而增减的产值和价格的变动而增减的产值。

表 13－3

产品名称	计量单位	产量		价格(元)	
		基期	报告期	基期	报告期
甲	个	200	350	8	6
乙	公斤	400	500	12	10
丙	件	100	80	6	8

表 13－4 综合指数编制的相关数据

产品	产量		价格(元)		p_0q_0	p_0q_1	p_1q_0	p_1q_1
	基期 q_0	报告期 q_1	基期 p_0	报告期 p_1				
甲	200	350	8	6	1600	2800	1200	2100
乙	400	500	12	10	4800	6000	4000	5000
丙	100	80	6	8	600	480	800	640
合计	—	—	—	—	7000	9280	6000	7740

分析：第一步，确定指数化指标的性质。在本例中，要求计算产量总指数，则相应的指数化指标为产量，属于数量指标。第二步，确定同度量因素。由于三种产品的计量单位不一致，其产量不能直接加总综合，然而，每种产品的产量与其价格的乘积却是可以加总的。因此，价格就是产量的同度量因素。第三步，确定同度量因素固定的水平。在本例中，通过同度量因素价格，可以将原来不宜直接对比的各类商品的销售量转化为可以对比的销售额指标。但是，如果对价格水平不加固定，则加总得到和分别是报告期与基期的销售额，二者对比的结果实际上是全部商品的销售额总值指数，即

$$\bar{K}_{pq}=\frac{\sum p_1q_1}{\sum p_0q_0}=\frac{7740}{7000}=110.57\%$$

这里，销售额上涨了 10.57% 是销售量与价格共同变化的结果，不能单独反映出销售量的综合变动程度。因此，必须把同度量因素价格的水平加以固定，才能反映其中因销售量变动引起的销售额变动。根据同度量因素固定的水平不同，可以得到不同的结果：

(1)拉氏数量指标指数 $\bar{K}_q=L_q=\frac{\sum p_0q_1}{\sum p_0q_0}=\frac{9280}{7000}=132.57\%$

$$\sum p_0q_1-\sum p_0q_0=9280-7000=2280(\text{元})$$

该企业三种产品产量报告期比基期增长了 32.57%，由于三种产品产量的变动而使销售额增加 2280(元)。

$$\bar{K}_p=L_p=\frac{\sum p_1q_0}{\sum p_0q_0}=\frac{6000}{7000}=85.71\%$$

(2)拉氏质量指标指数

$$\sum p_1q_0-\sum p_0q_0=6000-7000=-1000(\text{元})$$

该企业三种产品价格报告期比基期下降了 12.29%，由于三种产品价格的变动而使销售额减少了 1000(元)。

(3)帕氏数量指标指数 $\bar{K}_q=P_q=\frac{\sum p_1q_1}{\sum p_1q_0}=\frac{7740}{6000}=129\%$

$$\sum p_1q_1-\sum p_1q_0=7740-6000=1740(\text{元})$$

该企业三种产品产量报告期比基期增长了 29%，由于三种产品产量的变动而使销售额增加 1740(元)。

(4)帕氏质量指标指数

$$\bar{K}_p = P_p = \frac{\sum p_1 q_1}{\sum p_0 q_1} = \frac{7740}{9280} = 83.41\%$$

$$\sum p_1 q_1 - \sum p_0 q_1 = 7740 - 9280 = -1540(\text{元})$$

该企业三种产品价格报告期比基期下降了 16.59%，由于三种产品价格的变动而使销售额减少了 1540(元)。

在实际工作中，习惯上使用拉氏数量指标指数和帕氏质量指标指数。

例 13.4 假设有某工业企业二种产品产量和单位成本变动资料如表 13－5 所示，请分别编制计算这二种产品的产量总指数和单位成本总指数，以及由于二种产品产量的变动而增减的产值和单位成本的变动而增减的总成本。

表 13－5

产品	单位	单位成本(元)		K_p(%)	产量		K_q(%)	p_0q_0	p_1q_1	p_0q_1
		7月	8月		7月	8月				
甲	件	50	45	90	520	600	116	26000	27000	30000
乙	公斤	120	110	92	200	500	250	24000	55000	60000
合计	—	—	—	—	—	—	—	50000	82000	90000

产量总指数 $\bar{K}_q = L_q = \frac{\sum p_0 q_1}{\sum p_0 q_0} = \frac{90000}{50000} = 180\%$

$$\sum p_0 q_1 - \sum p_0 q_0 = 90000 - 50000 = 40000(\text{元})$$

该企业二种产品产量报告期比基期增长了 80%，由于二种产品产量的变动而使总成本增加 40000(元)。

单位成本总指数 $\bar{K}_p = P_p = \frac{\sum p_1 q_1}{\sum p_0 q_1} = \frac{82000}{90000} = 91.11\%$

$$\sum p_1 q_1 - \sum p_0 q_1 = 82000 - 90000 = -8000(\text{元})$$

该企业二种产品价格报告期比基期下降了 8.89%，由于二种产品单位成本的变动而使总成本减少了 8000(元)。

13.2.4 平均指数的编制原理

平均指数是也总指数的基本形式之一。平均指数编制的基本方法是"先对比，后平均”。所谓“先对比”是指先计算个体指数：

$$k_q = \frac{q_1}{q_0} \quad \text{或} \quad k_q = \frac{p_1}{p_0}$$

所谓“后平均”则是指将个体指数赋予适当的权数 p_0q_0 或 p_1q_1，加权平均得到总指数。

1. 加权算术平均数指数

利用了 $\bar{x} = \dfrac{\sum xf}{\sum f}$ 的计算形式，数量指标的平均指数一般以个体指数作为变量，以基期的总值资料作为权数对个体指数进行加权平均，相应计算公式为：

$$\text{数量指标指数} \quad \bar{K}_q = \frac{\sum k_q p_0 q_0}{\sum p_0 q_0} = \frac{\sum \frac{q_1}{q_0} p_0 q_0}{\sum p_0 q_0} \tag{13.9}$$

$$\text{质量指标指数} \quad \bar{K}_p = \frac{\sum k_p p_0 q_0}{\sum p_0 q_0} = \frac{\sum \frac{p_1}{p_0} p_0 q_0}{\sum p_0 q_0} \tag{13.10}$$

仍用例 13.4 资料，把表 13－5 相关数据代入(13.9)式和(13.10)式，可得产量总指数和单位成本总指数，并与例 13.4 结果对比。

表 13－6

产品	单位	单位成本（元）		K_p(%)	产量		K_q(%)	p_0q_0	p_1q_1	$K_qp_0q_0$	$K_pp_0q_0$
		7 月	8 月		7 月	8 月					
甲	件	50	45	90	520	600	115.38	26000	27000	30000	23400
乙	公斤	120	110	91.67	200	500	250	24000	55000	60000	22000
合计	—	—	—	—	—	—	—	50000	82000	90000	45400

产量总指数是产量个体指数的加权算术平均数，权数为基期的总成本：

$$\bar{K}_q - \frac{\sum k_q p_0 q_0}{\sum p_0 q_0} = \frac{\sum \frac{q_1}{q_0} p_0 q_0}{\sum p_0 q_0} = \frac{90000}{50000} = 180\%$$

表明产量总体增长了 80%，与拉氏数量指标综合指数计算的结果一致。

单位成本总指数是单位成本个体指数的加权算术平均数，权数为基期的总成本：

单位成本总指数： $\bar{K}_p=\frac{\sum k_p p_0 q_0}{\sum p_0 q_0}=\frac{\sum \frac{q_1}{q_0} p_0 q_0}{\sum p_0 q_0}=\frac{45480}{50000}=90.96\%$

表明单位成本总体下降了 9.04%，与拉氏质量指标综合指数计算的结果一致。

稍加推导不难得出，采用基期总值加权的算术平均指数，就是拉氏综合指数的变形：

$$\bar{K}_q=\frac{\sum k_q p_0 q_0}{\sum p_0 q_0}=\frac{\sum \frac{q_1}{q_0} p_0 q_0}{\sum p_0 q_0}=\frac{\sum q_1 p_0}{\sum q_0 p_0}=L_q$$

$$\bar{K}_p=\frac{\sum k_q p_0 q_0}{\sum p_0 q_0}=\frac{\sum \frac{p_1}{p_0} p_0 q_0}{\sum p_0 q_0}=\frac{\sum p_1 q_0}{\sum p_0 q_0}=L_q$$

2. 加权调和平均数指数

利用了 $\bar{x}=\frac{\sum m}{\sum \frac{m}{x}}$ 的计算形式，一般以个体指数 $k_q=\frac{q_1}{q_0}$ 或 $k_p=\frac{p_1}{p_0}$ 作为变量，以报告期的总值资料作为权数对个体指数进行加权调和平均，相应的公式为：

数量指标指数 $\bar{K}_q=\frac{\sum p_1 q_1}{\sum \frac{1}{k_q} p_1 q_1}=\frac{\sum p_1 q_1}{\sum \frac{1}{q_1/q_0} p_1 q_1}$ (13.11)

质量指标指数 $\bar{K}_p=\frac{\sum p_1 q_1}{\sum \frac{1}{k_p} p_1 q_1}=\frac{\sum p_1 q_1}{\sum \frac{1}{p_1/p_0} p_1 q_1}$ (13.12)

仍用例 13.4 资料，把表 13－5 相关数据代入(13.11)式和(13.12)式，可得产量总指数和单位成本总指数分别为：

表 13－7

产品	单位	单位成本（元）		K_p (%)	产量		K_q (%)	p_0q_0	p_1q_1	p_1q_1/K_q	p_1q_1/K_p
		7月	8月		7月	8月					
甲	件	50	45	90	520	600	115.38	26000	27000	23400	30000
乙	公斤	120	110	91.67	200	500	250	24000	55000	22000	60000
合计	—	—	—	—	—	—	—	50000	82000	45400	90000

产量总指数是产量个体指数的加权调和平均数，权数为报告期的总成本：

$$产量总指数\quad \bar{K}_q=\frac{\sum p_1q_1}{\sum \frac{1}{k_q}p_1q_1}=\frac{\sum p_1q_1}{\sum \frac{1}{q_1/q_0}p_1q_1}=\frac{82000}{45275.86}=181\%$$

表明产量总体增长了 81%，与帕氏数量指标综合指数计算的结果一致。

单位成本总指数是单位成本个体指数的加权调和平均数，权数为报告期的总成本：

$$单位成本总指数\quad \bar{K}_p=\frac{\sum p_1q_1}{\sum \frac{1}{k_p}p_1q_1}=\frac{\sum p_1q_1}{\sum \frac{1}{p_1/p_0}p_1q_1}=\frac{82000}{90000}=91.11\%$$

表明单位成本总体下降了 8.89%，与帕氏质量指标综合指数计算的结果一致。

通过比较发现，利用调和平均数指数的计算结果和前面利用帕氏指数计算的销售量总指数和价格总指数的结果完全相同。实际上，同样可以验证，采用报告期总值加权的调和平均指数与帕氏综合指数是等价的：

$$\bar{K}_q=\frac{\sum p_1q_1}{\sum \frac{1}{k_q}p_1q_1}=\frac{\sum p_1q_1}{\sum \frac{1}{q_1/q_0}p_1q_1}=\frac{\sum p_1q_1}{\sum p_1q_0}=P_q$$

$$\bar{K}_p=\frac{\sum p_1q_1}{\sum \frac{1}{k_p}p_1q_1}=\frac{\sum p_1q_1}{\sum \frac{1}{p_1/p_0}p_1q_1}=\frac{\sum p_1q_1}{\sum p_0q_1}=P_p$$

以上我们计算的平均指数都是综合指数变形得到的，事实上，平均指数除了作为综合指数的变形，还有它独立的应用意义，对其独立应用，需要指出的是，算术平均指数不仅仅是拉氏综合指数的变形，更是一种相对独立的总指数编制方法，具有广泛的适用性。以价格指数为例，其计算公式可变形为：

$$\bar{K}_p=\frac{\sum \frac{p_1}{p_0}p_0q_0}{\sum p_0q_0}=\sum \frac{p_1}{p_0}\times\frac{p_0q_0}{\sum p_0q_0}=\sum k_p w \tag{13.13}$$

(13.13)式表明算术平均指数不仅可以用绝对数(总值)加权，也可以用相对数(总值比例)w 加权。在实际工作中，往往采用经济发展比较稳定的某一时期的总值比例作为固定的权数，一经确定，权数可沿用数年，这不仅可以避免每次编制指数时权数资料不全的难题，还便于前后不同时期的比较。需要指出的是，算术平均指数不仅仅是拉氏综合指数的变形，更是一种相对独立的总指数编制方法，具有广泛的适用性。

3. 综合指数与平均指数的关系

平均指数与综合指数都是总指数的基本形式，其经济内容是一致的，都是为了说明复杂现象总体数量的综合变动程度。

在实际应用中，平均指数和综合指数比较有三个重要区别：

(1)资料来源不同，综合指数主要适用于全面资料编制，而平均指数既可以依据全面资料编制，也可以依据非全面(抽样)资料编制。

(2)计算方法不同，综合指数一般采用实际资料做权数编制，平均指数在编制时，除了用实际资料做权数外，也可以用估算的资料做权数。

(3)分子分母经济内容不同，综合指数的分子、分母之差具有一定的经济内容，即说明由于价格变动或物量变动而带来的价值总量的增减绝对额；而平均指数的分子、分母之差却不具有这一经济内容，特别是采用固定权数的平均指数，它们的差只具有相对数的分析意义。

结论：当平均指数作为综合指数的变形时，编制数量指标指数采用加权算术平均公式，权数为基期的总额；编制质量指标指数采用加权调和平均公式，权数为报告期的总额。

13.3 指数因素分析

13.3.1 指数体系的概念及作用

1.概念

指数体系是一种特殊的指标体系，它是由若干个(至少三个)具有等式关系的指数构成的整体。广义是指由若干内容上相互关联的统计指数所结成的体系。狭义是指在经济内容上有联系的几个指数所结成的数量关系式。一般地说，三个或三个以上在性质上相互联系、在数量上存在一定关系的指数便构成指数体系。

通常，当三个或三个以上的指标之间存在乘积的等式关系时，对等式左右两边各指标分别编制指数，等式仍然成立。当一个数量指标与一个质量指标的乘积等于一种经济指标时，则该数量指标指数与质量指标指数的乘积也等于这个经济指标的指数，即总值指数＝数量指标指数×质量指标指数。如：销售额＝销售量×价格，则：销售额指数＝销售量指数×价格指数，由于销售额指数、销售量指数和价格指数存在一定的联系，我们就把这三个指数构成的整体称为指数体系。

以总成本＝产量×单位成本为例，影响总成本的因素有两个：产量与单位成本，总成本之所以会增加64%，是因为产量增加80%以及单位成本下降9%两个因素共同作用形成的。

$$164\% = 180\% \times 91\%$$

在这个指数体系中，还存在另一个等式关系：总成本指数的分子减分母等于产量指数的分子减分母加上单位成本指数的分子减分母。

2.作用

利用指数体系可以分析社会经济现象各种因素变动，以及它们对总体发生作用的影响程度。具体来说有以下两个：

(1)利用指数体系可以进行因素分析。指数体系是因素分析的依据，即利用指数体系可以从数量方面分析现象总变动中，受各个因素变动的影响程度和影响绝对额。

(2)利用指数体系可以进行各指数之间的相互推算。由于指数体系之间存在等式关系，在两因素指数体系中，已知其中两个指数，则可求出第三个指数。

13.3.2 因素分析

1.因素分析的含义

因素分析就是借助于指数体系从数量方面分析现象总变动中，受各个因素变动的影响程度和影响绝对额。

在指数体系中，指数之间的数量对等关系表现在两个方面：一是结果指数等于因素指数的乘积，二是结果指数的分子分母之差等于各因素指数分子分母之差的和。

2.双因素分析

如果一个结果指标可以分解为两个因素指标，此时的因素分析即为双因素分析。

(1)总量指标变动的双因素分析

进行总量指标变动的双因素分析，主要是考察数量指标和质量指标的变动对总量指标变动的影响程度，从相对数和绝对数两方面测定它们的影响数值，步骤如下：

第一步，建立指数体系，如：总值指数＝数量指标指数×质量指标指数

根据上式进行因素分析的分析顺序是：假定数量指标先变化，质量指标后变化，即分析数量指标 q 变动时，以基期的价格 p_0 为同度量因素；分析质量指标 p 变动时，以报告期数量指标 q_1 为同度量因素。

$$\frac{\sum p_1q_1}{\sum p_0q_0} \rightarrow \frac{\sum p_0q_1}{\sum p_0q_0} \rightarrow \frac{\sum p_1q_1}{\sum p_0q_1}$$

第二步，利用指数体系进行因素变动的影响分析。总值指数为报告期总额对比基期总额的相对数，$\frac{\sum p_1q_1}{\sum p_0q_0}$ 则为报告期比基期实际增长的数额，$\sum p_1q_1$ －

$\sum p_0q_0$ 为报告期比基期实际增加的数额。$\dfrac{\sum p_0q_1}{\sum p_0q_0}$ 为 q 变化引起的总值变动的相对数，$\sum p_0q_1-\sum p_0q_0$ 为 q 变化引起的总值变动的绝对数，$\dfrac{\sum p_1q_1}{\sum p_0q_1}$ 为 p 变化引起的总值变动的相对数，$\sum p_1q_1-\sum p_0q_1$ 为 p 变化引起的总值变动的绝对数。

因此，总量指标变动的两因素指数分析框架为：

相对数分析：

$$\frac{\sum p_1q_1}{\sum p_0q_0}=\frac{\sum p_0q_1}{\sum p_0q_0}\times\frac{\sum p_1q_1}{\sum p_0q_1} \tag{13.14}$$

绝对数分析：

$$\sum p_1q_1-\sum p_0q_0=\left(\sum p_0q_1-\sum p_0q_0\right)+\left(\sum p_1q_1-\sum p_0q_1\right) \tag{13.15}$$

例 13.5 根据表 13－6 的资料，进行总成本变动的因素分析。

根据(13.14)(13.15)式的指数体系相关计算如下：

相对数分析：$\dfrac{82000}{50000}=\dfrac{90000}{50000}\times\dfrac{82000}{90000}$

绝对数分析：82000－50000＝(90000－50000)＋(82000－90000)

进一步计算，得：164％＝180％×91.11％

32000＝40000－8000

计算结果表明，总成本增加了 64％是由于二种产品产量平均增加了 80％和单位成本平均下降了 8.89％两个因素共同作用的结果；其中，产量的增加使总成本增加了 40000 元，单位成本的下跌使总成本减少了 8000 元，二者共同作用的结果使得销售额比基期减少了 32000 元。

例 13.6 某工业企业三种产品产量和价格变动资料如下：

表 13－8

产品名称	计量单位	产量		价格(元)	
		基期	报告期	基期	报告期
甲	个	200	350	8	6
乙	公斤	400	500	12	10
丙	件	100	80	6	8

试对产值变动的原因进行分析。

解：

表 13-9

产品	产量		价格(元)		p_0q_0	p_0q_1	p_1q_1
	基期 q_0	报告期 q_1	基期 p_0	报告期 p_1			
甲	200	350	8	6	1600	2800	2100
乙	400	500	12	10	4800	6000	5000
丙	100	80	6	8	600	480	640
合计	—	—	—	—	7000	9280	7740

第一步，计算被分析指标总变动指数及分子与分母差额；

$$\frac{\sum p_1q_1}{\sum p_0q_0}=\frac{7740}{7000}=110.57\%$$

$$\sum p_1q_1-\sum p_0q_0=7740-7000=740(\text{元})$$

第二步，计算各因素指数及分子与分母的差额；

$$\frac{\sum p_0q_1}{\sum p_0q_0}=\frac{9280}{7000}=132.57\%$$

$$\sum p_0q_1-\sum p_0q_0=9280-7000=2280(\text{元})$$

$$\frac{\sum p_1q_1}{\sum p_0q_1}=\frac{7740}{9280}=83.41\%$$

$$\sum p_1q_1-\sum p_0q_1=7740-9280=-1540(\text{元})$$

第三步，影响因素的综合分析（建立相对数和绝对数体系）。

总产值指数＝产量指数×价格指数

110.57％＝132.57％×83.41％

740(元)＝2280(元) ＋(－1540)(元)

上述计算结果表明：该企业产值报告期比基期增长了 10.57％，产值报告期比基期增加的绝对额为 740 元，这是由于产品产量的变动使产值增长了 32.57％，增加的绝对额为 2280 元；由于产品价格的变动使产值减少了 16.59％（＝1－83.41％），减少的绝对额为 1540 元。

2.平均指标变动的双因素分析

平均指标即总体平均数，与某些总量指标可以分解为两个因素指标的乘积一样，总体平均数也可以分解为两个因素指标的乘积。

在第三章里，我们讲过加权算术平均数的计算公式：$\overline{X}=\frac{\sum xf}{\sum f}$

上述计算公式说明，在分组的情况下，社会经济现象总体水平的变动，受到两个因素的影响：一是受总体内部各组成部分（组）的平均水平 x 的影响；二是受总体结构 f（各组单位数占总体单位数的比重，即比重权数）变动的影响。

平均指标两因素分析的对象是总体平均水平的变动，分析的目的是测定组平均数与总体结构两个因素的变动对总平均数的影响方向和影响程度；测定时是假定其中一个因素的数量不变，从而测定另一个因素的影响方向和影响程度；分析的基本依据是平均指标指数体系，即两个因素指数的乘积等于总变动指数，两个因素影响差额的总和等于平均指标实际发生的总差额；分析的结果也有两种表示方法：既可以用相对数表示，也可以用绝对数表示。

下面介绍平均指标指数体系的形成及其因素分析方法。

平均指标指数是将两个时期的总体平均数对比而得到的相对数，又叫可变构成指数，简称可变指数。它反映总体平均数的总的变动程度，是总变动指数。

现用：报告期的平均指标 $\overline{X}_1=\frac{\sum x_1f_1}{\sum f_1}$

基期的平均指标 $\overline{X}_0=\frac{\sum x_0f_0}{\sum f_0}$

则有：平均指标指数

$$\frac{\overline{X}_1}{\overline{X}_0}=\frac{\dfrac{\sum x_1f_1}{\sum f_1}}{\dfrac{\sum x_0f_0}{\sum f_0}} \tag{13.16}$$

在平均指标所包含的两个因素中，总体结构相对于组平均数来讲具有数量指标的性质，而组平均数相对于总体结构来讲是质量指标。

如果把总体结构这个因素固定不变，单纯地测定组平均水平的变动对总体平均数影响程度的指数，叫做固定构成指数。

由于组平均数相对于总体结构来讲是质量指标，按照前述确定同度量因素的一般原则，在测定组平均数变动对总体平均指标总变动的影响时，应把总体结构这个同度量因素固定在报告期水平上。

则固定构成指数的公式为：

$$\frac{\dfrac{\sum x_1 f_1}{\sum f_1}}{\dfrac{\sum x_0 f_1}{\sum f_1}} \tag{13.17}$$

式中：分子表示固定构成指数，分母表示按基期组平均数和报告期的构成计算的假定平均数。

如果把组平均数这个因素固定不变，单纯地测定总体结构变动对总平均数变动影响程度的指数，叫做结构影响指数。

由于总体结构相对于组平均数来讲具有数量指标的性质，按照前述确定同度量因素的一般原则，在测定总体结构变化对总体平均指标总变动的影响时，应将组平均数这个同度量因素固定在基期水平上。

则结构影响指数的计算公式为：

$$\frac{\dfrac{\sum x_0 f_1}{\sum f_1}}{\dfrac{\sum x_0 f_0}{\sum f_0}} \tag{13.18}$$

根据总体平均指标 $=\sum$（组平均数 × 总体结构）这一数量关系，我们可以建立如下指数体系：

可变构成指数＝固定构成指数×结构影响指数

相对数指数体系：

$$\frac{\dfrac{\sum x_1 f_1}{\sum f_1}}{\dfrac{\sum x_0 f_0}{\sum f_0}} = \frac{\dfrac{\sum x_1 f_1}{\sum f_1}}{\dfrac{\sum x_0 f_1}{\sum f_1}} \times \frac{\dfrac{\sum x_0 f_1}{\sum f_1}}{\dfrac{\sum x_0 f_0}{\sum f_0}} \tag{13.19}$$

绝对差额体系：

$$\frac{\sum x_1 f_1}{\sum f_1} - \frac{\sum x_0 f_0}{\sum f_0} = \frac{\sum x_0 f_1}{\sum f_1} - \frac{\sum x_0 f_0}{\sum f_0} + \frac{\sum x_1 f_1}{\sum f_1} - \frac{\sum x_0 f_1}{\sum f_1} \tag{13.20}$$

总平均指标实际增减额＝组平均数变化引起的增减额＋总体结构变化引起

的增减额

例 13.7 某企业有如下资料，计算平均工资指数，并对平均工资指标的变动进行因素分析。

表 13－10 某公司工人总平均工资变动因素分析计算表

工人组别	月平均工资(元)		工人数(人)		工资总额(元)		
	基期 x_0	报告期 x_1	基期 f_0	报告期 f_1	基期 x_0f_0	报告期 x_1f_1	假定 x_0f_1
老工人	800.00	860.00	700	660	560000	567600	528000
新工人	500.00	550.00	300	740	150000	407000	370000
合计	(710)	(696.14)	1000	1400	710000	974600	898000

为了计算更简便，首先要计算以下三个平均工资：

报告期总平均工资 $\frac{\sum x_1f_1}{\sum f_1}=\frac{974600}{1400}=696.14$(元)

基期总平均工资 $\frac{\sum x_0f_0}{\sum f_0}=\frac{710000}{1000}=710$(元)

假定的总平均工资 $\frac{\sum x_0f_1}{\sum f_1}=\frac{898000}{1400}=641.43$(元)

然后分别计算以下三个指数：

平均工资可变构成指数 $\frac{\overline{X}_1}{\overline{X}_0}=\frac{\frac{\sum x_1f_1}{\sum f_1}}{\frac{\sum x_0f_0}{\sum f_0}}=\frac{696.14}{710}=98.05\%$

$$\overline{X}_1-\overline{X}_0=\frac{\sum x_1f_1}{\sum f_1}-\frac{\sum x_0f_0}{\sum f_0}$$

$$=696.14-710.00=-13.86(\text{元})$$

计算结果表明，该公司平均工资报告期比基期下降了 1.95%，平均每人减少 13.86 元。

平均工资固定构成指数 $\dfrac{\dfrac{\sum x_1 f_1}{\sum f_1}}{\dfrac{\sum x_0 f_1}{\sum f_1}} = \dfrac{696.14}{641.43} = 108.53\%$

$$\frac{\sum x_1 f_1}{\sum f_1} - \frac{\sum x_0 f_1}{\sum f_1} = 696.14 - 641.43 = 54.71(\text{元})$$

计算结果表明，由于各组平均工资提高，使总体平均工资提高 8.53%，平均每人增加 54.71 元。

平均工资结构影响指数

$$\frac{\dfrac{\sum x_0 f_1}{\sum f_1}}{\dfrac{\sum x_0 f_0}{\sum f_0}} = \frac{641.43}{710} = 90.34\%$$

$$\frac{\sum x_0 f_1}{\sum f_1} - \frac{\sum x_0 f_0}{\sum f_0} = 641.43 - 710.00 = -68.57(\text{元})$$

计算结果表明，由于工人内部结构发生变动，使该公司平均工资下降 9.66%，使每人平均减少 68.57 元。

上述三个指数之间的关系，即相对数指数体系为：

$$\frac{\bar{x}_1}{\bar{x}_0} = \frac{\dfrac{\sum x_1 f_1}{\sum f_1}}{\dfrac{\sum x_0 f_0}{\sum f_0}} = \frac{\dfrac{\sum x_1 f_1}{\sum f_1}}{\dfrac{\sum x_0 f_1}{\sum f_1}} \times \frac{\dfrac{\sum x_0 f_1}{\sum f_1}}{\dfrac{\sum x_0 f_0}{\sum f_0}}$$

$$98.05\% = 108.53\% \times 90.34\%$$

二个绝对数差额之间的关系，即绝对差额体系为：

$$\bar{x}_1 - \bar{x}_0 = \frac{\sum x_1 f_1}{\sum f_1} - \frac{\sum x_0 f_0}{\sum f_0} = \frac{\sum x_0 f_1}{\sum f_1} - \frac{\sum x_0 f_0}{\sum f_0} + \frac{\sum x_1 f_1}{\sum f_1} - \frac{\sum x_0 f_1}{\sum f_1}$$

-13.86 元 $= 54.71$ 元 $+ (-68.57)$ 元

根据以上结果分析：由于各组工人的工资水平提高，使总平均工资提高了 8.53%，提高的绝对额为平均每人 54.71 元；由于工人内部结构变化，使总平均工资降低了 9.66%，降低的绝对额为平均每人 68.57 元；两个因素共同变动所作用的结果，使该厂全部工人的总平均工资实际降低了 1.95%，下降的绝对额为平均每人 13.86 元。

为什么各组平均工资水平提高了 8.53%，实际平均每人增加 54.71 元，而该厂总平均工资水平却下降 1.95%，平均每人减少 13.86 元呢？

这要进一步分析：

根据表 13－10 的资料，我们可以计算出报告期和基期的工人结构情况：低工资的新工人基期占 30%，报告期占 52.86%；高工资的老工人基期占 70%，报告期占 47.14%。

可见，低工资的新工人由基期的 30%提高到报告期的 52.86%；而高工资的老工人却由基期的 70%降低到报告期的 47.14%。

正是由于低工资的新工人的比重相对增多，而高工资的老工人的比重相对减少，才导致了组平均工资与总平均工资不相一致的矛盾想象。

3.总量指标变动的多因素分析——连环替代法

总量指标的变动由多个因素共同作用引起的，分析过程更复杂，但基本原理与两因素分析法基本相同。应用时要注意两点：第一，在排列指标时要将数量指标排在前。第二，在对总量指标进行分解时，要考虑各因素的衔接，以确保相邻因素的乘积都应该具有实际经济意义。利用指数体系进行多因素分析，一般是采用连环替代法。

(1)连环替代法的概念

所谓连环替代法，就是在被分析指标的因素结合式中，根据各因素的性质和相互联系的数量关系，将各个因素的基期数字顺次以报告期的数字替代，有多少因素就替代多少次；每次替代后的结果与替代前的结果进行对比，就是被替代因素的变动对被分析指标变动的影响程度；两者之差就是被替代因素的变动对被分析指标变动的影响绝对额。即从相对数和绝对数两方面分析各因素对现象总体的影响。

运用连环替代法进行因素分析时应注意以下问题：

①各因素的排列顺序

根据各因素之间的相乘关系，确定各因素的合理排列顺序。即先数量指标因素后质量指标因素，先基础因素后派生因素，先外延因素后内涵因素。

②注意相邻因素相乘后的经济涵义

(2)连环替代法的相对数关系式和绝对数关系式

①相对数关系式

被分析指标总变动程度等于各因素变动影响程度的连乘积，即：

分析指标总变动程度＝第一个因素变动影响程度×第二个因素变动影响程度×第三个因素变动影响程度

②绝对数关系式

被分析指标总变动绝对额等于各因素变动影响绝对额的总和，即：

$$分析指标总变动绝对额 = \sum 各因素变动影响绝对额$$

例：原材料消耗总金额＝原材料消耗量×单位原材料价格

原材料消耗量＝产量×单位产品材料消耗量

原材料消耗总金额＝产量×单位产品材料消耗量×单位原材料价格

$$qmp=(q)\times(m)\times(p)$$

由上式可看出，影响原材料消耗总金额的因素有产量、单位产品材料消耗量和单位原材料价格三个，在对总量指标进行多因素分析时，应注意以下问题：

第一，多因素分析的基本依据仍然是指数体系，即各因素指数的乘积等于总变动指数；各因素指数分子与分母的差额的总和等于总变动指数分子与分母的差额；

第二，进行多因素分析，为测定某因素变动的影响，应把其他两个或两个以上因素固定不变，通常是按编制数量指标和质量指标指数的一般原则确定；

第三，根据各因素之间的相乘关系，确定各因素的合理排列顺序。即先数量指标，后质量指标；先基础因素，后派生因素，并注意每相邻因素相乘后的实际经济意义。（中间指标与左右指标结合形成有经济意义的指标后，仍是数量指标在前，质量指标在后。）

原材料消耗总金额(qmp)＝产量(q)×单位产品原材料消耗量(m)×单位原材料价格(p)

50000 元＝500 件×5 公斤/件×20 元/公斤

例 13.8 某公司生产三种产品的产量、单位产品原材料消耗量、单位原材料价格资料如表 13－11。

表 13－11

产品种类	单位	产品产量		单耗		单位原材料价格(元)	
		基期	报告期	基期	报告期	基期	报告期
甲	吨	150	200	10	9	100	110
乙	件	500	600	2	1.8	20	24
丙	套	300	400	5	6	50	40

要求根据上述资料分析原材料费用总额受产量、单耗和单位原材料价格变动的影响。

这是一个多因素分析的问题，主要思考的问题有：

一是要注意各因素指标在确定其为数量指标或质量指标时的相对性，即需要在两两相较的基础上判断其性质并确定固定的时期。产量是数量指标，对于产量来讲，单位产品的原材料费用(mp)是质量指标，分析产量变动对费用总额的影响时应把单耗和原材料价格固定在基期；单位原材料消耗量表明生产单位产品所消耗的某种原材料数量，相对于产品产量应是质量指标，而相对于单位原材料价格，则应是数量指标，因此，分析单耗对费用总额的影响时，要将产量固定在报告期，将单价固定在基期；对于原材料单价来讲，原材料消耗总量(mq)是数量指标，因此，分析单价对费用总额的影响时，要将产量和单耗固定在报告期。

在因素指数的排列上，要特别注意遵循先数量指标指数后质量指标指数的顺序。

二是在编制各因素指数时，除将被观察的因素指标作为指数化指标外，其余因素指标一律作为同度量因素，即均应固定。

三是要在上述分析的基础上，认真确定因素分析时所依据的指数体系。

因为，原材料费用总额 $=\sum qmp$

所以，相对数指数体系为：

$$\frac{\sum q_1m_1p_1}{\sum q_0m_0p_0}=\frac{\sum q_1m_0p_0}{\sum q_0m_0p_0}\times\frac{\sum q_1m_1p_0}{\sum q_1m_0p_0}\times\frac{\sum q_1m_1p_1}{\sum q_1m_1p_0} \tag{13.21}$$

绝对差额体系为：

$$\begin{aligned}\sum q_1m_1p_1-\sum q_0m_0p_0=&(\sum q_1m_0p_0-\sum q_0m_0p_0)\\&+(\sum q_1m_1p_0-\sum q_1m_0p_0)\div(\sum q_1m_1p_1-\sum q_1m_1p_0)\end{aligned} \tag{13.22}$$

根据上述公式，为了方便计算，还要设计一张原材料费用计算表，见表 13－12。

表 13－12　各种产品原材料费用计算表

产品名称	原材料费用总额(万元)			
	$q_1m_1p_1$	$q_0m_0p_0$	$q_1m_0p_0$	$q_1m_1p_0$
甲	19.800	15.0	20.0	18.00
乙	2.592	2.0	2.4	2.16
丙	9.600	7.5	10.0	12.00
合计	31.992	24.5	32.4	32.16

有了指数体系和原材料费用总额计算表，现在就可以计算有关指数了。

原材料费用总额指数 $\dfrac{\sum q_1 m_1 p_1}{\sum q_0 m_0 p_0}=\dfrac{31.992}{24.5}=130.58\%$

$\sum q_1 m_1 p_1-\sum q_0 m_0 p_0=31.992-24.5=7.492$(万元)

上述结果说明，该公司原材料费用总额报告期比基期上升了30.58%，增加的总额为7.492万元。

产品产量指数 $\dfrac{\sum q_1 m_0 p_0}{\sum q_0 m_0 p_0}=\dfrac{32.4}{24.5}=132.24\%$

$\sum q_1 m_0 p_0-\sum q_0 m_0 p_0=32.4-24.5=7.9$(万元)

上述结果说明，该公司生产的产品产量报告期比基期增长了32.24%，由于产品产量的增长使原材料费用总额增加7.9万元。

单耗指数 $\dfrac{\sum q_1 m_1 p_0}{\sum q_1 m_0 p_0}=\dfrac{32.16}{32.4}=99.26\%$

$\sum q_1 m_1 p_0-\sum q_1 m_0 p_0=32.16-32.4=-0.24$(万元)

上述结果说明，该公司单位产品原材料消耗量报告期比基期降低了0.74%，由于单位产品原材料消耗量的降低使原材料费用总额减少0.24万元。

价格指数　$\dfrac{\sum q_1 m_1 p_1}{\sum q_1 m_1 p_0}=\dfrac{31.992}{32.16}=99.48\%$

$\sum q_1 m_1 p_1-\sum q_1 m_1 p_0=31.992-32.16=-0.168$(万元)

上述结果说明，该公司原材料价格报告期比基期降低0.52%，由于原材料价格的降低使原材料费用总额减少了0.168万元。

现在，我们把指数体系和绝对差额体系分别用相对数和绝对数表示如下：

$$\frac{\sum q_1 m_1 p_1}{\sum q_0 m_0 p_0}=\frac{\sum q_1 m_0 p_0}{\sum q_0 m_0 p_0}\times\frac{\sum q_1 m_1 p_0}{\sum q_1 m_0 p_0}\times\frac{\sum q_1 m_1 p_1}{\sum q_1 m_1 p_0}$$

$$130.58\%=132.24\%\times 99.26\%\times 99.48\%$$

$$\sum q_1 m_1 p_1-\sum q_0 m_0 p_0=\left(\sum q_1 m_0 p_0-\sum q_0 m_0 p_0\right)$$
$$+\left(\sum q_1 m_1 p_0-\sum q_1 m_0 p_0\right)/\left(\sum q_1 m_1 p_1-\sum q_1 m_1 p_0\right)$$

7.492万元=7.9万元+(−0.24)万元+(−0.168)万元

从以上计算结果可知，由于产品产量增长32.24%，使原材料费用总额增加

7.9万元；由于原材料单耗降低0.74%，节约原材料费用0.24万元；由于原材料价格降低0.52%，使原材料费用减少0.168万元；三个因素共同影响作用的结果，使原材料费用总额上升了30.58%，共增加7.492万元。

13.4 经济指数的编制及应用

13.4.1 常用的经济指数

目前，经常计算和使用的统计指数主要有：

1.居民消费价格指数。是反映一定时期内城乡居民所购买的生活消费品和服务项目价格变动趋势和程度的相对数，是对城市居民消费价格指数和农村居民消费价格指数进行综合汇总计算的结果。通过该指数可以观察和分析消费品的零售价格和服务项目价格变动对城乡居民实际生活费支出的影响程度。

2.城市居民消费价格指数。是反映一定时期内城市居民家庭所购买的生活消费品价格和服务项目价格变动趋势和程度的相对数。通过该指数可以观察和分析消费品的零售价格和服务项目价格变动对城镇居民收入和消费支出的影响。

3.农村居民消费价格指数。是反映一定时期内农村居民家庭所购买的生活消费品价格和服务项目价格变动趋势和程度的相对数。该指数可以观察农村消费品的零售价格和服务项目价格变动对农村居民收入和生活消费支出的影响。

4.商品零售价格指数。是反映一定时期内城乡商品零售价格变动趋势和程度的相对数。商品零售价格的变动与国家的财政收入、市场供需的平衡、消费与积累的比例关系有关。因此，该指数可以从一个侧面对上述经济活动进行观察和分析。

5.农业生产资料价格指数。指反映一定时期内农业生产资料价格变动趋势和程度的相对数。其编制目的是了解农业生产中投入物质资料价格的变动状况，服务于国民经济核算。1994年以前，农业生产资料价格指数仅仅是商品零售价格指数的一个类别，此后，从商品零售价格指数中分离出来，单独编制。

6.农产品生产价格指数。是反映一定时期内，农产品生产者出售农产品价格水平变动趋势及幅度的相对数。该指数可以客观反映全国农产品生产价格水平和结构变动情况，满足农业与国民经济核算需要。其中某代表品生产价格指数是通过对全部有出售该产品行为的调查单位的个体指数进行几何平均求得的，类价格指数是通过对其所属的类（或代表品）的价格指数进行加权平均求得的。季度累计价格指数的计算方法与分季指数的计算方法相同。

7.工业生产者出厂价格指数。是反映一定时期内全部工业产品出厂价格总水平的变动趋势和程度的相对数，包括工业企业售给本企业以外所有单位的各种产品和直接售给居民用于生活消费的产品。该指数可以观察出厂价格变动对工业总产值及增加值的影响。

8.工业生产者购进价格指数。是反映工业企业作为生产投入,而从物资交易市场和能源、原材料生产企业购买原材料、燃料和动力产品时,所支付的价格水平变动趋势和程度的统计指标,是扣除工业企业物质消耗成本中的价格变动影响的重要依据。目前,我国编制的工业生产者购进价格指数所调查的产品包括燃料动力、黑色金属、有色金属、化工、建材等九大类。

9.固定资产投资价格指数。是反映一定时期内固定资产投资品及取费项目的价格变动趋势和程度的相对数。固定资产投资额是由建筑安装工程投资完成额、设备工器具购置投资完成额和其他费用投资完成额三部分组成的。编制固定资产投资价格指数应首先分别编制上述三部分投资的价格指数,然后采用加权算术平均法求出固定资产投资价格总指数。该指数可以准确地反映固定资产投资中涉及的各类投资品和取费项目价格变动趋势和变动幅度,消除按现价计算的固定资产投资指标中的价格变动因素,真实地反映固定资产投资的规模、速度、结构和效益,为国家科学地制定、检查固定资产投资计划并提高宏观调控水平,为完善国民经济核算体系提供科学的、可靠的依据。

13.4.2 工业生产指数的编制和应用

概括反映一国或一地区各种产品产量的综合变动,它是衡量经济增长水平的指标。

1.不变价格法:采用某一时期或时点的产品平均出厂价格(p_i)作为同度量因素的固定权数综合指数。

$$K_q=\frac{\sum q_1 p_i}{\sum q_0 p_i}$$

2.算术平均法:采用算术平均指数的形式来编制工业生产指数,公式为:

$$\overline{K}_q=\frac{\sum k_q p_0 q_0}{\sum p_0 q_0}=\frac{\sum \frac{q_1}{q_0} p_0 q_0}{\sum p_0 q_0}$$

式中,k_q为各种工业品的个体产量指数,$p_0 q_0$ 为相应产品的基期增加值。

13.4.3 居民消费价格指数 CPI 的编制和应用

居民消费价格指数在国外称之为消费者价格指数(Consumer Price Index,简记 CPI),是度量一组代表性消费品及服务项目价格水平随时间而变动的指数,反映居民所购买一篮子生活消费品价格和服务项目价格变动趋势和程度的相对数。通常被用来作为反映通货膨胀或通货紧缩程度的指标,观察和分析价格水平变动对居民货币工资的影响。其计算公式为:

$$K_p = \frac{\sum \frac{p_1}{p_0} p_0 q_0}{\sum p_0 q_0} = \sum \frac{p_1}{p_0} \times \frac{p_0 q_0}{\sum p_0 q_0} = \sum k_p w$$

我国居民消费价格指数基本步骤如下：

首先，将各种居民消费品划分为食品、衣着、家庭设备及用品、医疗保健、交通和通信工具、文教娱乐用品、居住项目以及服务项目等八大类，并进一步划分中类和基本分类。

其次，从各基本分类中选择一些购销量较大的商品作为代表规格品，并利用这些规格品的不同时期的价格资料，分别计算个体价格指数。

再次，确定权重，从基本分类开始，采用加权算术平均公式，依次编制各基本分类、中类、大类的消费价格指数和消费价格总指数。

13.4.4 股票价格指数的编制和应用

1. 运用综合指数编制的股票指数

我国的上证指数、美国标准普尔指数、香港恒生股票指数等，都是采用综合指数公式编制。其计算公式为：

$$K_p = \frac{\sum p_1 q_0}{\sum p_0 q_0}$$

是以基期的股票发行量（或流通量）为同度量因素的拉氏综合指数。式中 q_0 代表基期股票发行量（或流通量）。

不同股价指数的样本范围和基期日期的选定都不同。

例如美国标准普尔指数，样本范围包括 500 种股票（其中工业股票 400 种、公用事业股票 40 种、金融业股票 40 种、运输业股票 20 种），选择 1941 年～1943 年为基期。

香港恒生指数选择了 33 种具有代表性的股票（成分股）为指数计算对象（其中金融业 4 种、公用事业 6 种、地产业 9 种、其他行业 14 种），选择 1964 年 7 月 31 日为基期。而我国的上海证券交易所股票价格指数包括全部上市股票，基期为 1990 年 12 月 19 日。

2. 运用平均指数编制的股票指数

著名的道·琼斯股票指数就是运用平均的方法来编制的，全称为股票价格平均数。道·琼斯股票价格平均指数是以 1928 年 10 月 1 日为基数，因为这一天收盘时的道·琼斯股票价格平均指数恰好约为 100 美元，所以就将其定为基准日。

$$\overline{K}_p=\frac{\sum \frac{p_1}{p_0}p_0q_0}{\sum p_0q_0}$$

道·琼斯股票价格平均指数编入股票为65种，包括30种工业股、20种运输股、15种公用事业股。

从1996年5月25开始，还针对我国的股票市场编制了道·琼斯中国股票指数。

截止到1998年4月1日，沪深两市共有88支股票作为其成分股入选，故称为道·琼斯中国88股票指数。

思考与练习

一、思考题

1. 什么叫统计指数，有哪些作用？
2. 简述综合指数编制的一般原理。
3. 简述综合指数与平均指数的关系。
4. 简述平均指数与平均指标指数的区别。
5. 简述因素分析的步骤。

二、计算题

6. 知某工业企业三种商品的价格和销售资料如下：

商品	计量单位	销售量		价格(元)	
		2015年	2014年	2015年	2014年
甲	双	5000	5500	25	28
乙	件	800	1000	140	160
丙	双	1000	600	0.6	0.6

要求：(1)计算各商品物价和销售量个体指数。

(2)计算三种商品的销售额指数与增加额。

(3)计算三种商品的物价综合指数和由于物价变动对销售额绝对值的影响。

(4)计算三种商品的销售 量综合指数和由于销售量变动对销售额绝对值的影响。

7. 根据某副食品商场提供的数据，2015年销售额2418.06万元，比上年增加784.08万元，价格总指数为126.78%，问增加的784.08万元中两因素(销售量与价格)的影响各占多少万元？

8. 某服装厂生产费用比上年增长了 29.57%，产量增长使生产费用增长了 34.04%，上年生产费用 94 万元，本年增加了 27.8 万元。试测定由于单位成本降低节约的金额。

9. 某公司所属甲、乙两企业生产某产品，其基期和报告期的单位成本和产量资料如下表：

企业	基期		报告期	
	单位成本（元）	产量(件)	单位成本（元）	产量(件)
甲	50	520	45	600
乙	55	200	52	500

试计算该公司产品的总平均成本指数。并从相对数和绝对数两方面分析甲、乙两企业单位成本和产量结构的变动对总平均成本的影响。

10. 某企业今年职工平均人数比去年增加了 4%，产量增长了 12.32%，试计算该企业全员劳动生产率的提高程度。

11. 某企业今年与去年的产值及职工人数资料如下：

	去年	今年
工业增加值(万元)	400	600
职工平均人数(人)	540	600
其中:生产工人平均人数（人）	650	600

(1)分别从相对数和绝对数两方面分析工人人数及工人劳动生产率变动对工业增加值的影响。

(2)分别从相对数和绝对数两方面分析职工人数、生产工人人数占职工人数比重及工人劳动生产率变动对工业增加值的影响。

第十四章　时间序列分析

在经济研究时，我们经常需要对经济变量的变化趋势进行分析和预测，比如，通过分析历史的通货膨胀数据以预测未来的通货膨胀情况，分析某只股票历史价格的变化以预测此股票价格的走势。所有这些与时间序列数据相关的统计分析方法即为时间序列分析。因此，时间序列分析是一种动态数据处理的统计方法。该方法基于随机过程理论和数理统计学方法，研究随机数据序列所遵从的统计规律，解决实际问题。

例 14.1　下表为中国 2005 年 3 季度—2012 年 4 季度的通货膨胀情况：

表 14—1　2005 年 3 季度—2012 年 4 季度中国通货膨胀率

时　　间	通货膨胀(%)	时　　间	通货膨胀(%)
2005 年 3 季度	1.33	2009 年 2 季度	−1.53
2005 年 4 季度	1.37	2009 年 3 季度	−1.27
2006 年 1 季度	1.20	2009 年 4 季度	0.67
2006 年 2 季度	1.37	2010 年 1 季度	2.20
2006 年 3 季度	1.27	2010 年 2 季度	2.93
2006 年 4 季度	2.03	2010 年 3 季度	3.47
2007 年 1 季度	2.73	2010 年 4 季度	4.70
2007 年 2 季度	3.60	2011 年 1 季度	5.07
2007 年 3 季度	6.10	2011 年 2 季度	5.73
2007 年 4 季度	6.63	2011 年 3 季度	6.27
2008 年 1 季度	8.03	2011 年 4 季度	4.60
2008 年 2 季度	7.77	2012 年 1 季度	3.76
2008 年 3 季度	5.27	2012 年 2 季度	2.84
2008 年 4 季度	2.53	2012 年 3 季度	1.91
2009 年 1 季度	−0.60	2012 年 4 季度	2.09

根据观察得到的通货膨胀数据，我们可以对中国通货膨胀季度走势进行预测，当然，可供选择的预测方法非常多。下图则采用了三种方法对中国的季度通货膨胀进行了预测，如 inflation_CMRC 表示专家预测法，inflation_ar2 表示自回归方法，inflation_ols 表示经济模型预测法。那么，如何评价各种预测方法？究竟哪种预测方法更加精确？这将是本章讨论的内容。

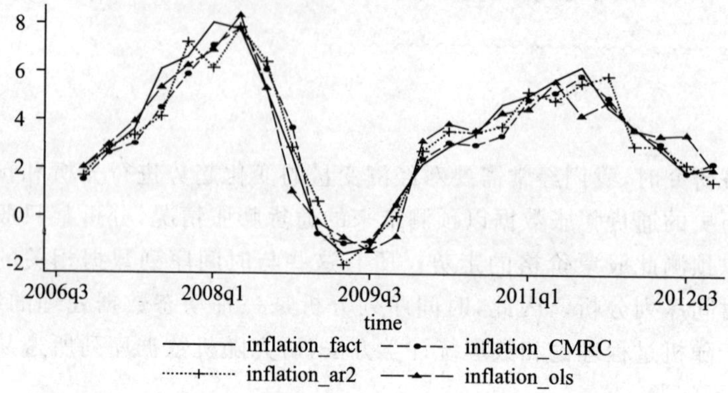

图 14－1　各种预测方法对季度通货膨胀率的预测结果

14.1　时间序列的分解

14.1.1　时间序列的概念

时间序列是指将某种现象某一个统计指标在不同时间上的各个数值，按时间先后顺序排列而形成的序列，国内生产总值（GDP）、消费者物价指数（CPI）、股票价格指数、利率、汇率等都是时间序列。时间序列取值有两种方式：第一种是可以取观测时间点处的瞬时值，如某城市每日中午的气温值、仓库月末的存储量、每年7月1日的人口数、每年开学学生在册人数。另一种是取相邻时间点期间的累积值，如每年工农业总产值、某商场月销售额、年钢铁产量、年粮食产量、年某类商品贸易额。

时间序列数据可以反映社会经济现象的发展变化过程，描述现象的发展状态和结果；可以研究社会经济现象的发展趋势和发展速度；可以探索现象发展变化的规律，对某些社会经济现象进行预测；利用时间序列可以在不同地区或国家之间进行对比分析，这也是统计分析的重要方法之一。

14.1.2　时间序列的分类

按照不同的分类标准，时间序列数据可以分为不同的类型：根据观察时间周期的不同，时间序列数据可以分为年度、季度、月度、日或者其他任何形式的时间形式时间序列；按照序列是否平稳，时间序列可以分为平稳序列（Stationary Series）和非平稳序列（Non-stationary Series）。

平稳序列是基本不存在趋势的序列。这类序列的观察值基本上是固定在某一水平上波动，不存在某种特定的趋势，由于不存在某一特定趋势，其波动可以认为是随机的。平稳性时间序列可以由图 14－2 表示：

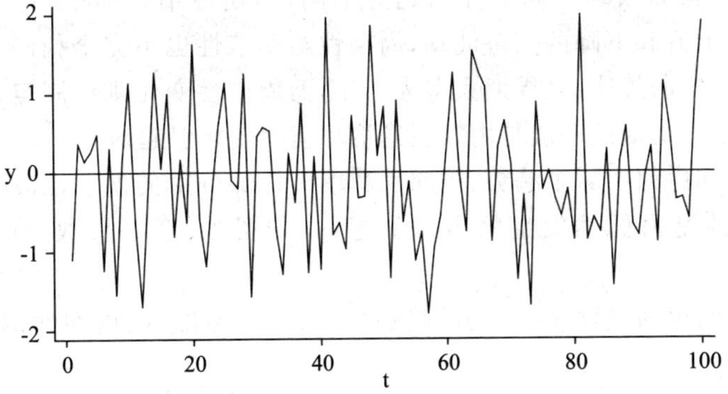

图 14－2 平稳时间序列

非平稳时间序列变量无法呈现出一个长期趋势并最终趋于一个常数或是一个线性函数。因此，非平稳序列是包含趋势性、季节性或周期性等特性的序列，它可能只含有其中的一种成分，也可能是几种成分的组合。

趋势是时间序列在长期内表现出的某种持续上升或者下降的变化，趋势也被称为长期趋势。这种趋势可以是线性形式的，也可以是非线性形式的。如图 14－3 为带有线性趋势的序列。

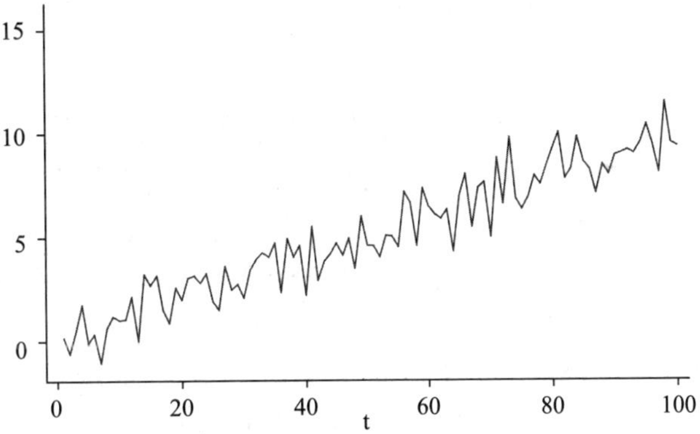

图 14－3 线性趋势时间序列

季节性是时间序列在一定时间内随时间变化所呈现出的周期性波动。比如，生活中经常听到的销售旺季和销售淡季。当然季节性的“季节”是一个广义的含义，既可以指具体的一年中的四季，也可以任何一种周期性的变化。含有季节性的序列可能含有趋势,也可以不含有趋势。

周期性也称循环性,是以一定的时间段为周期,所呈现出的围绕长期趋势的一种周期性波动。比如,经济周期就是经济活动沿着经济发展的总体趋势所经历的有规律的扩张和收缩。周期性与趋势不同,周期性不是朝单一方向的持续运动,而呈现出上升和下降的交替波动;周期性与季节性也不完全相同,季节性变化一般有比较固定的规律,且周期大多为1年,而周期性变化则无固定规律,周期也多在1年以上。周期性一般是由宏观经济环境的变化引起的。

此外,时间序列中除了趋势、周期性和季节性部分后的偶然性波动,称之为随机性。随机性是由偶然发生的事件引起的,如罢工、意外事故、地震、水灾、战争等。

这样,时间序列包含4种成分:趋势部分、季节性部分、周期性部分和随机性部分。

14.2 时间序列的描述性分析

14.2.1 时间序列的图形描述

在对时间序列数据进行分析之前,需要对其进行描述。在描述方法中最重要也是最方便的是图形描述。对时间序列作图,能够对序列的变化模式提供一个直观印象,为进一步分析和预测序列提供非常有意义的帮助。

14.2.2 增长率相关计算

作为一个经济名称,"增长率"经常在生活中出现。增长率是变量在不同时间的变化情况所做的一种数学描述。根据计算的基期不同,增长率的计算方法差别迥异。

1. 增长率

增长率也称增长速度,是增长量与基期水平之比,用于说明报告期水平较基期水平的相对增减程度。它可以根据增减量求得,也可以根据发展速度求得,一般用%表示。增长速度可以是正数,也可以是负数。正数表示增长,负数表示降低。由于选择的计算基期不同,增长率可以分为环比和定基比增长率。环比增长率是报告期比前一期的增长量与前一期水平之比,表明报告期比前一期水平增长了百分之几或多少倍。定基增长率是报告期比固定基期的增长量,与固定基期水平之比,表明报告期水平比固定基期水平增长了的百分之几或多少倍。环比增长率和定基比增长率的计算公式分别为:

环比增长率:$g_t=\dfrac{y_t-y_{t-1}}{y_{t-1}},i=1,2,\cdots,n$

定基增长率:$g_t=\dfrac{y_t-y_0}{y_0},i=1,2,\cdots,n$

其中，y_0 为基期。

与增长率相对应的概念称为发展速度：

$$发展速度=\frac{报告期水平}{基期水平}$$

发展速度说明现象在观察期内发展变化的相对程度，有环比发展速度与定基发展速度之分。

$$环比发展速度=\frac{报告期水平}{上期水平}$$

环比发展速度反映现象逐期发展变动的程度，也可称为逐期发展速度。

$$定基发展速度=\frac{报告期水平}{固定基期水平}$$

定基发展速度反映现象在较长一段时间内总的发展变动程度，也称为发展总速度。

环比发展速度与定基发展速度之间存在如下关系：

定基发展速度＝相应时期的环比发展速度之积，即：

$$\frac{y_t}{y_0}=\frac{y_1}{y_0}\times\frac{y_2}{y_1}\times\cdots\times\frac{y_t}{y_{t-1}}$$

相邻两定基发展速度之商＝相应的环比发展速度，即：

$$\frac{y_t}{y_0}\div\frac{y_{t-1}}{y_0}=\frac{y_t}{y_{t-1}}$$

在某些研究中需要消除季节变动因素对计算结果的影响，通常计算同比发展速度，如 CPI 同比发展速度。

$$同比发展速度=\frac{报告期水平}{上年同期水平}$$

尽管环比发展速度与定基发展速度存在上述关系，但是定基增长率则不等于相应各环比增长率之和(积)。几种增长指标之间的关系可用图 14－4 表示：

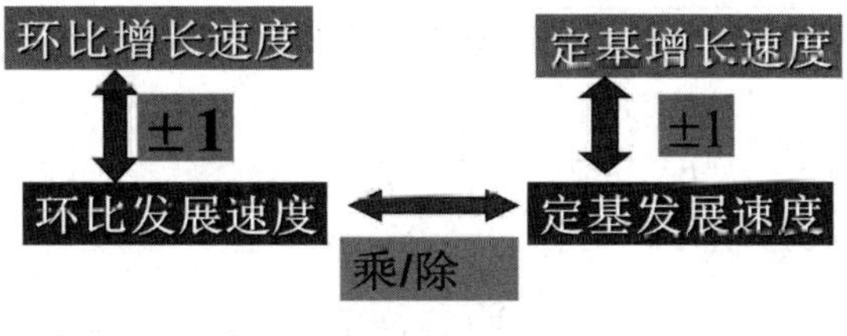

图 14－4　几种增长指标之间的相互关系

为了消除季节变动因素的影响，也常常计算：

$$同比增长速度 = \frac{同比增长量}{上年同期水平} = 同比发展速度 - 1$$

例 14.2 计算环比、定基增长率

设 2013 年某人的年工资为 4 万元，2014 年 5 万元，2015 年 6 万元，2016 年 8 万元，分别计算各年环比增长率与定基增长率。

解：

$$2014\text{ 年的环比增长率为 }\left(\frac{5}{4}-1\right)\times 100\% = 25\%$$

$$2015\text{ 年的环比增长率为 }\left(\frac{6}{5}-1\right)\times 100\% = 20\%$$

$$2016\text{ 年的环比增长率为 }\left(\frac{8}{6}-1\right)\times 100\% = 33\%$$

以 2013 年为基期

$$2014\text{ 年的定基增长率为 }\left(\frac{5}{4}-1\right)\times 100\% = 25\%$$

$$2015\text{ 年的定基增长率为 }\left(\frac{6}{4}-1\right)\times 100\% = 50\%$$

$$2016\text{ 年的定基增长率为 }\left(\frac{8}{4}-1\right)\times 100\% = 100\%$$

2. 平均增长率

平均增长率就是指从第一年到第 N 年(产值、利润、营业额……)的每一年的平均增长比率。习惯上经常使用“水平法”，又称几何平均法计算平均增长速度，是以间隔期最后一年的水平同基期水平对比来计算平均每年增长(或下降)速度。计算公式为：

$$\overline{g}_t = \sqrt[n]{\frac{Y_1}{Y_0}\cdot\frac{Y_2}{Y_1}\cdot\cdots\cdot\frac{Y_n}{Y_{n-1}}} - 1$$

其中，$\overline{g}_t$ 表示平均增长率，n 表示环比值的个数。

例 14.3 计算例 14.2 的年平均增长率。

解：

$$年平均增长率\ \overline{g}_t = \sqrt[n]{\frac{Y_1}{Y_0}\cdot\frac{Y_2}{Y_1}\cdot\cdots\cdot\frac{Y_n}{Y_{n-1}}} - 1$$

$$= \sqrt[3]{\frac{5}{4}\cdot\frac{6}{5}\cdot\frac{8}{6}} - 1 = \sqrt[3]{2} - 1 = 1.2599 - 1 = 0.2599$$

即年平均增长率为 25.99%。

14.3 时间序列的预测

时间序列分析的一个最主要的目的就是利用时间序列的历史信息预测变量未来的变化情况。时间序列含有趋势、季节、周期和随机性四个部分。某一个具体的时间序列,其可能只含有各种成分,也可能含有多种成分,含有不同成分的序列其预测方法不同。对时间序列进行预测时,通常步骤如下:

第一步,确定时间序列所包含的成分。

第二步,寻找合适的预测方法。

第三步,对各种可能的预测方法进行评估,确定最佳方案,并利用最佳预测方法进行预测。

下面,对这三个步骤进行详细阐述。

14.3.1 确定时间序列的成分

确定时间序列成分是确定时间序列是否包含趋势、季节性?确定时间序列是否包含上述成分的主要方法是绘图。

通过绘图可以看出时间序列是否存在线性趋势或者其他非线性趋势?具体的线性或者非线性成分部分的判定则需要通过一些特殊的估计方法计算,如普通最小二乘法等。这些具体估计方法在线性回归分析中已经有所涉及。

确定季节成分是否存在,需要两年以上的数据,而且数据是按照季度、月度、周等单位记录的。通过年度折叠时间序列图可以帮助确定是否存在季节性成分。年度折叠时间序列图是将每年的数据分开画在图上,横坐标只有一年的时间长度,纵坐标绘出每年的数据。如果序列存在季节成分,年度折叠时间序列图的折线部分将会有交叉,如果时间序列既有季节成分又有趋势成分,那么年度折叠时间序列图中的折线将不会有交叉,而且如果趋势是上升的,后面年度折线将高于前面年度的折线,如果趋势下降,则相反。

14.3.2 选择预测方法

预测方法的选择是时间序列预测程序中的核心。时间序列的预测方法非常多,既有传统的方法,也有较为精准的现代方法。在本章中,主要介绍平稳时间序列的预测方法,具体包括:简单平均法、移动平均法和指数平滑法。

1. 简单平均法

简单平均法是根据已有的 t 期信息通过简单平均来预测下一期数据。简单平均法实质是依据简单平均数的原理,认为各数值出现的概率相同,简单的相加后除以个数。这种预测方法简单,当预测对象变化较小且无明显趋势时,可采用此法进行短期预测。

设时间序列已有的其观察值为 $Y_1, Y_2, \cdots, Y_t$,则 $t+1$ 期的预测值 F_{t+1} 为:

$$F_{t+1}=\frac{1}{t}(Y_1+Y_2+\cdots+Y_t)=\frac{1}{t}\sum_{i=1}^{t}Y_i$$

有了 $t+1$ 的实际值，$t+2$ 期的预测值为：

$$F_{t+2}=\frac{1}{t+1}(Y_1+Y_2+\cdots+Y_t+Y_{t+1})=\frac{1}{t+1}\sum_{i=1}^{t+1}Y_i$$

而且，第 $t+1$ 的预测误差为：

$$e_{t+1}=Y_{t+1}-F_{t+1}$$

2. 移动平均法

移动平均法是一种简单平滑预测技术，它的基本思想是：根据时间序列资料、逐项推移，依次计算包含一定项数的序时平均值，以反映长期趋势的方法。因此，当时间序列的数值由于受周期变动和随机波动的影响，起伏较大，不易显示出事件的发展趋势时，使用移动平均法可以消除这些因素的影响，显示出事件的发展方向与趋势（即趋势线），然后依趋势线分析预测序列的长期趋势。

简单移动平均法是将最近的 k 期数据加以平均作为下一期的预测值，简单移动平均的各元素的权重都相等。简单的移动平均的计算公式如下：

设移动间隔为 $k(1<k<t)$，则 t 期的移动平均值为：

$$\bar{y}_t=\frac{Y_{t-k+1}+Y_{t-k+2}+\cdots+Y_{t-1}+Y_t}{k}$$

$t+1$ 期的简单移动平均预测值为：

$$F_{t+1}=\bar{Y}_t=\frac{Y_{t-k+1}+Y_{t-k+2}+\cdots+Y_{t-1}+Y_t}{k}$$

简单移动平均法只适用于短期预测，在大多数情况下只用于以月度或周为单位的近期预测。其优点是简单易行，容易掌握；缺点是只在处理水平型历史数据时才有效，每计算一次移动平均需要最近的 k 个观测值。而在现实生活中，历史数据的类型远比水平型复杂，这就大大限制了简单移动平均法的应用范围。

加权移动平均给固定跨越期限内的每个变量值以不同的权重。其原理是：历史各期的数据信息对预测未来的作用不一样。除了以 k 为周期的周期性变化外，远离目标期的变量值的影响力相对较低，故应给予较低的权重。加权移动平均法的计算公式如下：

$$F_{t+1}=\bar{Y}_t=w_1Y_{t-k+1}+w_2Y_{t-k+2}+\cdots+w_nY_t$$

式中，w_1 表示第 $t-1$ 期数据的权重；w_2 表示第 $t-2$ 期数据的权重；w_n 表示第 $t-n$ 期数据的权重。且 $w_1+w_2+\cdots+w_n=1$。

在运用加权平均法时，权重的选择是一个应该注意的问题。经验法和试算法是选择权重的最简单的方法。一般而言，最近期的数据最能预示未来的情况，因而权重应大些。例如，根据前一个月的利润和生产能力比起根据前几个月能更好的估测下个月的利润和生产能力。但是，如果数据是季节性的，则权重也应是季节性的。

最后，需要说明的是，使用移动平均法进行预测能平滑掉需求的突然波动对预测结果的影响。但移动平均法运用时也存在一些问题：首先，加大移动平均法的期数(即加大 n 值)会使平滑波动效果更好，但会使预测值对数据实际变动更不敏感；其次，移动平均值并不能总是很好地反映出趋势。由于是平均值，预测值总是停留在过去的水平上而无法预计会导致将来更高或更低的波动；再次，移动平均法要有大量的过去数据的记录。

3. 指数平滑法

指数平滑法是在移动平均法基础上发展起来的一种时间序列分析预测法，它是通过计算指数平滑值，配合一定的时间序列预测模型对现象的未来进行预测。其原理是任一期的指数平滑值都是本期实际观察值与前一期指数平滑值的加权平均。

用 E_t 表示第 t 期的指数平滑值，其计算公式为：

$$E_t = \alpha y_t + (1-\alpha)E_{t-1}$$

指数平滑具有递推性质，展开后：

$$E_t = \alpha y_t + \alpha(1-\alpha)y_{t-1} + \alpha(1-\alpha)^2 y_{t-2} + \cdots + \alpha(1-\alpha)^{t-1}y_1 + (1-\alpha)^t E_0$$

E_0 为初始值，通常设 $E_0 = y_0$。$t \to \infty$ 时，最后一项系数趋近于0，其余各项的系数构成一个无穷递减等比数列，该数列总和为1。可见，指数平滑值 E_t 实质上是以前各期观测值的加权算术平均数，各期观测值的系数就是其权数，权数呈指数形式递减。

指数平滑法具有下面的主要优点：第一，按“近大远小”原则给各期观测值赋予了不同的权数，既充分利用了以前各期观测值的信息，又突出了近期数据的影响，能够及时跟踪反映现象的最新变化。第二，它采用递推公式，更便于连续计算，因为实际计算时不必保留以前全部信息，只需上期的平滑值和最新的观测值两项数据即可。第三，其权数确定也较为简便，只需确定最新 期数据的权数，其他各项观测值的权数可自动生成。

需要指出的是，α 的选择是指数平滑法的关键，一般可从以下几个方面来考虑：

第一，如果认为时间序列中随机波动成分较大，为了尽可能消除随机波动的影响，可选择较小的 α；反之，若认为随机波动成分较小，为了及时跟踪现象的变化，突出最新数据的信息，可选择较大的 α。

第二，如果现象趋势的变化很平缓，可选择较小的 α；如果现象趋势的变化比较剧烈，例如呈阶梯式特征，应选择较大的 α。

第三，通过大小不同的 α 值进行试算，使得预测误差最小的 α 值就是最合适的平滑系数。

14.3.3 预测方法评价及预测

时间序列的预测方法有多种，即便对于同样一列时间序列数据，也存在不同的预测方法，而且从直觉上很难判别哪种预测方法更精确。那么，需要一种较为科学的方法以评价各种预测方法，现有主要的评价指标有平均误差（Mean Error，ME）、平均绝对误差（Mean Absolute Error，MAE）、均方根误差（Root Mean Square Error，RMSE）。

1. 平均误差

设时间序列的第 i 个观察值为，预测值为，则预测误差为，则平均误差的计算公式为：

$$ME=\frac{1}{n}\sum_{t=1}^{n}e_{it}$$

其中，n 为预测值的个数。

由于预测误差有正有负，正负结果相互抵消，平均误差可能会低估误差。

2. 平均绝对误差

平均绝对误差是将预测误差取绝对值后计算的平均误差，其计算公式为：

$$MAE=\frac{1}{n}\sum_{t=1}^{n}|e_{it}|$$

3. 均方根误差

均方根误差是通过平方消去误差的正负号开根号之后计算的平均误差，其计算公式为：

$$RMSE=\left[\frac{1}{n}\sum_{t=1}^{n}e_{it}^{2}\right]^{1/2}$$

平均绝对误差和均方根误差都可以避免误差项的相互抵消，因而可以较为准确的反映实际预测误差的大小。

思考与练习

一、简答题

1. 编制时间序列应注意哪些问题？
2. 简述平稳时间序列和非平稳时间序列的特点。
3. 根据所学的描述性分析方法，举例说明时间序列有哪些用途。

4. 如何确定时间序列的成分？

5. 简述对时间序列进行预测的步骤。

6. 简述指数平滑法的基本原理。

二、计算题

7. 某公司某年 9 月末有职工 250 人，10 月上旬的人数变动情况是：10 月 4 日新招聘 12 名大学生上岗，6 日有 4 名老职工退休离岗，8 日有 3 名青年工人应征入伍，同日又有 3 名职工辞职离岗，9 日招聘 7 名营销人员上岗。试计算该公司 10 月上旬的平均在岗人数。

8. 某银行 2015 年部分月份的现金库存额资料如下：

日期	1 月 1 日	2 月 1 日	3 月 1 日	4 月 1 日	5 月 1 日	6 月 1 日	7 月 1 日
库存额(万元)	500	480	450	520	550	600	580

要求：(1)具体说明这个时间序列属于哪一种时间序列。

(2)分别计算该银行 2015 年第一季度、第二季度和上半年的平均现金库存额。

9. 某单位上半年职工人数统计资料如下：

日期	1 月 1 日	2 月 1 日	4 月 1 日	6 月 30 日
人数(人)	1002	1050	1020	1008

要求：(1)计算第一季度平均人数；

(2)计算上半年平均人数。

10. 某企业 2015 年上半年的产量和单位成本资料如下：

	1 月	2 月	3 月	4 月	5 月	6 月
产量(件)	2000	3000	4000	3000	4000	5000
单位成本(元)	73	72	71	73	69	68

试计算该企业 2015 年上半年的产品平均单位成本。

11. 某地区 2011—2015 年国内生产总值数据如下：

		2011 年	2012 年	2013 年	2014 年	2015 年
国内生产总值(亿元)		40.9		68.5	58	
发展速度(%)	环比	—				
	定基	—				151.34
增长速度(%)	环比	—	10.3			
	定基	—				

要求:(1)计算并填列表中所缺数字。

(2)计算该地区 2012—2015 年间的平均国内生产总值。

(3)计算 2013—2015 年间国内生产总值的平均发展速度和平均增长速度。

12. 根据下列资料计算某地区第四季度在业人口数占劳动力资源人口的平均比重。

日　　期	9月30日	10月31日	11月30日	12月31日
在业人口(万人)a	280	285	280	270
劳动力资源人口(万人)b	680	685	684	686

13. 某企业第四季度总产值和劳动生产率资料如下:

	10月	11月	12月
工业总产值(万元)a	150	168	159.9
劳动生产率(元/人)b	7500	8000	7800

要求:(1)计算该企业第四季度的月平均劳动生产率。

(2)计算该企业第四季度劳动生产率。

14. 某公司 2005—2015 年的产品销售数据如下(单位:万元):

	2005年	2006年	2007年	2008年	2009年	2010年
销售额	80	83	87	89	95	101
	2011年	2012年	2013年	2014年	2015年	
销售额	107	115	125	134	146	

要求:(1)应用三年和五年移动平均法计算趋势值。

(2)应用最小平方法配合趋势直线,并计算各年的趋势值。

第十五章　统计综合评价

中国统计学会曾经发布《综合发展指数研究》，我国东部、东北、中部、西部四大区域及31个省、自治区、直辖市的2000—2009年综合发展指数。《综合发展指数研究》项目负责人说，长期以来，由于人们在认识上常常将"地区发展"简单地等同于"地区生产总值的增长"，从而造成诸多问题，例如经济增长方式粗放，经济增长与居民福利改善不一致，经济与社会之间、人与自然之间发展不协调和收入分配差距不断扩大等。为此，中国统计学会专门成立课题组，初步形成了这项研究报告。

综合发展评价指标体系，具体包含了经济发展、民生改善、社会发展、生态建设、科技创新、公众评价6个方面45项指标，突出资源节约和环境友好，强调科技创新对于转变发展方式、推动科学发展的重要作用。"十三五"期间及将来，中国将加快制定并完善"弱化经济增长速度"的绩效评价考核体系。

本章阐述综合评价的主要理论和方法，通过学习，要求明确统计综合评价的基本步骤与特点；掌握基本的指标筛选和数据预处理方法；掌握常见的评价指标客观赋权法；掌握对各评价指标值进行综合的基本方法；并对评价结果做出判断。

15.1　统计综合评价概述

15.1.1　统计综合评价基本概念

统计综合评价是根据研究的目的，对所研究的社会经济对象及其组成部分的数量规模大小、水平高低、速度快慢、质变程度及内部协调状况做出定量的判断，利用反映现象总体的指标体系，结合各种定性材料、构建综合评价模型，求得综合评价值，对被评现象做出明确评定和排序的一种统计分析方法。

15.1.2　统计综合评价的特点

统计综合评价将定量与定性分析相结合，并在定性分析的前提下，通过现象的数量表现，对研究对象进行更深刻的、更全面的认识。

1. 综合性

综合评价中的指标体系能从多个方面对被研究对象给予综合的反映，同时又克服了指标体系在不同对象的比较中不同指标间相互矛盾的情况，利用综合评价模型把各指标评价值综合起来，使得综合评价的结果能够反映被评价对象的整体情况。

2. 可比性

综合评价采用一定的数学模型对各指标的评价结果进行综合，最后的综合评价结果用数值表示，可用于各评价对象间的比较排序。

3. 变动性

这里的变动性指的是在进行综合评价时，随着指标权数、综合评价方法甚至是指标无量纲方法的选择不同，最后的综合评价结果也可能不同。

4. 局限性

综合评价结果不具有唯一性；综合评价结果具有相对性；综合评价结果带有主观性。

15.1.3 统计综合评价的一般步骤

综合评价则是根据研究的目的建立一个统计指标体系，对现象发展的多个方面分别给予定量描述，并在此基础上，把各个指标所提供的信息综合起来，得到一个综合评价值，对被研究对象做出整体性的评判，以此进行横向或纵向的比较。

综合评价方法须遵循以下基本步骤：

1. 明确评价的目标，确定评价指标体系

根据统计评价的目的，选择合适的统计指标，建立一个能够从不同角度、不同侧面反映评价对象的评价指标体系。

评价指标体系中的指标，取值越大越好的我们称之为正指标；取值越小越好的我们称之为逆指标；取值越接近某一确定的数值越好的称之为适度指标。必须将不同类型的指标都转化成同个类型才能判定最后的综合评价值是越大越好还是越小越好。

2. 评价指标的无量纲化

通过数学处理，消除各项指标的计量单位不同以及数值数量间的差别所带来影响，将不可综合的指标实际值转化为可综合的指标评价值。

3. 确定各评价指标的权重系数

相对于某种评价日的来说，对评价结果越重要的指标应赋予较大的权数，反之，赋予较小的权数，同时要求各指标的权数之和应等于 100%。在综合评价中，权重系数的确定是一个重要的步骤，它关系到综合评价结果的可信程度。

指标权数的确定方法有两大类：主观赋权法和客观赋权法。前者主要是利用专家群的知识和经验来确定各指标的权数，后者则是从客观的统计数据出发，根据各指标所提供的信息量大小来确定权数。

4. 选择合适的评价标准，确定综合评价的方法模型

在确定了指标体系和各指标权数的基础上，就要采用一定的方法把各指标的评价值综合成为一个整体的评价值。对各指标评价值进行综合的方法有多种，总的来说，就是要构造一个综合评价模型：

$$y_i = f(\boldsymbol{w}, \boldsymbol{x}_i) \tag{15.1}$$

其中，$i=1,2,\cdots,n$，$\boldsymbol{w}$ 为指标权重向量，$\boldsymbol{w}=(w_1,w_2,\cdots,w_m)'$，$x_i=(x_{i1},x_{i2},\cdots,x_{im})'$（共有 m 个指标），$\boldsymbol{w}$ 为第 i 个被评价对象的指标评价值向量。

5. 根据计算结果进行综合评价

根据各指标的总评价值，对研究对象进行排序，对比分析判定优劣。

15.2 统计综合评价指标确定与数据预处理

15.2.1 评价指标的选择

1.选择评价指标的要求

(1)系统性

指标的选择应与研究目的相吻合，评价指标体系要素之间是相互联系、相互作用的，是一个系统的概念，各个指标之间，要形成有机、有序的联系，从多方面反映对象的情况。

(2)独立性

要求指标间尽可能无内在的联系，选择相关程度低的指标，这样既能减少指标体系的冗余又能避免统计指标之间所提供的信息重复导致最后的综合结果难以反映客观实际。

(3)可比性

可比性原则主要是体现在时间和空间的可比性方面。从时间的角度讲，社会总是处于不断的运动过程之中的，从空间的角度讲，评价指标体系，必须考虑能进行地区之间的比较。

(4)易操作性

评价指标体系，应尽量简单明了，易于理解，便于操作，用尽量少的指标反映尽量多的内容，同时便于收集和计算分析。构建评价指标体系的基本目的，就是要把复杂的、模糊的变为可以度量、计算和可比较的数字，在建立评价指标体系过程中，所选择的评价指标不可能面面俱到。

(5)评价指标类型一致性

评价指标一般有正指标，逆指标和适度指标。正指标的取值越大越好，逆指标的取值越小越好，而适度指标的取值越接近某一理想数值越好。在对各指标值进行综合时，必须确保各指标的类型相同，才能给最终的综合结果一个评判的标准，即各评价对象的综合评价值是越大越好还是越小越好。通常是将逆指标和适度指标转化为正指标。

2.如何选择评价指标

(1)定性方法

①综合法，一般是通过研讨会或征询意见的方式，集中专家们的意见，以确定评价指标。该方法是借着专家的智力优势和经验以选择指标的。评价者可以在调查表中列出一系列预选的评价指标，分别征询专家对所设计的评价指标的意见，然后进行统计处理，并反馈咨询结果，经几轮咨询后，如果专家的意见趋于集中，则由最后一次咨询确定出的具体指标组成评价指标体系。

专家调研法所确定的指标体系是否具有代表性，很大程度上取决于专家的知识、经验和偏好，带有一定的主观性，而定量的指标筛选方法可以在一定程度上弥补专家调研法的不足。

②分析法，是将评价的对象划分为若干个组成部分或不同的侧面，明确各个侧面所要评价问题的内涵与外延，在这基础上，对每一侧面分别选用一个或若干个指标以反映评价对象的特征。

(2)定量方法

①试算法，是通过历史资料计算指标的变异系数来判断指标的有效性，系数很小，表明指标不重要，可以删除。

如果一项评价指标在所有被评价对象中的取值相差不大，那么即使该项指标从理论上讲是非常重要的，但对于评价结果来说却起不了很大的作用，因为既然所有被评价对象在该项指标上差距不大，则有无该项指标对最终评价结果的影响也就不大。因此，可以通过衡量各项指标在所有被评价对象中取值的离散程度来确定指标的重要性：若某项指标的变异系数越大，说明该指标对评价结果影响越大，则给予保留；反之，说明该指标对评价结果影响越小，可考虑删除。

②相关分析法，是通过判断指标之间的相似程度来筛选指标的一种方法。设有 M 个备选指标，将每个指标看作一类，计算每个指标与其余 M－1 个指标的复相关关系，系数越高，可以删除。

复相关系数越低，说明该指标与其余指标的相关程度越低，因此不能用其他指标来替代，在进行综合评价时应给予保留；复相关系数越大，说明该指标与其他指标的线性相关程度越好，可以用其他指标来替代，因而可以考虑删除。当然，最好根据经验事先确定一个删除标准，即当某个指标与其余 M－1 个指标的复相关系数大于某个临界值时才给予删除。

③选取代表性指标，计算 k 个指标的相关系数矩阵的绝对值 R，分别计算每个指标与其他 $k-1$ 个指标相关系数的平均数，比较各自的平均数，平均数最大值对应的指标可以作为同类指标的代表性指标。

假设反映现象某一侧面的同类指标有 k 个，计算这 k 个指标的相关系数矩阵的绝对值 R，有

$$R=\begin{bmatrix} |r_{11}| & |r_{12}| & \cdots & |r_{1k}| \\ |r_{21}| & |r_{22}| & \cdots & |r_{2k}| \\ \vdots & \vdots & & \vdots \\ |r_{k1}| & |r_{k2}| & \cdots & |r_{kk}| \end{bmatrix} \tag{15.2}$$

分别计算每个指标与其他 $k-1$ 个指标相关系数的平均值：

$$\overline{rr}_j=\frac{\sum_{i\neq j}|r_{ij}|}{k-1} \tag{15.3}$$

比较 $\bar{r}_j$ 的大小，与 $\bar{r}_j$ 最大值，对应的那个指标可以作为同类指标中的典型指标，因此该指标与其余指标的关系最为密切。如果需要选取的指标不止一个，则在剩余的指标中继续选取时，就应该选取与典型指标相关系数最小的一个，因为与典型指标相关系数大的指标可以由典型指标来替代。

例 15.1 表 15－1 资料是说明地区工业经济效益的相关指标数值，请按要求完成综合评价。

表 15－1 某年我国部分地区的经济效益指标

地区	总资产贡献率（%）	资本保值增值率（%）	资产负债率（%）	流动资产周转率（次）	成本费用率（%）	工业全员劳动生产率（元/人）	产品销售率（%）
A	5.81	105.03	61.63	1.15	2.81	41686.80	98.02
B	6.35	111.63	64.07	1.43	3.00	32066.12	97.94
C	7.10	112.17	54.44	1.38	3.80	55525.30	98.08
D	7.33	110.19	62.25	1.73	2.10	33120.72	95.96
E	9.60	120.67	58.88	1.76	3.99	34956.03	95.34
F	6.92	113.23	62.19	1.59	2.52	44551.24	96.52

注：7 个指标中，除资产负债率是逆指标，其他 6 个是正指标。

本例根据统计评价的目的，假设已经完成统计指标的选择，并建立一个能够从不同角度、不同侧面反映各地区经济效益的评价指标体系。

15.2.2 评价指标无量纲化

1.相对化处理方法

进行相对化处理,必须先对每个评价指标确定一个标准值,而后计算实际值与标准值之比,所得结果通常用百分数表示,以此作为指标的评价值。设 x_{ij} 为第 i 个评价对象第 j 个指标的实际值,x_j^* 为第 j 个指标的对比标准值,x_{ij}^* 为经过相对化处理后第 i 个评价对象第 j 个指标的无量纲评价值,则有:

$$x_{ij}^* = \frac{x_{ij}}{x_j^*}, \quad i=1,2,\cdots,n; j=1,2,\cdots,m \tag{15.4}$$

式中,对比标准值 x_j^* 可以是衡量事物发展变化的一些特殊指标值,如该指标在各评价对象中的平均值、最大值或该指标的国际先进水平、历史最高水平、计划规定的水平以及指标的基期水平等。

若第 j 个指标为逆指标且未转化为正指标,则相应的相对化处理公式应为:

$$x_{ij}^* = \frac{x_j^*}{x_{ij}}, \quad i=1,2,\cdots,n; j=1,2,\cdots,m \tag{15.5}$$

相对化处理的另一种形式是将指标实际值转化为在指标值总和中所占的比重,也称比重法,即以指标值总和作为对比的基准计算指标的评价值,主要公式有:

$$x_{ij}^* = \frac{x_{ij}}{\sum_{i=1}^{n} x_{ij}}, \quad j=1,2,\cdots,m; x_{ij}>0 \tag{15.6}$$

或

$$x_{ij}^* = \frac{x_{ij}}{\sqrt{\sum_{i=1}^{n} x_{ij}^2}}, \quad j=1,2,\cdots,m \tag{15.7}$$

(15.6)式适用于各指标实际值均为正数的情况,且各评价对象该指标评价值之和满足 $\sum_{i=1}^{n} x_{ij}^* = 1$。(15.7)式适用于指标实际值有负值的情况,各评价对象该指标评价值之和满足 $\sum_{i=1}^{n} x_{ij}^{*2} = 1$。对于逆指标先取负数再按(15.5)式无量纲化。

表 15－2 利用相对化方法计算例 15.1 的指标评价值 x_{ij}^*

地区	总资产贡献率(%)	资本保值增值率(%)	资产负债率(%)	流动资产周转率(次)	成本费用率(%)	工业全员劳动生产率(元/人)	产品销售率(%)
标准值	10.7	120	60	1.52	3.71	16500	96
A 地区	0.5430	0.8753	0.9736	0.7581	0.7574	2.5265	1.0210

续表

地区	总资产贡献率（%）	资本保值增值率（%）	资产负债率（%）	流动资产周转率（次）	成本费用率（%）	工业全员劳动生产率（元/人）	产品销售率（%）
B地区	0.5935	0.9302	0.9365	0.9407	0.8086	1.9434	1.0202
C地区	0.6636	0.9347	1.1021	0.9062	1.0243	3.3652	1.0217
D地区	0.6850	0.9183	0.9639	1.1402	0.5660	2.0073	0.9996
E地区	0.8972	0.9973	1.0102	1.1576	1.0755	2.1185	0.9931
F地区	0.6467	1.0056	0.9648	1.0440	0.6792	2.7001	1.0054

2.功效系数法处理方法

借助功效系数，把确定要评价的各项指标值转化为可以度量的评判分数。利用功效系数法进行消除量纲影响的处理，必须对评价的指标确定一对阈值，包括一个下限值（不允许值）和一个上限值（满意值）。不允许值：历年来最差值为不允许值 。满意值：历年来最优值为满意值。或以第 i 项指标数列中较差（好）的 10% 的数值平均数确定。

功效系数的计算公式

一般用 d_{ij} 表示第 i 个评价对象第 j 个指标的功效系数，并以 $M_j = \max\limits_i\{x_{ij}\}$ 作为第 j 个指标的满意值，$m_j = \min\limits_i\{x_{ij}\}$ 作为第 j 个指标的不允许值，则

$$d_{ij} = \frac{x_{ij} - m_j}{M_j - m_j}, \quad i = 1,2,\cdots,n; j = 1,2,\cdots,m \tag{15.8}$$

上式是对正指标而言的功效系数公式，满足 $0 \leqslant d_{ij} \leqslant 1$。当 x_{ij} 达到最佳值 M_j 时，$d_{ij} = 1$；当 x_{ij} 达到最差值 m_j 时，$d_{ij} = 0$；x_{ij} 离最佳值 M_j 越近，d_{ij} 越接近于 1，反之，越接近于零。

对于逆指标，如果还未进行正指标化处理，则相应的功效系数计算公式应为：

$$d_{ij} = \frac{M_j - x_{ij}}{M_j - m_j}, \quad i = 1,2,\cdots,n; j = 1,2,\cdots,m \tag{15.9}$$

上式同样满足 $0 \leqslant d_{ij} \leqslant 1$。由于是逆指标的取值越小越好，所以当 x_{ij} 取得最小值 m_j 时，$d_{ij} = 1$；当 x_{ij} 取得最大值 M_j 时，$d_{ij} = 0$；x_{ij} 离最佳值 m_j 越近，d_{ij} 越接近于 1，反之，越接近于零。

可见，我们可以从 d_{ij} 值的大小来比较评价对象 i 接近第 j 项指标满意值的程度，d_{ij} 值越大越理想。通过上面两个式子进行无量纲化，当指标实际值达到最差状态时，功效系数值为 0，这可能给指标评价值的综合带来不便，为解决这个问题，可以采用改进的功效系数法，相应的计算公式为：

正指标：$d_{ij}=\frac{x_{ij}-m_j}{M_j-m_j}\times 40+60,\quad i=1,2,\cdots,n;j=1,2,\cdots,m$ (15.10)

逆指标：$d_{ij}=\frac{M_j-x_{ij}}{M_j-m_j}\times 40+60,\quad i=1,2,\cdots,n;j=1,2,\cdots,m$ (15.11)

根据改进的功效系数法进行无量纲化，则 d_{ij} 的取值在 60～100 之间，当 x_{ij} 为不允许值时，d_{ij} 等于 60；当 x_{ij} 取满意值时，d_{ij} 等于 100。一般情况下，大部分指标值都处在允许状态至满意状态之间，相应的指标评价值就介于 60 至 100 之间。

表 15－3　利用功效系数方法计算例 15.1 的指标评价值 d_{ij}

	总资产贡献率（%）	资本保值增值率（%）	资产负债率（%）	流动资产周转率（次）	成本费用率（%）	工业全员劳动生产率（元/人）	产品销售率（%）
上限值	12	150	40	2	10	50000	100
下限值	6	100	60	1	2	15000	80
A 地区	58.73	64.03	56.74	66.09	64.05	90.50	96.04
B 地区	62.33	69.30	51.86	77.20	65.00	79.50	95.88
C 地区	67.33	69.73	71.12	75.09	69.95	106.31	96.16
D 地区	68.33	68.15	55.50	89.32	60.50	80.71	91.92
E 地区	84.00	75.74	62.24	90.38	69.95	82.81	90.68
F 地区	66.13	76.54	55.62	83.47	62.60	93.77	93.04

3.标准化处理方法

将变量值转化为数学期望为 0，方差为 1 的标准化数值。基本前提是进行标准化处理的变量必须服从正态分布。经标准化处理后的数值围绕着 0 上下波动，数值大于 0 的说明高于平均水平，数值小于 0 的说明低于平均水平。

标准化处理的步骤：

第一步，求出各变量（指标）的算术平均值（数学期望值）$\bar{x}_j$ 和标准差 σ_j；

第二步，利用公式进行标准化处理；

标准化变量

$$z_{ij}=\frac{x_{ij}-\bar{x}_j}{\sigma_j} \tag{15.12}$$

式中，x_{ij} 为实际值，$\bar{x}_j$ 为第 i 项指标平均值，σ_i 为标准差。

第三步，进行标准化处理的指标中若有逆指标，改变处理后的指标的符号。

表 15—4 利用标准化方法计算例 15.1 的指标评价值 z_{ij}

	总资产贡献率(%)	资本保值增值率(%)	资产负债率(%)	流动资产周转率(次)	成本费用率(%)	工业全员劳动生产率(元/人)	产品销售率(%)
$\bar{x}_j$	7.19	113.23	60.58	1.51	3.04	40317.7	96.98
σ_j	1.19	5.43	3.14	0.21	0.67	8161.9	1.0920
A 地区	−1.154	−1.509	−0.335	−1.670	−0.339	0.168	0.955
B 地区	−0.701	−0.295	−1.112	−0.361	−0.055	−1.011	0.882
C 地区	−0.071	−0.195	1.953	−0.609	1.140	1.863	1.010
D 地区	0.122	−0.559	−0.532	1.068	−1.399	−0.882	−0.931
E 地区	2.027	1.188	0.540	1.193	1.424	−0.657	−1.499
F 地区	−0.222	1.370	−0.513	0.379	−0.772	0.519	−0.418

15.3 权重的确定与评价结果的综合

15.3.1 主观赋值法

1.专家意见法

根据专家们对各评价指标所赋予的相对重要性系数分别求其算术平均数，所得的平均数作为各指标的权重。

(1)将统计分析目的、已建立的指标体系和第一步确定的指标重要性量化标准分发给各个专家，让专家们根据上述的比例标度值体系所提供的等级重要性系数，请他们独立地给出各指标重要性权数(权重)。

(2)根据专家们所给出的各个指标的权数，分别计算各指标权重的值均和标准差。

(3)将所得的均值和方差的资料反馈给专家，要求专家再次提出修改意见或更改指标的建议，并在这基础上重新确定权数。

(4)重复以上 1—3 的步骤，直至获得较为满意的结果(或各专家对各个评价项目所确定的权数趋于一致)为止，便得到权数。

表 15—5 用专家意见法确定例 15.1 的评价指标权重

	总资产贡献率(%)	资本保值增值率(%)	资产负债率(%)	流动资产周转率(次)	成本费用率(%)	工业全员劳动生产率(元/人)	产品销售率(%)	合计
权数 w_j	0.20	0.16	0.12	0.15	0.14	0.10	0.13	1

2.层次分析法(AHP)

基本思路：将复杂的评价对象表示为一个有序的递阶层次结构的整体，通过人们在各个评价项目间进行两两的比较、判断，进而计算各个评价项目的相对重要性系数，即权数。

(1)确定指标的量化标准

AHP法的关键是建立一个构造合理且一致的判断矩阵，判断矩阵的合理性受到标度的合理性的影响。

标度：是指人们对各个评价指标(项目)重要性的等级差异进行量化的概念。确定指标重要性的量化标准常用的方法有：比例标度法和指数标度法。

比例标度法

$$A=\begin{bmatrix} \frac{w_1}{w_1} & \frac{w_1}{w_2} & \cdots & \frac{w_1}{w_m} \\ \frac{w_2}{w_1} & \frac{w_2}{w_2} & \cdots & \frac{w_2}{w_m} \\ \vdots & \vdots & & \vdots \\ \frac{w_m}{w_1} & \frac{w_m}{w_1} & \cdots & \frac{w_m}{w_m} \end{bmatrix}=\begin{bmatrix} a_{11} & a_{12} & \cdots & a_{1m} \\ a_{21} & a_{22} & \cdots & a_{2m} \\ \vdots & \vdots & & \vdots \\ a_{m1} & a_{m2} & \cdots & a_{mm} \end{bmatrix} \tag{15.13}$$

比例标度法是以人们对事物质的区别的评判标准为基础，一般地，以5种判别就可以很好地表示事物质的等级差别。

当评判需要更高的精度时，可以在相邻判别之间做出比较，形成9种判别，对判别等级量化，用数值表示就是9个标度。

(2)对初始权数进行处理

①建立判断矩阵A。

通过专家对N个评价指标的评判，进行两两比较，其初始权数形成判断矩阵A。判断矩阵A中第i行第j列的元素x_{ij}表明指标x_i与x_j比较后所得的标度。

② 计算判断矩阵A每一行各标度连乘积的N次方根W_i。

③进行归一化处理。

归一化处理就是利用公式进行计算的，据此确定各个评价指标的权数。

(3)对判断矩阵的一致性进行检验。

判断矩阵的一致性检验是指当需要赋权的指标较多时，矩阵内的初始权数可能出现相互矛盾的现象，对于阶数较高的判断矩阵，难以直观地对其一致性进行判断，这就必须进行一致性检验。

例15.2 假设某项综合评价项目的评价指标体系包含4个指标，分别用x_1，x_2，x_3，x_4表示，要求用层次分析法求各指标的权重 。

假设通过专家评判得到如下判断矩阵：

$$A=\begin{bmatrix} 1 & 2 & 1/2 & 3 \\ 1/2 & 1 & 1/4 & 3/2 \\ 2 & 4 & 1 & 6 \\ 1/3 & 2/3 & 1/6 & 1 \end{bmatrix} \tag{15.14}$$

根据几何平均法如式 $\bar{a}_i=(\prod_{j=1}^{m}a_{ij})^{1/m}$，求得矩阵 A 中各行元素的几何平均数，得：

再对 $\bar{a}_i(i=1,2,\cdots,m)$ 进行归一化处理，即可得权数：

$$w_1=\frac{\bar{a}_1}{\sum_{i=1}^{m}\bar{a}_i}=\frac{1.316}{5.045}=0.261,w_3=\frac{\bar{a}_3}{\sum_{i=1}^{m}\bar{a}_i}=\frac{2.632}{5.045}=0.522$$

$$w_2=\frac{\bar{a}_2}{\sum_{i=1}^{m}\bar{a}_i}=\frac{0.658}{5.045}=0.130,w_4=\frac{\bar{a}_4}{\sum_{i=1}^{m}\bar{a}_i}=\frac{0.439}{5.045}=0.087$$

表 15—6　用层次分析法求例 15.2 各指标的权重

指标	X_1	X_2	X_3	X_4	合计
权数	0.261	0.130	0.522	0.087	1

15.3.2　客观赋权法

客观赋权法是根据对各评价指标的实际观测值进行统计分析，从中提取有用的信息来判别指标的效用价值从而确定指标权数的方法。

比较常用的一类客观赋权法其基本思想是：某指标的权重即指标在评价过程中的重要程度应是该指标在各个被评价对象中取值的变异程度的度量。

如果一个指标对所有被评价对象而言取值相差不大，那么该指标所能提供的评价信息就是极少的，其重要性就相对下降，相反，如果某项指标对被评价对象而言完全不同，而且差异较大，那么该指标就能做到完全区分被评价对象，从而对评价结果来说其重要程度也就大大提高了。

本节主要介绍变异系数法。

基本思想：在评价指标体系中，指标取值差异越大的也就是越难实现的指标。差异越大的指标越重要，因为它更能反映出参加评价的各单位的差距。

评价指标体系中各指标的量纲不同，不宜直接比较其差异程度。为了消除各指标量纲不同的影响，用各指标的变异系数来衡量各项指标取值的差异程度。

(1)分别计算第 j 个指标在 n 个被评价对象中取值的平均数和标准差

$$\bar{x}_j = \frac{\sum_{i=1}^{n} x_{ij}}{n} \tag{15.15}$$

$$\sigma_j = \sqrt{\frac{\sum_{i=1}^{n}(x_{ij} - \bar{x}_j)^2}{n}} \tag{15.16}$$

(2)分别计算第 j 个指标的变异系数 $V_j = \frac{\bar{x}_j}{\sigma_j}$ (15.17)

(3)对各指标的变异系数进行归一化处理,即得各指标的权重系数

$$w_j = \frac{V_j}{\sum_{j=1}^{m} V_j} \tag{15.18}$$

显然,变异系数大的指标相应的权重赋值也较大,体现了变异程度大、提供信息多的指标在综合评价中的重要程度也较大。

表 15—7 用变异系数法确定例 15.1 的评价指标权重结果

	总资产贡献率(%)	资本保值增值率(%)	资 产负债率(%)	流动资产周转率(次)	成 本费用率(%)	工业全员劳动生产率(元/人)	产 品销售率(%)	合计
$\bar{x}_j$	7.19	113.23	60.58	1.51	3.04	40317.7	96.98	—
σ_j	1.19	5.43	3.14	0.21	0.67	8161.9	1.0920	—
变异系数 v_j	0.165	0.048	0.052	0.139	0.220	0.202	0.011	0.837
权数 w_j	0.20	0.06	0.062	0.166	0.262	0.241	0.013	1

15.3.3 评价结果综合

1.简单综合法

直接将进行过同度量处理的变量值经简单加总形成一个综合值,再按综合值大小排出顺序,从而达到综合评价的目的。

表 15—8 是在表 15—3 功效系数法无量纲化后,将各地区各指标数值简单相加,得到最后一行综合值。

表 15—8 用简单综合例 15.1 的综合评价结果

地区	总资产贡献率(%)	资本保值增值率(%)	资 产负债率(%)	流动资产周转率(次)	成 本费用率(%)	工业全员劳动生产率(元/人)	产 品销售率(%)	综合值	排序
A 地区	58.73	64.03	56.74	66.09	64.05	90.50	96.04	496.18	6
B 地区	62.33	69.30	51.86	77.20	65.00	79.50	95.88	501.07	5

续表

地区	总资产贡献率（%）	资本保值增值率（%）	资　产负债率（%）	流动资产周转率（次）	成　本费用率（%）	工业全员劳动生产率(元/人)	产　品销售率（%）	综合值	排序
C 地区	67.33	69.73	71.12	75.09	69.95	106.31	96.16	554.76	2
D 地区	68.33	68.15	55.50	89.32	60.50	80.71	91.92	514.97	4
E 地区	84.00	75.74	62.24	90.38	69.95	82.81	90.68	555.80	1
F 地区	66.13	76.54	55.62	83.47	62.60	93.77	93.04	531.17	3

2.加权平均综合法

算术加权综合法也称“加法”模型，是指对各指标评价值进行加权算术平均求综合评价值，即

$$y_i = \sum_{j=1}^{m} w_j x_{ij} \tag{15.19}$$

算术加权综合法具有两个重要的特性：首先，该方法更适用于各评价指标间相互独立的场合，若指标间不独立，则加权求和的结果必然导致各指标所提供的评价信息的重复，也就难以反映客观实际；其次，用该方法求综合评价值可使各指标评价值间得以线性补偿，即只要有一个指标评价值足够大，而不管其他指标评价值的大小，都可以使最终的综合评价结果取得较理想的数值，这可能导致综合评价结果无法准确反映评价对象的均衡发展的状况。

几何加权综合法也称“乘法”模型，是指对各指标评价值进行加权几何平均求综合评价值，加权几何平均计算公式：

$$y_i = \sqrt[\sum w_j]{\prod_{j=1}^{m} x_{ij}^{w_j}} = \prod_{j=1}^{m} x_{ij}^{w_j} \tag{15.20}$$

相对于算术加权综合法，几何加权综合法的适用场合正好相反，它适用于各指标间有较强关联的场合，这是由乘积运算的性质所决定的；另外，几何加权综合法中更突出评价指标中评价值小的指标的作用，只要有一个指标评价值接近于零，则无论其他指标评价值有多大，则被评价对象的综合评价值也将迅速地趋于零，这说明几何加权综合法更能体现被评价对象整体均衡发展的状况。

表 15－9 是在表 15－3 功效系数法无量纲化后，利用表 15－5 专家意见法确定的权数进行算术加权综合计算的结果。

表 15－9　用算术加权综合法例 15.1 的综合评价结果

地区	总资产贡献率(%)	资本保值增值率(%)	资产负债率(%)	流动资产周转率(次)	成本费用率(%)	工业全员劳动生产率(元/人)	产品销售率(%)	综合值	排序
权数	0.2	0.16	0.12	0.15	0.14	0.10	0.13	1.00	—
A	11.75	10.24	6.81	9.91	8.97	9.05	12.49	69.22	6
B	12.47	11.09	6.22	11.58	9.10	7.95	12.46	70.87	5
C	13.47	11.16	8.53	11.26	9.66	10.63	12.50	77.22	2
D	13.77	10.90	6.66	13.40	8.47	8.07	11.95	73.23	4
E	15.80	12.12	7.47	13.56	9.79	8.28	11.79	79.81	1
F	13.23	12.25	6.67	12.52	8.76	9.38	12.10	74.90	3

算术加权综合法与简单综合法计算得出结果一样,这是因为算术加权综合法可使各指标评价值间得以线性补偿的结果。

3.最优值距离法

以各项评价指标的实际值与最优值(或标准值)之间距离的大小来衡量评价对象效益的高低。对评价指标体系中的各评价指标进行相对化处理后,运用距离法进行综合,其综合值反映了各评价指标与相应的最优值(或标准值之间的距离)。

计算公式:第 j 个参评单位的距离综合值的计算公式如下:

$$S_j=\sqrt{(1-x'_{1j})^2w_1+(1-x'_{2j})^2w_2+\cdots+(1-x'_{nj})^2w_n} \qquad (15.21)$$

上式中,x'_{ij} 是经相对化处理后的变量值,$x'_{ij}=x_{ij}/x_{i0}$,i 表示第 i 个评价指标,$i=1,2,3,\cdots,n$;j 表示第 j 个参评单位,$j=1,2,3,\cdots,m$。X_{ij} 为第 j 个参评单位的第 i 个评价指标的实际值,X_{i0} 为第 i 项指标的最优值或标准值,它们可以是全国的先进水平或历史的最高水平,也可以根据经济发展规划而确定。权数 W_i 是根据各项评价指标在社会再生产过程中的重要程度分别确定相应的权数。

S_j 值越小,与最优值越接近,表明效益越佳;S_j 值越大,越远离最优值,表明效益越低。

表 15－10 是在表 15－2 相对化无量纲化后,利用最优距离法计算的综合值。

表 15－10　用最优距离法例 15.1 的综合评价结果

地区	总资产贡献率(%)	资本保值增值率(%)	资产负债率(%)	流动资产周转率(次)	成本费用率(%)	工业全员劳动生产率(元/人)	产品销售率(%)	平方根	排序
权数	0.20	0.16	0.12	0.15	0.14	0.10	0.13	—	—
A	0.04177	0.00249	0.00008	0.00878	0.00824	0.23302	0.00006	0.54262	3

续表

地区	总资产贡献率（%）	资本保值增值率（%）	资产负债率（%）	流动资产周转率（次）	成本费用率（%）	工业全员劳动生产率(元/人)	产品销售率（%）	平方根	排序
B	0.03305	0.00078	0.00048	0.00053	0.00513	0.08900	0.00005	0.35920	6
C	0.02263	0.00068	0.00125	0.00132	0.00008	0.55942	0.00006	0.76515	1
D	0.01985	0.00107	0.00016	0.00295	0.02637	0.10147	0.00000	0.38968	4
E	0.00211	0.00000	0.00001	0.00373	0.00080	0.12510	0.00001	0.36299	5
F	0.02496	0.00001	0.00015	0.00029	0.01441	0.28903	0.00000	0.57346	2

从以上计算结果可以看出：权数一样，但所用消除量纲方法不一样，最后排名会出现差异，简单综合法和加权算术平均法综合结果是ECFDBA，最优距离法是CFADEB。说明综合评价方法存在的结果不是唯一的，不同的权数，不同的消除量纲方法，不同的综合方法，都有可能导致结果不同。因此，综合评价只能作为一种参考，而不能作为一种绝对的评价标准。

思考与练习

一、思考题

1. 简述统计综合评价程序
2. 如何进行评价指标选择？
3. 数据预处理包括哪些？
4. 如何进行权重的确定？
5. 评价结果的综合方法有哪些？

二、计算题

6. 某市甲乙两地区有关指标如下表：

指标名称	计量单位	全国标准值	权数	甲地区	乙地区
总资产贡献率	%	9.5	0.10	9.8	9.5
资本保值增值率	%	110	0.20	110.0	106.1
资产负债率	%	55	0.10	60.0	50.0
流动资产周转次数	次	1.8	0.20	1.9	1.7
成本费用利润率	%	8.0	0.15	8.4	7.2
全员劳动生产率	元/人	50000	1.10	68000	48000
产品销售率	%	98.0	0.15	99.0	97.0

要求:根据上表有关数据进行相对化处理,并对甲乙两地区进行综合排序。

7. 某市CD两地区有关指标如下表:

指标名称	计量单位	不许值	满意值	C地区实际指标	D地区实际指标
社会总成本净产值率	元/百元	45	48	48	55
社会总成本利税率	元/百元	24	28	28	30
社会劳动生产率	元/人	15000	24000	20000	24000
投资效果系数	元/百元	0.5	0.52	0.52	0.56
技术进步经济效益	元/百元	55	62	62	68

要求:根据上表有关数据计算综合功效系数,对CD两地区进行综合评价。

8. 根据下表资料,要求对数据进行标准化处理,并用变异系数法确定权数,进而做出综合评价。

中国和部分发达国家现代化指标最新数据

	购买力法人均GNP(国际元)	第一产业占GDP比重(%)	第三产业占GDP比重(%)	非第一产业就业人数比重(%)	城市人口占总人口比重(%)	出生时预期寿命(岁)	15岁以上成人识字率(%)	大学生粗入学率(%)	千人拥有医生数(人)
平均数$\bar{x}_j$	18155.61	10.37	54.05	86.93	65.15	72.88	85.71	47.35	1.97
标准差σ_j	14615.31	7.20	10.13	13.87	23.08	7.99	13.97	25.11	1.22
中国	6020.00	11.30	40.10	55.90	43.10	73.00	93.31	22.90	1.50
日本	35220.00	6.20	51.90	95.70	66.50	82.50	99.00	58.10	2.10
美国	46970.00	1.20	74.60	98.50	81.70	78.00	99.00	81.70	2.30
英国	36130.00	1.00	70.90	98.70	89.90	79.30	99.00	59.10	2.20
澳大利亚	34040.00	3.50	69.60	96.50	88.70	81.30	99.00	75.10	2.50

附录 常用统计表

附表 1 正态分布概率表

$F(Z)=P(|x-\overline{x}|/\sigma<z)$

Z	F(Z)	Z	F(Z)	Z	F(Z)	Z	F(Z)
0.00	0.0000	0.35	0.2737	0.70	0.5161	1.05	0.7063
0.01	0.0080	0.36	0.2812	0.71	0.5223	1.06	0.7109
0.02	0.0160	0.37	0.2886	0.72	0.5285	1.07	0.7154
0.03	0.0239	0.38	0.2961	0.73	0.5346	1.08	0.7199
0.04	0.0319	0.39	0.3035	0.74	0.5407	1.09	0.7243
0.05	0.0399	0.40	0.3108	0.75	0.5467	1.10	0.7287
0.06	0.0478	0.41	0.3182	0.76	0.5527	1.11	0.7330
0.07	0.0558	0.42	0.3255	0.77	0.5587	1.12	0.7373
0.08	0.0638	0.43	0.3328	0.78	0.5646	1.13	0.7415
0.09	0.0717	0.44	0.3401	0.79	0.5705	1.14	0.7457
0.10	0.0797	0.45	0.3473	0.80	0.5763	1.15	0.7499
0.11	0.0876	0.46	0.3545	0.81	0.5821	1.16	0.7540
0.12	0.0955	0.47	0.3616	0.82	0.5878	1.17	0.7580
0.13	0.1034	0.48	0.3688	0.83	0.5935	1.18	0.7620
0.14	0.1113	0.49	0.3759	0.84	0.5991	1.19	0.7660
0.15	0.1192	0.50	0.3829	0.85	0.6047	1.20	0.7699
0.16	0.1271	0.51	0.3899	0.86	0.6102	1.21	0.7737
0.17	0.1350	0.52	0.3969	0.87	0.6157	1.22	0.7775
0.18	0.1428	0.53	0.4039	0.88	0.6211	1.23	0.7813
0.19	0.1507	0.54	0.4108	0.89	0.6265	1.24	0.7850
0.20	0.1585	0.55	0.4177	0.90	0.6319	1.25	0.7887
0.21	0.1663	0.56	0.4245	0.91	0.6372	1.26	0.7923
0.22	0.1741	0.57	0.4313	0.92	0.6424	1.27	0.7959
0.23	0.1819	0.58	0.4381	0.93	0.6476	1.28	0.7995
0.24	0.1897	0.59	0.4448	0.94	0.6528	1.29	0.8030
0.25	0.1974	0.60	0.4515	0.95	0.6579	1.30	0.8064
0.26	0.2051	0.61	0.4581	0.96	0.6629	1.31	0.8098
0.27	0.2128	0.62	0.4647	0.97	0.6680	1.32	0.8132
0.28	0.2205	0.63	0.4713	0.98	0.6729	1.33	0.8165
0.29	0.2282	0.64	0.4778	0.99	0.6778	1.34	0.8198
0.30	0.2358	0.65	0.4843	1.00	0.6827	1.35	0.8230
0.31	0.2434	0.66	0.4907	1.01	0.6875	1.36	0.8262
0.32	0.2510	0.67	0.4971	1.02	0.6923	1.37	0.8293

续表

Z	F(Z)	Z	F(Z)	Z	F(Z)	Z	F(Z)
0.33	0.2586	0.68	0.5035	1.03	0.6970	1.38	0.8324
0.34	0.2661	0.69	0.5098	1.04	0.7017	1.39	0.8355
1.40	0.8385	1.75	0.9199	2.20	0.9722	2.90	0.9962
1.41	0.8415	1.76	0.9216	2.22	0.9736	2.92	0.9965
1.42	0.8444	1.77	0.9233	2.24	0.9749	2.94	0.9967
1.43	0.8473	1.78	0.9249	2.26	0.9762	2.96	0.9969
1.44	0.8501	1.79	0.9265	2.28	0.9774	2.98	0.9971
1.45	0.8529	1.80	0.9281	2.30	0.9786	3.00	0.9973
1.46	0.8557	1.81	0.9297	2.32	0.9797	3.20	0.9986
1.47	0.8584	1.82	0.9312	2.34	0.9807	3.40	0.9993
1.48	0.8611	1.83	0.9328	2.36	0.9817	3.60	0.99968
1.49	0.8638	1.84	0.9342	2.38	0.9827	3.80	0.99986
1.50	0.8664	1.85	0.9357	2.40	0.9836	4.00	0.99994
1.51	0.8690	1.86	0.9371	2.42	0.9845	4.50	0.999994
1.52	0.8715	1.87	0.9385	2.44	0.9853	5.00	0.999999
1.53	0.8740	1.88	0.9399	2.46	0.9861		
1.54	0.8764	1.89	0.9412	2.48	0.9869		
1.55	0.8789	1.90	0.9426	2.50	0.9876		
1.56	0.8812	1.91	0.9439	2.52	0.9883		
1.57	0.8836	1.92	0.9451	2.54	0.9889		
1.58	0.8859	1.93	0.9464	2.56	0.9895		
1.59	0.8882	1.94	0.9476	2.58	0.9901		
1.60	0.8904	1.95	0.9488	2.60	0.9907		
1.61	0.8926	1.96	0.9500	2.62	0.9912		
1.62	0.8948	1.97	0.9512	2.64	0.9917		
1.63	0.8969	1.98	0.9523	2.66	0.9922		
1.64	0.8990	1.99	0.9534	2.68	0.9926		
1.65	0.9011	2.00	0.9545	2.70	0.9931		
1.66	0.9031	2.02	0.9566	2.72	0.9935		
1.67	0.9051	2.04	0.9587	2.74	0.9939		
1.68	0.9070	2.06	0.9606	2.76	0.9942		
1.69	0.9090	2.08	0.9625	2.78	0.9946		
1.70	0.9109	2.10	0.9643	2.80	0.9949		
1.71	0.9127	2.12	0.9660	2.82	0.9952		
1.72	0.9146	2.14	0.9676	2.84	0.9955		
1.73	0.9164	2.16	0.9692	2.86	0.9958		
1.74	0.9181	2.18	0.9707	2.88	0.9960		

附表2 二项分布临界值表

表中给出当 $p=q=0.5$ 时，x 或 $n-x$（不论何者为大）的临界值

n	显著性水平 α			
	单侧检验		双测检验	
	0.05	0.01	0.05	0.01
5	5			
6	6		6	
7	7	7	7	
8	7	8	8	
9	8	9	8	9
10	9	10	9	10
11	9	10	10	11
12	10	11	10	11
13	10	12	11	12
14	11	12	12	13
15	12	13	12	13
16	12	14	13	14
17	13	14	13	15
18	13	15	14	15
19	14	15	15	16
20	15	16	15	17
21	15	17	16	17
22	16	17	17	18
23	16	18	17	19
24	17	19	18	19
25	18	19	18	20
26	18	20	19	20
27	19	20	20	21
28	19	21	20	22
29	20	22	21	22
30	20	22	21	23

附表3　t分布临界值表

$$P[|t(v)|>t_{\alpha}(v)]=\alpha$$

单侧 双侧	$\alpha=0.10$ $\alpha=0.20$	0.05 0.10	0.025 0.05	0.01 0.02	0.005 0.01
$V=1$	3.078	6.314	12.706	31.821	63.657
2	1.886	2.920	4.303	6.965	9.925
3	1.638	2.353	3.182	4.541	5.841
4	1.533	2.132	2.776	3.747	4.604
5	1.476	2.015	2.571	3.365	4.032
6	1.440	1.943	2.447	3.143	3.707
7	1.415	1.895	2.365	2.998	3.499
8	1.397	1.860	2.306	2.896	2.355
9	1.383	1.833	2.262	2.821	3.250
10	1.372	1.812	2.228	2.764	3.169
11	1.363	1.796	2.201	2.718	3.106
12	1.356	1.782	2.179	2.681	3.055
13	1.350	1.771	2.160	2.650	3.012
14	1.345	1.761	2.145	2.624	2.977
15	1.341	1.753	2.131	2.602	2.947
16	1.337	1.746	2.120	2.583	2.921
17	1.333	1.740	2.110	2.567	2.898
18	1.330	1.734	2.101	2.552	2.878
19	1.328	1.729	2.093	2.539	2.861
20	1.325	1.725	2.086	2.528	2.845
21	1.323	1.721	2.080	2.518	2.831
22	1.321	1.717	2.074	2.508	2.819
23	1.319	1.714	2.069	2.500	2.807
24	1.318	1.711	2.064	2.492	2.797
25	1.316	1.708	2.060	2.485	2.787
26	1.315	1.706	2.056	2.479	2.779
27	1.314	1.703	2.052	2.473	2.771
28	1.313	1.701	2.048	2.467	2.763
29	1.311	1.699	2.045	2.462	2.756
30	1.310	1.697	2.042	2.457	2.750
40	1.303	1.684	2.021	2.423	2.704
50	1.299	1.676	2.009	2.403	2.678
60	1.296	1.671	2.000	2.390	2.660
70	1.294	1.667	1.994	2.381	2.648
80	1.292	1.664	1.990	2.374	2.639
90	1.291	1.662	1.987	2.368	2.632
100	1.290	1.660	1.984	2.364	2.626
125	1.288	1.657	1.979	2.357	2.616
150	1.287	1.655	1.976	2.351	2.609
200	1.286	1.653	1.972	2.345	2.601
∞	1.282	1.645	1.960	2.326	2.576

附表 4 χ^2 分布临界值表

$$P[\chi^2(v)>\chi^2_\alpha(v)]=\alpha$$

v	显著性水平(α)												
	0.99	0.98	0.95	0.90	0.80	0.70	0.50	0.30	0.20	0.10	0.05	0.02	0.01
1	0.0002	0.0006	0.0039	0.0158	0.0642	0.148	0.455	1.074	1.642	2.706	3.841	5.412	6.635
2	0.0201	0.0404	0.103	0.211	0.446	0.713	1.386	2.403	3.219	4.605	5.991	7.824	9.210
3	0.115	0.185	0.352	0.584	1.005	1.424	2.366	3.665	4.642	6.251	7.815	9.837	11.341
4	0.297	0.429	0.711	1.064	1.649	2.195	3.357	4.878	5.989	7.779	9.488	11.668	13.277
5	0.554	0.752	1.145	1.610	2.343	3.000	4.351	6.064	7.289	9.236	11.070	13.388	15.068
6	0.872	1.134	1.635	2.204	3.070	3.828	5.348	7.231	8.558	10.645	12.592	15.033	16.812
7	1.239	1.564	2.167	2.833	3.822	4.671	6.346	8.383	9.803	12.017	14.067	16.622	18.475
8	1.646	2.032	2.733	3.490	4.594	5.527	7.344	9.524	11.030	13.362	15.507	18.168	20.090
9	2.088	2.532	3.325	4.168	5.380	6.393	8.343	10.656	12.242	14.684	16.919	19.679	21.666
10	2.558	3.059	3.940	4.865	6.179	7.267	9.342	11.781	13.442	15.987	18.307	21.161	23.209
11	3.053	3.609	4.575	5.578	6.989	8.148	10.341	12.899	14.631	17.275	19.675	22.618	24.725
12	3.571	4.178	5.226	6.304	7.807	9.304	11.340	14.011	15.812	18.549	21.026	24.054	26.217
13	4.107	4.765	5.892	7.042	8.634	9.926	12.340	15.119	16.985	19.812	22.362	25.472	27.688
14	4.650	5.368	6.571	7.790	9.467	10.821	13.339	16.222	18.151	21.064	23.685	26.873	29.141
15	5.229	5.985	7.261	8.547	10.307	11.721	14.339	17.322	19.311	22.307	24.996	28.259	30.578
16	5.812	6.614	7.962	9.312	11.152	12.624	15.338	18.413	20.465	23.542	26.296	29.633	32.000
17	6.408	7.255	8.672	10.035	12.002	13.531	16.338	19.511	21.615	24.769	27.587	30.995	33.409
18	7.015	7.906	9.390	10.865	12.857	14.440	17.338	20.601	22.760	25.989	28.869	32.346	34.805
19	7.633	8.567	10.117	11.651	13.716	15.352	18.338	21.689	23.900	27.204	30.144	33.687	36.191
20	8.260	9.237	10.851	12.443	14.578	16.266	19.337	22.775	25.038	28.412	31.410	35.020	37.566
21	8.897	9.915	11.591	13.240	15.445	17.182	20.337	23.858	26.171	29.615	32.671	36.343	38.932
22	9.542	10.600	12.338	14.041	16.314	18.101	21.337	24.939	27.301	30.813	33.924	37.659	40.289
23	10.196	11.293	13.091	14.848	17.187	19.021	22.337	26.018	28.429	32.007	35.172	37.968	41.638
24	10.856	11.992	13.848	15.659	18.062	19.943	23.337	27.096	29.553	33.196	36.415	40.270	42.980
25	11.524	12.697	14.611	16.473	18.940	20.867	24.337	28.172	30.675	34.382	37.652	41.566	44.314
26	12.198	13.409	15.379	17.292	19.820	21.792	25.336	29.246	31.795	35.563	38.885	42.856	45.642
27	12.897	14.125	16.151	18.114	20.703	22.719	26.336	30.319	32.912	36.741	40.113	44.140	46.963
28	13.565	14.847	16.928	18.930	21.588	23.647	27.336	31.391	34.027	37.916	41.337	45.419	48.278
29	14.256	15.574	17.708	19.768	22.475	24.577	28.336	32.461	35.139	39.087	42.557	46.693	49.588
30	14.593	16.306	18.493	20.599	23.364	25.508	29.336	33.530	36.250	40.256	43.773	47.962	50.892

附表 5　*F* 分布临界值表($\alpha=0.05$)

$$P[F(v_1,v_2)>F_\alpha(v_1,v_2)]=\alpha$$

v_2 \ v_1	1	2	3	4	5	6	8	10	15
1	161.4	199.5	215.7	224.6	230.2	234.0	238.9	241.9	245.9
2	18.51	19.00	19.16	19.25	19.30	19.33	19.37	19.40	19.43
3	10.13	9.55	9.28	9.12	9.01	8.94	8.85	8.79	8.70
4	7.71	6.94	6.59	6.39	6.26	6.16	6.04	5.96	5.86
5	6.61	5.79	5.41	5.19	5.05	4.95	4.82	4.74	4.62
6	5.99	5.14	4.76	4.53	4.39	4.28	4.15	4.06	3.94
7	5.59	4.74	4.35	4.12	3.97	3.87	3.73	3.64	3.51
8	5.32	4.46	4.07	3.84	3.69	3.58	3.44	3.35	3.22
9	5.12	4.26	3.86	3.63	3.48	3.37	3.23	3.14	3.01
10	4.96	4.10	3.71	3.48	3.33	3.22	3.07	2.98	2.85
11	4.84	3.98	3.59	3.36	3.20	3.09	2.95	2.85	2.72
12	4.75	3.89	3.49	3.26	3.11	3.00	2.85	2.75	2.62
13	4.67	3.81	3.41	3.18	3.03	2.92	2.77	2.67	2.53
14	4.60	3.74	3.34	3.11	2.96	2.85	2.70	2.60	2.46
15	4.54	3.68	3.29	3.06	2.90	2.79	2.64	2.54	2.40
16	4.49	3.63	3.24	3.01	2.85	2.74	2.59	2.49	2.35
17	4.45	3.59	3.20	2.96	2.81	2.70	2.55	2.45	2.31
18	4.41	3.55	3.16	2.93	2.77	2.66	2.51	2.41	2.27
19	4.38	3.52	3.13	2.90	2.74	2.63	2.48	2.38	2.23
20	4.35	3.49	3.10	2.87	2.71	2.60	2.45	2.35	2.20
21	4.32	3.47	3.07	2.84	2.68	2.57	2.42	2.32	2.18
22	4.30	3.44	3.05	2.82	2.66	2.55	2.40	2.30	2.15
23	4.28	3.42	3.03	2.80	2.64	2.53	2.37	2.27	2.13
24	4.26	3.40	3.01	2.78	2.62	2.51	2.36	2.25	2.11
25	4.24	3.39	2.99	2.76	2.60	2.49	2.34	2.24	2.09
26	4.23	3.37	2.98	2.74	2.59	2.47	2.32	2.22	2.07
27	4.21	3.35	2.96	2.73	2.57	2.46	2.31	2.20	2.06
28	4.20	3.34	2.95	2.71	2.56	2.45	2.29	2.19	2.04
29	4.18	3.33	2.93	2.70	2.55	2.43	2.28	2.18	2.03
30	4.17	3.32	2.92	2.69	2.53	2.42	2.27	2.16	2.01
40	4.08	3.23	2.84	2.61	2.45	2.34	2.18	2.08	1.92
50	4.03	3.18	2.79	2.56	2.40	2.29	2.13	2.03	1.87
60	4.00	3.15	2.76	2.53	2.37	2.25	2.10	1.99	1.84
70	3.98	3.13	2.74	2.50	2.35	2.23	2.07	1.97	1.81
80	3.96	3.11	2.72	2.49	2.33	2.21	2.06	1.95	1.79
90	3.95	3.10	2.71	2.47	2.32	2.20	2.04	1.94	1.78
100	3.94	3.09	2.70	2.46	2.31	2.19	2.03	1.93	1.77
125	3.92	3.07	2.68	2.44	2.29	2.17	2.01	1.91	1.75
150	3.90	3.06	2.66	2.43	2.27	2.16	2.00	1.89	1.73
200	3.89	3.04	2.65	2.42	2.26	2.14	1.98	1.88	1.72
∞	3.84	3.00	2.60	2.37	2.21	2.10	1.94	1.83	1.67

续表

v_2 \ v_1	1	2	3	4	5	6	8	10	15
1	4052	4999	5403	5625	5764	5859	5981	6056	6157
2	98.50	99.00	99.17	99.25	99.30	99.33	99.37	99.40	99.43
3	34.12	30.82	29.46	28.71	28.24	27.91	27.49	27.23	26.87
4	21.20	18.00	16.69	15.98	15.52	15.21	14.80	14.55	14.20
5	16.26	13.27	12.06	11.39	10.97	10.67	10.29	10.05	9.72
6	13.75	10.92	9.78	9.15	8.75	8.47	8.10	7.87	7.56
7	12.25	9.55	8.45	7.85	7.46	7.19	6.84	6.62	6.31
8	11.26	8.65	7.59	7.01	6.63	6.37	6.03	5.81	5.52
9	10.56	8.02	6.99	6.42	6.06	5.80	5.47	5.26	4.96
10	10.04	7.56	6.55	5.99	5.64	5.39	5.06	4.85	4.56
11	9.65	7.21	6.22	5.67	5.32	5.07	4.74	4.54	4.25
12	9.33	6.93	5.95	5.41	5.06	4.82	4.50	4.30	4.01
13	9.07	6.70	5.74	5.21	4.86	4.62	4.30	4.10	3.82
14	8.86	6.51	5.56	5.04	4.69	4.46	4.14	3.94	3.66
15	8.86	6.36	5.42	4.89	4.56	4.32	4.00	3.80	3.52
16	8.53	6.23	5.29	4.77	4.44	4.20	3.89	3.69	3.41
17	8.40	6.11	5.19	4.67	4.34	4.10	3.79	3.59	3.31
18	8.29	6.01	5.09	4.58	4.25	4.01	3.71	3.51	3.23
19	8.18	5.93	5.01	4.50	4.17	3.94	3.63	3.43	3.15
20	8.10	5.85	4.94	4.43	4.10	3.87	3.56	3.37	3.09
21	8.02	5.78	4.87	4.37	4.04	3.81	3.51	3.31	3.03
22	7.95	5.72	4.82	4.31	3.99	3.76	3.45	3.26	2.98
23	7.88	5.66	4.76	4.26	3.94	3.71	3.41	3.21	2.93
24	7.82	5.61	4.72	4.22	3.90	3.67	3.36	3.17	2.89
25	7.77	5.57	4.68	4.18	3.85	3.63	3.32	3.13	2.85
26	7.72	5.53	4.64	1.14	3.82	3.59	3.29	3.09	2.81
27	7.68	5.49	4.60	4.11	3.78	3.56	3.26	3.06	2.78
28	7.64	5.45	4.57	4.07	3.75	3.53	3.23	3.03	2.75
29	7.60	5.42	4.54	4.04	3.73	3.50	3.20	3.00	2.73
30	7.56	5.39	4.51	4.02	3.70	3.47	3.17	2.98	2.70
40	7.31	5.18	4.31	3.83	3.51	3.29	2.99	2.80	2.52
50	7.17	5.06	4.20	3.72	3.41	3.19	2.89	2.70	2.42
60	7.08	4.98	4.13	3.65	3.34	3.12	2.82	2.63	2.35
70	7.01	4.92	4.07	3.60	3.29	3.07	2.78	2.59	2.31
80	6.96	4.88	4.04	3.56	3.26	3.04	2.74	2.55	2.27
90	6.93	4.85	4.01	3.53	3.23	3.01	2.72	2.52	2.42
100	6.90	4.82	3.98	3.51	3.21	2.99	2.69	2.50	2.22
125	6.84	4.78	3.94	3.47	3.17	2.95	2.66	2.47	2.19
150	6.81	4.75	3.91	3.45	3.14	2.92	2.63	2.44	2.16
200	6.76	4.71	3.88	3.41	3.11	2.89	2.60	2.41	2.13
∞	6.63	4.61	3.78	3.32	3.02	2.80	2.51	2.23	2.04

附表 6　符号检验临界值 S_α

$P\{S \leqslant S_\alpha\} \leqslant \alpha$

n	0.01	0.05	0.1	0.25	n	0.01	0.05	0.1	0.25	n	0.01	0.05	0.1	0.25
1					31	7	9	10	11	61	20	22	23	25
2					32	8	9	10	12	62	20	22	24	25
3				0	33	8	10	11	12	63	20	23	24	26
4				0	34	9	10	11	13	64	21	23	24	26
5			0	0	35	9	11	12	13	65	21	24	25	27
6		0	0	1	36	9	11	12	14	66	22	24	25	27
7		0	0	1	37	10	12	13	14	67	22	25	26	28
8	0	0	1	1	38	10	12	13	14	68	22	25	26	28
9	0	1	1	2	39	11	12	13	15	69	23	25	27	29
10	0	1	1	2	40	11	13	14	15	70	23	26	27	29
11	0	1	2	3	41	11	13	14	16	71	24	26	28	30
12	1	2	2	3	42	12	14	15	16	72	24	27	28	30
13	1	2	3	3	43	12	14	15	17	73	25	27	28	31
14	1	2	3	4	44	13	15	16	17	74	25	28	29	31
15	2	3	3	4	45	13	15	16	18	75	25	28	29	32
16	2	3	4	5	46	13	15	16	18	76	26	28	30	32
17	2	4	4	5	47	14	16	17	19	77	26	29	30	32
18	3	4	5	6	48	14	16	17	19	78	27	29	31	33
19	3	4	5	6	49	15	17	18	19	79	27	30	31	33
20	3	5	5	6	50	15	17	18	20	80	28	30	32	34
21	4	5	6	7	51	15	18	19	20	81	28	31	32	34
22	4	5	6	7	52	16	18	19	21	82	28	31	33	35
23	4	6	7	8	53	16	18	19	21	83	29	32	33	35
24	5	6	7	8	54	17	19	20	22	84	29	32	33	36
25	5	7	7	9	55	17	19	20	22	85	30	32	34	36
26	6	7	8	9	56	17	20	21	23	86	30	33	34	37
27	6	7	8	10	57	18	20	21	23	87	31	33	35	37
28	6	8	9	10	58	18	21	22	24	88	31	34	35	38
29	7	8	9	10	59	19	21	22	24	89	31	34	36	38
30	7	9	10	11	60	19	21	23	25	90	32	35	37	39

附表 7 秩和检验表(表中列出了秩和下限 W_1 及秩和上限 W_2 的值)

$\alpha=0.05$								$\alpha=0.025$							
n_1	n_2	W_1	W_2	n_1	n_2	W_1	W_2	n_1	n_2	W_1	W_2	n_1	n_2	W_1	W_2
2	4	3	11	5	5	19	36	2	6	3	15	5	8	21	49
2	5	3	13	5	6	20	40	2	7	3	17	5	9	22	53
2	6	4	14	5	7	22	43	2	8	3	19	5	10	24	56
2	7	4	16	5	8	23	47	2	9	3	21	6	6	26	52
2	8	4	18	5	9	25	50	2	10	4	22	6	7	28	56
2	9	4	20	5	10	26	54	3	4	6	18	6	8	29	61
2	10	5	21	6	6	28	50	3	5	6	21	6	9	31	65
3	3	6	15	6	7	30	54	3	6	7	23	6	10	33	69
3	4	7	17	6	8	32	58	3	7	8	25	7	7	37	68
3	5	7	20	6	9	33	63	3	8	8	28	7	8	39	73
3	6	8	22	6	10	35	67	3	9	9	30	7	9	40	79
3	7	9	24	7	7	39	66	3	10	9	33	7	10	43	83
3	8	9	27	7	8	41	71	4	4	11	25	8	8	49	87
3	9	10	29	7	9	43	76	4	5	12	28	8	9	51	93
3	10	11	31	7	10	46	80	4	6	12	32	8	10	54	98
4	4	12	24	8	8	52	84	4	7	13	35	9	9	63	108
4	5	13	27	8	9	54	90	4	8	14	38	9	10	66	114
4	6	14	30	8	10	57	95	4	9	15	41	10	10	79	131
4	7	15	33	9	9	66	105	4	10	16	44				
4	8	16	36	9	10	69	111	5	5	18	37				
4	9	17	39	10	10	93	127	5	6	19	41				
4	10	18	42					5	7	20	45				

附表 8 斯皮尔曼等级相关系数 r_s 的上临界值 r_α 表

$P(r_s \geqslant r_\alpha) \leqslant \alpha \quad P(r_s \leqslant -r_\alpha) \leqslant \alpha$

n \ α	0.001	0.005	0.010	0.025	0.050	0.100
4	—	—	—	—	0.8000	0.8000
5	—	—	0.9000	0.9000	0.8000	0.7000
6	—	0.9429	0.8857	0.8286	0.7714	0.6000
7	0.9643	0.8929	0.8571	0.7460	0.6786	0.5357
8	0.9286	0.8571	0.8095	0.7143	0.6190	0.5000
9	0.9000	0.8167	0.7667	0.6833	0.5833	0.4667
10	0.8667	0.7818	0.7333	0.6364	0.5515	0.4424
11	0.8364	0.7545	0.7000	0.6091	0.5273	0.4182
12	0.8182	0.7273	0.6713	0.5804	0.4965	0.3986
13	0.7912	0.6978	0.6429	0.5549	0 .4780	0.3791
14	0.7670	0.6747	0.6220	0.5341	0.4593	0.3626
15	0.7464	0.6536	0.6000	0.5170	0.4429	0.3500
16	0.7265	0.6324	0.5824	0.5000	0.4265	0.3382
17	0.7083	0.6152	0.5637	0.4853	0.4118	0.3260
18	0.6904	0.5975	0.5480	0.4716	0.3994	0.3148
19	0.6737	0.5825	0.5333	0.4579	0.3895	0.3070
20	0.6586	0.5684	0.5203	0.4451	0.3789	0.2977
21	0.6455	0.5645	0.5078	0.4351	0 .3688	0.2909
22	0.6318	0.5426	0.4963	0.4241	0.3597	0.2829
23	0.6186	0.5306	0.4852	0.4150	0.3518	0.2767
24	0.6070	0.5200	0.4748	0.4061	0.3435	0.2704
25	0.5962	0 .5100	0.4654	0.3977	0.3362	0.2646
26	0.5856	0.5002	0.4564	0.3894	0.3299	0.2588
27	0.5757	0.4915	0.4481	0.3822	0.3236	0.2540
28	0.5660	0.4828	0.4401	0.3749	0.3175	0.2490
29	0.5567	0.4744	0.4320	0.3685	0.3113	0.2443
30	0.5479	0.4665	0.4251	0.3620	0.3059	0.2400

附表 9 曼一惠特尼检验 U 的临界值表

（仅列出单侧检验在 0.025 或双侧检验在 0.05 处的 U 临界值）

$n2$ / $n1$	1	2	3	4	5	6	7	8	9	10	11	12	13	14	15
1															
2								0	0	0	0	1	1	1	1
3					0	1	1	2	2	3	3	4	4	5	5
4				0	1	2	3	4	4	5	6	7	8	9	10
5			0	1	2	3	5	6	7	8	9	11	12	13	14
6			1	2	3	5	6	8	10	11	13	14	16	17	19
7			1	3	5	6	8	10	12	14	16	18	20	22	24
8		0	2	4	6	8	10	13	15	17	19	22	24	26	29
9		0	2	4	7	10	12	15	17	20	23	26	28	31	34
10		0	3	5	8	11	14	17	20	23	26	29	33	36	39
11		0	3	6	9	13	16	19	23	26	30	33	37	40	44
12		1	4	7	11	14	18	22	26	29	33	37	41	45	49
13		1	4	8	12	16	20	24	28	33	37	41	45	50	54
14		1	5	9	13	17	22	26	31	36	40	45	50	55	59
15		1	5	10	14	19	24	29	34	39	44	49	54	59	64

附表 10 希腊字母表

Letter	Name	Letter	Name
Αα	alpha	Νν	nu
Ββ	beta	Ξξ	xi
Γγ	gamma	Οο	omicron
Δδ	delta	Ππ	pi
Εε	epsilon	Ρρ	rho
Ζζ	zeta	Σσ	sigma
Ηη	eta	Ττ	tau
Θθ	theta	Υυ	upsilon
Ιι	iota	Φφ	phi
Κκ	kappa	Χχ	chi
Λλ	lambda	Ψψ	psi
Μμ	mu	Ωω	omega

参考文献

【1】黄良文.统计学.3版.北京:中国统计出版社,2012.
【2】曾五一,肖红叶.统计学导论.2版.北京:科学出版社,2013.
【3】贾俊平.统计学.4版.北京:中国人民大学出版社,2011.
【4】孙允午.统计学—数据的搜集、整理和分析.上海:上海财经大学出版社,2006.
【5】安德森(Anderson,D.R.),等.商务与经济统计(英文版).8版.北京:机械工业出版社,2003.
【6】贾俊平,何晓群,金勇进.统计学.5版.北京:中国人民大学出版社,2012.
【7】袁卫,刘超.统计学—思想、方法与应用.北京:中国人民大学出版社,2013.
【8】张仁寿.统计学原理.西南财经大学出版社,1995.
【9】曾五一.统计学简明教程.中国人民大学出版社,2012.
【10】曾五一.统计学.中国金融出版社,2010.
【11】王美今.经济预测与决策.厦门大学出版社,1997.
【12】中国统计年鉴.北京:中国统计出版社,2005—2014.
【13】国际统计年鉴.北京:中国统计出版社,2005—2013.
【14】http://www.stats.gov.cn/tjsj/qtsj/gjsj/2009/.
【15】http://wiki.mbalib.com/wiki/MBA 智库百科.
【16】http://www.enorth.com.cn 2011—08—07.
【17】http://219.235.129.58/国家统计局国际统计数据(2009年).
【18】http://www.uncjin.org.United Nations Crime and Justice Information Network的官方网站.
【19】http://www.mba.com.
【20】http://www.stats.gov.cn 中国统计信息网.
【21】http://www.drcnet.com.cn 国研网.
【22】http://www.cei.gov.cn 中国经济信息网.
【23】http://db.cei.gov.cn 中经网统计数据库.
【24】http://www.macrochina.com.cn/maero_ data/中宏数据库.
【25】http://edu.acmr.cn 中国统计数据应用支持系统与中国统计年鉴服务系统.